Dieses Buch ist auch ein »Bergbuch«. Aber zugleich weit mehr. Im Gegensatz zu der seit einiger Zeit massenhaft publizierten Bergliteratur verzichtet es weitgehend auf die Darstellung von »Gipfelsiegen« und den dazu ersonnenen Klettertechniken. Das mit dem Literaturpreis des Deutschen Alpenvereins ausgezeichnete Buch beschäftigt sich vielmehr mit den vielfältigen Motivationen des Bergsteigens, die in der geläufigen Alpinliteratur so gut wie nicht auftauchen. Warum steigen Menschen, vor allem aus »Wohlstandsländern«, in die Berge, in diese lebensfeindlichen, ständig mit tödlichen Gefahren drohenden Fels- und Eiswüsten, die zu erklettern früheren Menschen nicht im Traum eingefallen wäre? Warum nehmen sie für dieses ominöse »Gipfelglück« Strapazen auf sich, die an körperliche und geistige Folter erinnern? Ulrich Aufmuth, selbst Bergsteiger, hat aus Berichten bekannter Bergsteiger und aus eigenen Erfahrungen am Berg eine Fülle psychischer Antriebskräfte erschlossen, die zum Teil durch Erfahrungen der frühen Kindheit bedingt sind. Das Bergerlebnis erscheint bei Aufmuth als Versuch, mit unbewältigten Erfahrungen, mit Tod, Verlassenheit, Liebesverlust fertigzuwerden, auch als Versuch, die Angst, das zentrale Thema aller Bergsteiger, sozusagen kontraphobisch zu bewältigen. Ein Buch für alle, die es in die Berge zieht, aber vor allem auch für den psychologisch Interessierten.

Ulrich Aufmuth, Jg. 1947, ist promovierter Sozialwissenschaftler und leidenschaftlicher Bergsteiger. Er hat zahlreiche Aufsätze zu dem Thema seines Buches geschrieben, vor allem in den alpinen Zeitschriften. Der Autor ist Fachhochschuldozent für Psychologie und Soziologie sowie Psychotherapeut.

Ulrich Aufmuth

Zur Psychologie
des Bergsteigens

Fischer
Taschenbuch
Verlag

Geist und Psyche
Herausgegeben von Willi Köhler
Begründet von Nina Kindler 1964

9.–10. Tausend: November 1994

Überarbeitete und ergänzte Ausgabe
Veröffentlicht in der Fischer Taschenbuch Verlag GmbH,
Frankfurt am Main, November 1988
© 1988 Fischer Taschenbuch Verlag GmbH, Frankfurt am Main
Die erste Ausgabe des Buches erschien
1984 unter dem Titel »Die Lust am Aufstieg;
Was den Bergsteiger in die Höhe treibt«
im Drumlin Verlag, Weingarten.
Umschlaggestaltung: Buchholz/Hinsch/Hensinger
Gesamtherstellung: Clausen & Bosse, Leck
Printed in Germany
ISBN 3-596-42314-7

Gedruckt auf chlor- und säurefreiem Papier

Inhalt

Vorbemerkung 7

Teil I: Bergsteigen als Breitenbewegung 9

Gibt es einen natürlichen Drang zum Berg? 11

Bergsteigen – die andere Lebensform. 13

Warum wir in den Bergen glücklich sind.
Das Bergsteigen und die Defizite des Selbsterlebens
in unserer Gesellschaft. 18

Seelische Mangelerscheinungen in unserer Gesellschaft · Körpererleben: Anstrengung – Kampf – Vom Essen und vom Trinken · Defizite im Bereich »höherer« Erlebnisebenen: Bergkameradschaft – Leistungserleben – Die Lust des Könnens – Im Augenblick leben · Der Nomade in uns: Freier Raum – Herrschergefühle – Landschaftshunger – Bergsteigen als Abenteuer oder: Die beherrschbare Ungewißheit · Das ungebremste Leben – Bergsteigen als Gesellschaftsprotest?

Alpinismus und Leistungsorientierung 56
Spiegelungen der Alltagsexistenz im Bergsteigerverhalten · Freiwillig unterm Joch · Das Gebirge als Leistungsort · Titel und Würden

Bergsteigen und Angst 62
Kühn aus Angst · Angst und Lust · Gestaltbare Bedrohungen · Die Angst des Extrembergsteigers

Bergsteigercharaktere
Eine kleine Typologie. 72
Der Technokrat · Der Leistungsfetischist · Der Extreme · Der gute Kumpel · Der Führer · Der Genußbergsteiger

Teil II: Über die Extremformen der Bergleidenschaft . . . 85

Zur Einführung. 87

Die unverständliche Leidenschaft 90
Begründungsprobleme · Gefahr · Qual · Besessenheit · Bergleidenschaft = Sucht? · Zwischenbetrachtung

Lebendigkeitshunger 107

Auf der Suche nach der Harmonie des Ich 114
Selbstfremdheit · Zerrissenheit und Einheit · Die Sinnfrage · Individualitätsbedürfnis

Exkurs: Der Dichter und die Extremen 132

Über die seelische Bedeutung des Risikos 134
Nervenkitzel · Starke Stunden · Vom Stürzen · Ein Kind stürzt ab · Sport und Risiko: Eine allgemeine Betrachtung

Sexualität 151

Leistungsbedürftigkeit 156
Die Leistungsspirale · Seelische Katastrophen · Konkurrenz · Berg = Problem · Perfektionismus · Leistung und Lust · Notwendige Illusionen · Die seelische Absturzgefahr · Die nutzlose Leistung

Aggression 166
Kriegerisches Tun · Die Wut am Berg · Alte Rechnungen

Askese 174
Der innere Schweinehund · Selbstzorn und Macht · Askese und Lust · Sich gehenlassen · Sportklettern: Die reine Lust?

Einsamkeit 181
Die Mangelexistenz · Zwischen Menschenferne und Menschenhoffnung · Der Abschied als Liebesfest · Erfolg, Zusammenbruch und Intimität · Verurteilt zur Einsamkeit

Der echte Wahnsinn:
Psychotische Erlebnisse im Extremalpinismus 198
»Dorthin, wo noch niemand war« · Anrüchiges Erleben · Halluzination vom »guten Begleiter« · Angst- und aggressionsbesetzte Halluzinationen vom imaginären Menschen · Depersonalisation · Panik-Anfälle · Alpträume · Der äußere Kontext · Schwerpunkte der seelischen Widerstandsfähigkeit · Die Verdrängungskünstler · Frühe Übung · Fazit

Schatten auf unserer Seele 218

Bergsteigen – Realitätsbewältigung oder Realitätsflucht? 221

Anmerkungen 223

Literaturverzeichnis 229

Bildnachweis 231

Vorbemerkung

Ich bin Bergsteiger, und ich bin Psychologe. Außerdem habe ich Freude am Schreiben. Somit kann man dieses Buch als die logische Konsequenz meiner Neigungen und meiner Fähigkeiten betrachten.
Ich will in diesem Buch anschaulich und nachfühlbar darstellen, was in leidenschaftlichen Bergsteigern vor sich geht. Das ist eine diffizile Rekonstruktionsarbeit, denn die passionierten Alpinisten besitzen oft nur wenig Kontakt zu ihren Empfindungen und zu ihren Motiven. Das Selbstverständnis der meisten Bergsteiger ist geprägt von traditionellen Idealvorstellungen, die allesamt sehr schmeichelhaft für das Selbstempfinden sind und die dadurch eine unverhüllte Selbsteinsicht verhindern.
Der Ausgangspunkt meiner Überlegungen besteht in meiner eigenen zwanzigjährigen Erfahrung als Bergsteiger und Kletterer. Die Einsichten, die ich in diesem Buch in Worte fasse, besitzen für mich den Charakter von persönlichen Gewißheiten. Die Introspektion ist indessen nicht meine einzige Erfahrungsquelle. Es kommt hinzu eine ausführliche Beschäftigung mit den seelischen Erfahrungen anderer leidenschaftlicher Bergsteiger. Ich kenne den größten Teil der schriftlich dokumentierten Erlebnisberichte von Extrembergsteigern aus der Zeitspanne der letzten hundert Jahre, und ich habe persönlichen Umgang mit passionierten Alpinisten.
Meine theoretische Grundposition besteht in einer liberalen tiefenpsychologischen Auffassung des seelischen Geschehens. Namen, die meine Position zu konkretisieren vermögen, sind: Bruno Bettelheim, Alice Miller, Klaus Dörner/Ursula Plog. Wichtige Anreger sind mir darüber hinaus Fritz Perls und Alexander Lowen.
Meine Art des Nachdenkens über die Bergleidenschaft hat Vorläufer. Die herausragende Gestalt unter all jenen, die sich mit dem Erleben des Bergsteigers näher befaßt haben, ist in meinen Augen Eugen Guido Lammer (1862–1945). Dieser Mann war ebenso wagemutig beim Klettern wie bei der Erkundung seiner eigenen Seelenlandschaft. Ihm bin ich tief verpflichtet. Andere Persönlichkeiten, die ich wegen der Selbstoffenheit in ihren literarischen Werken schätze, sind die Extrembergsteiger Lionel Terray, Reinhard Karl und Reinhold Messner.
Das erklärte Thema dieses Buches ist der bergsteigende Mensch. Mein

Interesse und mein Nachdenken zielen indessen über die Thematik des Bergsteigens hinaus. Mich interessiert der Alpinist vor allem als eine spezifische Verkörperung des leidenschaftserfüllten Menschen. Mein Buch möchte einen Beitrag leisten zu einer Psychologie der Leidenschaft und der Besessenheit.

Solch ein Werk, dessen Thema die Leidenschaft ist, das soll den Leser unmittelbar anrühren und in innere Resonanz versetzen. Hierin liegt meine literarische Ambition. Ich will, daß der Leser dieses Buches einen Widerhall jener starken Motive und Empfindungen, über die ich hier schreibe, in sich selber verspüren kann. Aus diesem Grunde halte ich meinen Text weitestgehend frei von den üblichen Formalia einer sogenannten »wissenschaftlichen Arbeit«, als da sind: Fremdworte, Paraphrasen, Theorieverweise und üppige Fußnoten. Ich denke, der Leser wird es dennoch gewahren, daß in diesem Buch die Gedankenarbeit vieler Jahre enthalten ist.

Folgende Personen haben zur Entstehung dieses Buches mit beigetragen:

Meine Frau Margrit, Florian Simhart, Elmar Landes, Elisabeth und Peter Renz, Martin Morgen, Michael Klein und Willi Köhler. Ihnen allen danke ich hier.

Teil I
Bergsteigen als Breitenbewegung

Gibt es einen natürlichen Drang zum Berg?

Wir leidenschaftlichen Alpinisten neigen dazu, unsere Liebe zum Gebirge als etwas »Natürliches« zu betrachten, das heißt als etwas, das zum Wesen des Menschen gehört. Wir halten es für die selbstverständlichste Reaktion der Welt, daß man angesichts eines gewaltigen Berges in Begeisterung ausbricht und sich mit Macht hinaufsehnt. Wir glauben, von den Berggipfeln ginge ein natürlicher Appell zur Eroberung aus. Da gibt es nun allerdings einige Erfahrungen, die dieser stillschweigenden Überzeugung widersprechen.
Vielleicht hat der Leser, sofern er selbst ein Bergsteiger ist, schon einmal versucht, einem Nichtbergsteiger die Motive seines Handelns einsichtig zu machen.
Was kommt bei einer solchen Aufklärungskampagne heraus? Begreift der Nicht-Alpine, was uns in die Berge zieht? Meine eigenen Erfahrungen in der Missionierung bergsteigerischer Heiden sind schlecht: Dieser Menschenschlag ist überaus verstockt und uneinsichtig. Kurz: Dispute mit überzeugten Flachländern sind oft die reine Katastrophe.
Sagen wir zu einem Nichtbergsteiger, die erhabene Natur und die reine Luft ließen uns das Gebirge durchstreifen, dann kommt die Antwort: Dazu braucht man sich doch bloß in eine Seilbahngondel zu setzen, und schon hat man dieses Vergnügen ganz ohne jede Schinderei. Beschwört man die Ruhe und Einsamkeit der Berge, so hört man den spöttischen Kommentar, daß es in manchen Regionen des flachen Landes heutzutage weitaus ruhiger zugeht als im Gebirge. Spricht man vom Fithalten oder von der prächtigen Kondition, die das Hinaufsteigen bringt, zählt uns der Flachlandapologet ein Dutzend Sportarten auf, die er für wenigstens genauso nutzbringend hält. Sprechen wir von der Abenteuerlust und von dem Willen zur Bewährung in Schwierigkeiten und Gefahr, dann erzählt uns der andere von seiner letzten Afrikasafari und daß das noch was ganz anderes gewesen sei. Auf diese Weise wird Argument um Argument entkräftet oder abgetan, bis der Bergbefürworter wütend oder resigniert erkennen muß: Da hilft alles nichts.
Manchmal steckt natürlich hinter dem Widerspruch des »Flachländers« die reine Provokationslust. Aber auch ganz neutrale und gutmeinende Nicht-Alpinisten begreifen oftmals unsere »Beweise« für die Berechtigung des Bergsteigens nicht. Sind diese Menschen besonders begriffs-

stutzig? Haben sie einen seelischen Defekt? Es wäre sehr beruhigend für uns Bergsteiger, wenn man dieses nachweisen könnte, aber man kann es leider nicht. So schmerzlich die Einsicht für uns ist: Es liegt an der Natur der Bergsteigerei selbst, daß sie für viele Menschen nicht selbstverständlich, das heißt aus sich selbst heraus verstehbar, ist.
Weil *uns* die Berge so fraglos wichtig sind, setzen wir es einfach stillschweigend voraus, die Bergliebe sei im tiefsten Grunde genauso ein menschliches Naturbedürfnis wie Atmen, Essen, Schlafen. Das ist aber falsch.
Das Bergsteigen hat deutliche und genau erfaßbare Gründe. Nur: keiner davon gehört zum Wesen des Menschen an sich. Es gibt einfach keinen natürlichen Trieb zum Berg. Die spezifischen Antriebskräfte der Bergsteigerei erwachsen allesamt aus der gesellschaftlichen und individuellen Situation derer, die das Bergsteigen betreiben.
Das wird ganz offenkundig, wenn wir in frühere Epochen zurückschauen. Wie war das Verhältnis der Menschen zum Gebirge vor dem Beginn der Neuzeit, vor den Anfängen von Mechanisierung und Industrialisierung? Liebten unsere Vorväter das Gebirge? Verehrten sie die majestätische Gipfelwelt? Pilgerten sie ehrfürchtig und frohen Sinnes auf die Felsburgen hinauf? Ganz und gar nicht. Sie waren heilfroh, wenn sie nicht hinauf mußten in die Hochregion. Jeder, der dort oben zwangsweise zu tun hatte, wurde tief bedauert. Wer, was allerdings kaum jemals vorkam, freiwillig einen weglosen Berg von bescheidener Höhe erklomm, wurde in seinem Verstand angezweifelt. Warum denn reden wir heute noch vom Gang des Dichters Petrarca auf den harmlosen Mont Ventoux, 600 Jahre nach dieser Gelegenheitswanderung? Weil Petrarca auf Jahrhunderte hinaus der einzige Mensch mit Namen war, der ohne äußere Not, freiwillig also, eine etwas höhere Gebirgserhebung erstiegen hat. Was damals als die spleenige Tat eines Außenseiters aufgefaßt wurde, das machen inzwischen Millionen namenloser Zivilistaionsmenschen an jedem Wochenende mit Selbstverständlichkeit.
Sind die Menschen anders geworden? Wohl kaum. Die menschliche Natur hat sich in dieser Zeitspanne gewiß nicht grundlegend geändert. Ganz dramatisch haben sich hingegen unsere Lebensumstände verändert. Die Bergleidenschaft als Massenphänomen entspringt aus diesen veränderten Lebensbedingungen.
Zum selben Ergebnis gelangen wir auch, wenn wir das Verhalten der sogenannten Naturvölker in Augenschein nehmen. Sie kennen keinen Bergeroberungsdrang. Im Gegenteil, sie haben eine tiefe Furcht vor den Bergen. Den »Ruf der Berge« hören nur wir Kinder der modernen Industriegesellschaft.

Bergsteigen – die andere Lebensform

Die wenigsten Alpinisten denken bewußt darüber nach, von welcher Art ihre Herzenslandschaft, ihr Seelenlustgarten ist. Man liebt die Berge, und damit ist es genug. Und doch finde ich es für den Zugang zu den Motiven der Bergleidenschaft außerordentlich aufschlußreich und wichtig, daß wir uns den Charakter jener Landschaft, die dem bergsteigenden Teil der Menschheit so teuer ist, einmal bewußt vor Augen führen.

Wir sind es gewöhnt, die Bergnatur als herrlich, als majestätisch, als ergreifend zu etikettieren. Das ist bisweilen nur ein klischeehaftes Gerede, oft aber empfinden wir Bergsteiger es wirklich so. Wir Bergverehrer schauen dann gewissermaßen mit den Augen des Gefühls, nicht mit denen des Intellekts. Betrachtet man die Berge einmal ganz sachlich, nur vom Verstande her, dann liegt es offen zutage: Oberhalb von zwei, zweieinhalbtausend Meter Höhe sind sie eine Wüste. Das Hochgebirge, besonders natürlich das Bergland oberhalb der Gletscherregion, gehört zu den lebensfeindlichsten Gebieten unserer Erdkugel. Es ist so lebensfeindlich wie die zentrale Sahara oder die Taiga Nordsibiriens. Die Temperaturen schwanken zwischen großer Hitze und polarem Frost. Die Sonne verbrennt in größerer Höhe die Haut und ist unerträglich fürs Auge. Tobende Unwetter, Stürme, Schneefall gehören zum normalen Geschehen. Gerade noch einige primitive Flechten können ab dreitausend Meter den grimmigen Bedingungen trotzen. Das einzige, was das Auge im Hochgebirge erblickt, sind Steine, Eis und Wasser. Ein karges Pflänzchen da und dort erscheint vor dieser grimmigen Kulisse so erquickend wie der herrlichste Rosenstrauß. Die Fels- und Eisregion ist voller, teils schwer berechenbarer Gefahr. Steinschlag, Lawinen, Wetterstürze, Ausgleiten, Spaltensturz, Auskühlung und Erschöpfung bedrohen dort oben Gesundheit und Leben. Dem Sorglosen bringt das Hochgebirge im Handumdrehen Verderben und Tod.

Und genau in den lebensfeindlichsten Bereichen der Wüstenlandschaft Hochgebirge, ab zweieinhalbtausend Meter Höhe aufwärts, halten sich passionierte Bergmenschen am liebsten auf!

Die Naturvölker betrachten die Hochregionen der Gebirge seit jeher als das, was sie ökologisch gesehen auch tatsächlich sind: als einen

Abb. 1. *Nichts als Eis und Fels. Objektiv betrachtet ist das Hochgebirge eine Wüste (unter der Dent d'Hérens in den Walliser Alpen).*

lebensvernichtenden Raum. Unsere Vorfahren empfanden das Gebirge ebenfalls als eine Schreckenslandschaft. Verallgemeinernd kann man damit feststellen: Alle von unserer modernen Zivilisation unberührte und damit wahrhaft »natürlich« empfindenden Menschen sehen im Hochgebirge etwas, was man tunlichst meidet.

Nur wir Kinder des Industriezeitalters schwärmen vom Gebirge als einem Ort der schöneren Existenz, und wir halten dieses Schwärmen auch noch für ein natürliches menschliches Gefühl. Das Gefühl ist zweifellos wahr und stark, aber ein naturgegebenes ist es nicht.

In einer gewissen Weise betrachten auch wir, die aus freien Stücken auf die hohen Gipfel hinaufsteigen, die Berge noch als ein Territorium des Schreckens. Denn rufen wir uns einmal die Überlegungen in Erinnerung, die wir am Beginn einer großen Tour anstellen: Sie stehen fast alle im Zeichen des Kampfes und der Gefahr. Wir nehmen Daunenjacken und Biwaksäcke mit, um dem Erfrierungstod vorzubeugen; wir versehen uns mit Spezialcremes, damit die Haut nicht verbrennt, wir tragen Spezialbrillen, damit die Augen nicht erblinden, wir packen Steigeisen und Pickel ein, um nicht abzugleiten, Seile, um nicht abzustürzen. Wir haben Schmerztabletten dabei und üben uns im Abtransport von Schwerverletzten. Das Ganze ähnelt aufs Haar den Vorbereitungen zu

einem Kriegszug auf Leben und Tod. Und nichts anderes ist ja das Bergsteigen in den höheren Regionen auch. Es ist ein ständiger Kampf mit den hunderterlei Bedrohungen eines absolut lebenswidrigen Teiles der Erdoberfläche. Nur gut trainiert und gut »bewaffnet« hat man Aussichten, diesen Kampf mit der Wüste Berg einigermaßen sicher zu überstehen.
Nun ist die Frage: Weshalb zieht es uns exakt in diese Landschaft hinauf, die eine einzige Antithese des Lebens ist, die verabscheut und gemieden wurde von alters her? Weshalb tummeln wir Menschen des 20. Jahrhunderts uns mit großem Vergnügen dort oben herum, wo die Zeitgenossen Johann Sebastian Bachs höchstens ihre schlimmsten Widersacher hinwünschten?
Eine erste, noch sehr pauschale Antwort darauf ist die: Die Wüste Berg zwingt uns moderne Menschen, sofern wir uns unter weitgehendem Verzicht auf die Hilfsmittel der Zivilisation in ihr aufhalten, *ganz anders* zu leben, als im alltäglichen Dasein. Die Tatsache dieses scharfen Bruches in der Lebensgestaltung hat wesentlich mit unserem Glück in den Bergen zu tun.
Damit wir wissen, wovon wir reden, sehen wir es einmal näher an, dieses Leben am Berg. Was tun und treiben wir dort oben?
Auf großer Tour machen wir den ganzen Tag über Dinge, die wir im alltäglichen Leben niemals tun:
Rund um die Uhr verrichten wir körperliche Schwerstarbeit simpelster Art. Sechs, acht, zehn Stunden lang steigen wir mühselige Steinhänge hinauf und hinab mit vielen Kilo Gepäck auf dem Rücken. Fortbewegen, Essen, Trinken, ein Lager für die Nacht bekommen, diese banalen Dinge bilden die Hauptinhalte unseres Tagesablaufs und unseres Denkens. Den ganzen Tag über setzen wir uns ohne Murren den Unberechenbarkeiten und Härten extremer Witterungsverhältnisse aus. Wir essen mit den Fingern und trinken aus ungespülten Bechern. Nach den Brotzeiten rülpsen und winden wir mit elementarem Wohlbehagen. Wir waschen uns wenig oder gar nicht, und die Wäsche bleibt oft tagelang auf dem dampfenden Leib. Nachts schlafen wir in der Tageskleidung unter Decken, die schon Hunderte vor uns mit ihrem Duft und Schweiß imprägniert haben. Wir zwängen uns in lichtlosen Massenlagern bedenkenlos zwischen fremde Menschen, egal welchen Geschlechts. Nach einigen Tagen unterwegs sagen wir zu jedem »du«, ohne uns zu kümmern, wer da vor uns steht. Unsere Gesprächsthemen nach vollbrachtem Tagwerk sind: Was wir mit unseren Beinen geleistet haben, wie das Wetter war und wie das Essen und das Lager auf der Hütte ist. Wenn wir davon genug gesprochen haben, dann spielen wir

Skat oder erzählen deftige Witze, die man drunten im Tal nicht erzählen kann. Das ist das wundervolle, »zünftige« Leben am Berg. Und wenn wir von einer Tour hinterher beglückt sagen, daß sie besonders »zünftig« gewesen sei, dann heißt das: Sie war besonders wild und »unzivilisiert«.
Ja, wir Bergsteiger sind Menschen, die eine Doppelexistenz führen: Wir führen ein gesittetes, kultiviertes Leben im Tal und ein wildes, primitives Dasein im Gebirge.
Und gerade die barbarische Existenz am Berg empfinden wir als unendlich beglückender als das alltägliche Sein!

Wie ist dieses Lebensgefühl im Gebirge, auf einer großen Tour? Ich will versuchen, es in Worte zu fassen.
Wir sind im Gebirge merklich froher, lebendiger und sorgenloser als im alltäglichen Dasein. Wir fühlen uns kraftvoller und frischer. Wir quellen mitunter fast über vor Energie und Tatenlust. Das Leben dort droben empfinden wir als viel farbiger und intensiver als das Alltagsleben, es ist voller starker vitaler Gefühle. Kurzum: Bergsteigend öffnet sich uns ein außerordentlich intensiviertes Sein.
Wie sehr unsere Lebensgeister im Gebirge gesteigert sind, wie nachhaltig das Bergerleben ist, das geht uns in vollem Ausmaß erst in der Rückschau auf, aus der Perspektive des Alltags her. Da erscheinen uns dann die Tage im Gebirge wie leuchtende Inseln in einem eintönigen Meer, jeder einzelne Tag ist für lange Zeit tief eingegraben in unsere ganze Person. So tiefe Spuren hinterlassen nur ganz wenige Tage unserer Talexistenz.

Ich möchte meine bisherigen Ausführungen kurz zusammenfassen: Die hohen Berge sind, objektiv gesehen, eine grimmige Wüstenlandschaft. Wenn heutzutage Millionen von Menschen die »Wüste Berg« aufsuchen und sich darin glücklich fühlen, so ist dieses Verhalten, gemessen an der Reaktionsweise der Naturvölker und am Empfinden unserer eigenen Vorfahren, höchst unnormal. Betreten wir die lebensfeindliche Einöde der Hochgebirge, so führen wir dort ein ganz anderes Leben als im alltäglichen Dasein. Unser Existieren am Berg wird beherrscht und ausgefüllt von den allereinfachsten Notwendigkeiten der Daseinsfristung. Das Leben im Hochgebirge ist entschieden primitiv und insofern von unseren gewohnten Lebensverhältnissen grundlegend unterschieden. Auch unser Lebensgefühl ist am Berg ein ganz anderes als im Alltag. Es ist ein außerordentlich intensives und »wildes« Lebensgefühl.

Abb. 2. *Das primitive Leben am Berg (in der Biwakhütte »La Singla« in den Walliser Alpen).*

Ich habe im Vorhergehenden den heute so verbreiteten Drang in die Berge aus einer ungewohnten und gleichsam verfremdenden Perspektive betrachtet, um damit sichtbar zu machen, daß die Begeisterung für die hohen Berge keineswegs etwas Selbstverständliches oder Naturgegebenes ist. In den nunmehr folgenden beiden Hauptkapiteln will ich einige der Gründe dafür benennen, warum in unserer Zeit so viele Menschen mit Leidenschaft und aus tiefem innerem Bedürfnis die »Wüste Berg« aufsuchen und durchstreifen.

Warum wir in den Bergen glücklich sind

Das Bergsteigen und die Defizite des Selbsterlebens in unserer Gesellschaft

Dieses Kapitel ist meine Laudatio auf das Bergsteigen. Lobreden haben es so an sich, daß sie die erfreulichen Seiten ihres Gegenstandes einseitig ans Licht heben und ausmalen. Das ist auch in meinem Lobpreis des Bergsteigens nicht anders. Das kritische Gegengewicht werde ich in späteren Kapiteln nachliefern. Hier aber will ich mich ausschließlich und ausgiebig in den glückhaften Bezirken der Daseinsform »Bergsteigen« ergehen. Ich möchte niederlegen, was das Bergsteigen mir und anderen Alpinisten an Glückserlebnissen schenkt. Als Wissenschaftler bin ich natürlich vor allem am Woher und Warum unseres Glückes am Berg interessiert. Ich mache mir Gedanken darüber, wie das besondere Glückserlebnis des Bergsteigens zustande kommt. Deshalb trägt dieses Kapitel auch die Überschrift: »Warum wir in den Bergen glücklich sind«. Diejenigen unter meinen Bergsteiger-Lesern, die in der herkömmlichen alpinistischen Denkwelt aufgewachsen sind, möchte ich vorbeugend darauf hinweisen, daß meine Darstellung des Bergsteigerglückes manchmal stark von den geläufigen Vorstellungen abweicht.

Seelische Mangelerscheinungen in unserer Gesellschaft

Weiter oben habe ich bereits die These formuliert: Der Alpinismus als Breitenbewegung ist ein ureigenes Kind unserer hochtechnisierten, leistungsorientierten Industriegesellschaft sowie ihres geschichtlichen Werdeganges. Eine umfassende und aussagekräftige Deutung des Alpinismus hat aus diesem Grunde die überindividuellen Bedingungsmomente unseres Daseins zum Ausgangspunkt zu nehmen. Das sind im einzelnen: die ökonomischen Gegebenheiten, die kulturellen Traditionen und die sozialen Funktionsgesetzlichkeiten unserer Gesellschaft. Der Zusammenhang des Bergsteigens mit den grundlegenden Strukturen unserer Gesellschaft soll in den nachfolgenden Ausführungen näher beleuchtet werden, wobei an Erfahrungen angeknüpft werden wird, die jedem Bergsteiger geläufig sind.

Meiner Argumentation liegen die folgenden Überlegungen zugrunde: Unsere Gesellschaftsform hat zahlreiche elementare Erlebnismöglichkeiten zum »Aussterben« gebracht oder zur seltenen Ausnahme werden lassen, und zwar deswegen, weil sie für das Funktionieren eben dieser Gesellschaftsform unerheblich oder gar hinderlich sind. Mit Zwangsläufigkeit schafft das Alltagsleben in der modernen Leistungsgesellschaft Mangelerscheinungen seelischer Natur. An bestimmten Punkten laufen unsere menschlichen Entfaltungsmöglichkeiten gewissermaßen ins Leere, wodurch schwerwiegende und chronische Defizite des Selbsterlebens entstehen. Pointiert ausgedrückt: Wir laufen in unserem Alltagsdasein in gewisser Hinsicht halbtot herum oder halblebendig, wie man es lieber sehen mag. Von unserem gesamten Gefühls- und Verhaltenspotential werden nurmehr bestimmte Bereiche noch gefordert und in Schwung gehalten, vorzugsweise die sogenannten »höheren«, »geistigen« Persönlichkeitssektoren. Die sonoren Grundakkorde unseres Gefühlslebens, die zutiefst verankert sind in unserer leiblichen Natur, sie klingen hingegen kaum mehr an. Für gewöhnlich werden wir uns dieses Mangels gar nicht mehr bewußt, weil er im Ablauf der zweihundertjährigen Geschichte der Industrialisierung ganz unmerklich zur Normalsituation geworden ist. Nur gelegentlich äußert sich die faktisch eben doch vorhandene Entbehrung in Form gestaltloser und machtvoller Sehnsüchte in Richtung »aussteigen«, »total anders leben«, sowie in Träumen von Wildnis und Abenteuer. Immer sind es Sehnsüchte nach einem urwüchsigen, elementaren Dasein, in dem auch unsere sinnlichen und körperlichen Anlagen voll zum Zuge kommen. Es verlangt uns nach einer Seinsform, die uns ganz und gar wieder Körperwesen sein läßt. Im übrigen gelangt unsere Halblebendigkeit nur indirekt zum Ausdruck, so etwa als Gefühl der Fadheit und Sinnarmut des Normaldaseins, als stete innere Unruhe oder in Gestalt eines diffusen Gefühls des Unbefriedigtseins.
Vieles von dem, was uns im Alltag an grundlegenden und zu einem vollständigen Menschsein notwendigen Erfahrungsmöglichkeiten genommen ist, gibt uns das Leben in der Wüstenlandschaft der Berge in einer geballten Form zurück. Dies möchte ich nachfolgend ausführlich darlegen.

Körpererleben

Der Bereich des körperlichen Erlebens ist wohl am stärksten von der soeben angesprochenen Verkümmerung des Ich-Erlebens in unserer Gesellschaft betroffen. Hier machen sich ganz schwerwiegende Defizite breit. Wir nehmen im Alltagsleben die meiste Zeit über gar keine bewußte Notiz davon, daß wir einen Körper haben. Der Leib ist für die Bewältigung unseres Daseins ziemlich unwichtig geworden. Am ehesten registrieren wir unseren Körper noch dann, wenn er krank ist und Schmerzsignale sendet. Daß unser Körper auch ein Hort vielfältiger glückhafter Empfindungen sein kann, diese Erfahrung wird uns im Alltag kaum mehr zuteil. Gewiß, ich weiß, da ist die Sexualität. Ihr wird heute ein öffentlicher Stellenwert zugemessen wie nie zuvor. Diese grelle Betonung der Sexualität ist aber geradezu ein Symptom unseres Mangels an positivem Körperbezug: Die heute übliche Reduzierung von Körper-Lust auf den Gedanken an Sexualität zeigt an, wie wenig uns die vielzähligen anderen Lusterfahrungen, die in unserem Körper schlummern und warten, noch vertraut sind. Gutes und glücklichmachendes Körpererleben ist noch lange nicht so sehr identisch mit Sex, wie es uns aus unserer Mangelperspektive – ich meine den Mangel bezüglich des Körpererlebens insgesamt – erscheint.

Wie ist es zu jener Verkümmerung des positiven Körpererlebens gekommen, die für das Alltagsdasein in unserer Gesellschaft typisch ist?

Körperliche Kraft und Geschicklichkeit verlieren in der Arbeitswelt seit zwei Jahrhunderten ständig an Bedeutung. Dort, wo körperliche Arbeit noch notwendig ist, wird sie in der Regel einseitiger und eintöniger; nur ein kleiner Teil des Körpers wird noch zum Einsatz gebracht und dann oft bloß, um stetig wiederkehrende Bewegungsabläufe auszuführen: Man denke ans Schraubeneindrehen am Fließband. Der Schwerpunkt der Aktivität im Berufsleben verlagert sich in ständig wachsendem Maß auf den Intellekt und die Sinnesorgane. Wir rechnen, wir formulieren, wir überwachen Schalttafeln, und wir bedienen Computertastaturen. Auf diese Weise wird der Körper im Berufsbereich weitestgehend unerheblich. Für die meisten Berufe würde es genügen, wenn wir nur noch aus Kopf und Hand bestehen würden, der Rest ist gewissermaßen »Ballast«. So wird der Körper im Alltagsleben heute viel weniger benötigt und dadurch letzten Endes auch weniger geachtet. Schließlich verflüchtigt sich aufgrund der aufgezeigten Zusammenhänge auch unsere Sensibilität und Achtung für alle ursprünglichen Körpergefühle. Kreatürliche Vorgänge, wie Essen, Schlafen, Sich-Be-

wegen, von unseren Altvorderen noch mit vollen Sinnen und vitaler Lust erlebt, büßen ihren lusthaften Charakter ein. Letztendlich erstirbt damit in uns ein ganz zentraler Erlebensbereich. Es ist kaum übertrieben zu sagen: Wir entfremden uns auf diese Weise den vitalen Fundamenten unseres Seins mit all ihren großartigen Erlebensmöglichkeiten.
Das Bergsteigen nun gibt uns viele der elementaren Möglichkeiten des Selbsterlebens, die aus dem Alltagsdasein weitgehend hinausgedrängt worden sind, zurück. Das sei in den nachfolgenden Ausführungen anschaulich gemacht.

Anstrengung

Unterziehen wir als erstes unser Verhältnis zur körperlichen Leistung einer näheren Betrachtung und versetzen wir uns hierzu in das folgende Szenarium: Einödsbach bei Oberstdorf an einem schönen Augusttag. Eine muntere Gruppe von Norddeutschen sitzt vor dem alten Bauernhof, der als Gasthaus eingerichtet ist. Die Leute sind von Birgsau her die leicht ansteigende Fahrstraße heraufgewandert. Das ist ein Spaziergang von einer Stunde, den jedoch die meisten in der Gruppe schon als richtige »Bergtour« empfinden. Stark beeindruckt blicken die Touristen zu den schroff aufragenden Felszinnen der Trettach und der Mädelegabel hinauf. Da nahen einge »Zünftige«, mit Rucksäcken, die fast den Kopf überragen. Sie haben Steinschlaghelme außen angeschnallt, die unmißverständlich anzeigen, daß die Besitzer »Höheres« im Sinne haben. Von den Spaziergängern aus dem Norden gefragt, wohin es denn gehen soll, lautet die lakonische Antwort: Waltenbergerhaus, und wenn die Zeit noch langt, dann heut noch die Trettach-Westwand. Den Feriengästen bleibt der Mund offenstehen: Zu diesem ungeheuer hohen Felshorn mit seinen schauerlichen Wänden wollen die hinauf, heute noch, ohne Seilbahn, mit *dem* Gepäck! Allgemeines Kopfschütteln, daß sich jemand freiwillig solchen Torturen unterzieht. Die Leute können sich den Weg zum Gipfel nur als einen reinen Schreckensgang vorstellen: Ströme von Schweiß, pfeifende Lungen, schmerzende Waden, wundgeriebene Füße, irre Anstrengung. Nein, da brächte sie die herrlichste Aussicht, der schönste Hüttenzauber nicht hinauf!
Weshalb finden die Touristen das Unternehmen der Bergsteiger so absolut unverständlich, ja verrückt?
Sie haben deshalb kein Verständnis für die Hochalpinisten, weil sie nie mit einer der allereinfachsten, kreatürlichsten Erfahrungen Bekannt-

schaft machen konnten: mit dem wundervollen Wohlbehagen, das eine anhaltende kraftfordernde Aktivität einem trainierten Körper bereitet. Sie hatten, wie viele Menschen unserer Zeit, niemals jenes euphorische Gefühl intensivster Lebendigkeit kennengelernt, jene Beschwingtheit, die hervorgeht aus dem Erleben körperlicher Stärke und souveränen physischen Leistungsvermögens. Ein solches Erleben wird durch die Aktivität des stetigen Höhersteigens im Gebirge ganz besonders nachhaltig vermittelt. Als Bergsteiger ist man jedesmal aufs neue überwältigt, wenn einen das Wonnegefühl kraftvollen Höhersteigens erfaßt. »Ein unbestimmbares Wohlbehagen überkam uns, wir waren leichter und fröhlicher, unsere Körper hatten eine ungewöhnliche Geschmeidigkeit und Elastizität«, so schilderte schon vor hundert Jahren der Genfer Alpinist F. Thioly das Empfinden, das dem Geübten das Aufsteigen im Gebirge beschert.[1] Und wenn Paul Hübel in seinen »Führerlosen Gipfelfahrten«, dem alpinen Bestseller der zwanziger Jahre, die Beschreibung einer Bergtour mit den Worten beginnt: »Weit dehnte sich die Brust im würzigen Hauch der erwachenden Wiesenhänge, die Muskeln strafften sich im kühl belebenden Morgenwind...«[2], so durchfährt uns trotz der stilistischen Patina dieser Worte ein Schauer jenes Stromes von Kraft und Lebendigkeit, mit dem uns ein strammer morgendlicher Aufstieg bisweilen erfüllt. In den schönen Momenten des Steigens, wenn wir so richtig im Rhythmus sind, dann merken wir unsere körperliche Schwere nicht mehr, wir sind dann nur noch »geballtes Kraftgefühl«, um noch einmal Paul Hübel zu zitieren.[3] In höchster Steigerung erlebt der Kletterer der oberen Grade dieses Wonnegefühl der überschäumenden Energie. Es kann sich verdichten bis zu einem regelrechten Allmachtgefühl: Nichts kann mich schrecken oder hindern, ich bin allem, was kommen mag, spielend gewachsen. »Wer ko uns scho was toan!« dieser Leib- und Magenspruch der Gefährten von Hans Ertl[4] drückt das göttliche Selbstbewußtsein des Bergsteigers aus, der sich seiner Kraft und Ausdauer absolut sicher ist. Dieses herrliche Gefühl souveräner Kraft – es ist das Lebensgefühl des wilden Tieres oder des Steppenbewohners auf Büffeljagd. Unsere zivilisierte Existenz, die sich abwickelt auf Bürostühlen, Autositzen und Clubsesseln, hat diesen wunderbaren Teil unserer Animalität fast zum Erlöschen gebracht.

Kehren wir nun zu der Episode mit den Feriengästen zurück. Wie sollten diese, als »normale« Mitglieder unserer Gesellschaft, von den geschilderten Wonnen des körperlichen Sich-Forderns wissen? Der Bewegungsapparat, die Muskelkraft werden bei den meisten Menschen im täglichen Leben nur noch geringfügig oder sehr speziell beansprucht. Der Körper erschlafft, und wenn ihm schließlich bei irgendeiner Gelegenheit eine Anstrengung abverlangt wird, reagiert er nur noch mit Unlustempfindungen, oder er versagt gar den Dienst. Auf diese Weise können sich schließlich viele Menschen große körperliche Leistungen gar nicht mehr anders vorstellen, denn als eine Quälerei, der man sich freiwillig nicht unterzieht. Die herrliche Erfahrung eines aus voller Kraft arbeitenden Körpers ist somit vielen Zeitgenossen fremd. Bergsteiger wissen um diese Erfahrung. Die Begegnung mit ihr wird jedesmal wieder wie ein köstliches Geschenk, ja wie ein Neugeborensein erlebt. Und es ist ja tatsächlich eine Wiedergeburt. Vitale Körperfunktionen werden neu zum Leben erweckt, die im Alltag praktisch »tot« sind, weil sie dort nicht mehr angesprochen werden.

Kampf

Dem körperlichen Sich-Einsetzen im Gebirge wohnt viel vom Charakter des Kampfes inne. Vor allem beim extremeren Bergsteigen tritt das Element des Kampfes ganz augenfällig hervor. Die großen Alpinisten sprechen es auch immer wieder aus: »Uns locken die Wände, die Grate, um die man raufen und ringen und mit dem letzten Einsatz kämpfen muß...« (Toni Schmid).[5] Und Hermann Buhl vor einer schweren Tour: »Wir bereiteten uns innerlich auf einen erbitterten Kampf im Fels vor, und wir taten gut daran«.[6] Derselbe nach seiner denkwürdigen Durchsteigung der Eigernordwand im mörderischen Schneesturm: »Der härteste Kampf in meiner bisherigen Bergsteigerlaufbahn ist ausgefochten«.[7]
Im Verlaufe von schwierigen Besteigungen wachen Gefühle in uns auf, wie sie wohl ehedem einen fechtenden Krieger beseelt haben müssen. Recht plastisch kommt dies zum Ausdruck in den folgenden Zeilen von Edward Whymper, in denen eine Episode aus der Erstbesteigung der Barres des Ecrins geschildert wird: »Als wir die Spitze des Passes erblickten, stürmten wir so leidenschaftlich vorwärts, als gelte es der Mauerbresche einer Festung, nahmen den Graben, hinten geschoben und vorn gezogen, im ersten Anlauf, eroberten den steilen Hang, der nun folgte, und standen um acht Uhr fünfzig Minuten in der kleinen Lücke, 11 054 Fuß über dem Spiegel des Meeres. Die Bresche war erstürmt.«[8] Kriegerisches Empfinden spricht auch aus Whympers Reminiszenzen an seine Erstbesteigung des Matterhorns: »Das Matterhorn war ein hartnäckiger Feind, wehrte sich lange, teilte manchen schweren Schlag aus, und als es endlich mit einer Leichtigkeit, die niemand für

Abb. 3. *Ringen mit dem großen Gegner Berg (am Geiselstein in den Ammergauer Bergen).*

möglich gehalten hatte, besiegt wurde, da nahm es als heimtückischer Gegner, der überwunden, aber nicht zermalmt ist, eine fürchterliche Rache«[9]. Hier wird vom schweren Berg genauso gesprochen, wie von einem Gegner in Menschengestalt. Das begegnet uns oft in der Bergliteratur, daß der Berg wie ein leibhaftiger Kampfgegner empfunden und beschrieben wird. Die wilden Kampfesregungen, die ein Berg in uns hervorzurufen vermag, sind offenbar dieselben, wie sie im Kampf gegen einen hartnäckigen menschlichen Kontrahenten entstehen. Verglichen mit einem menschlichen Kampfgegner hat der Berg indes einen großen Vorteil: Am Berg können wir »voll zuschlagen« (wie wir es ja selber oft formulieren), das heißt, wir können bedenkenlos und ungehemmt alle Wildheit, Wut und Kraft, die in uns sind, dem Berg gegenüber freilassen. Unter Menschen geht das im gewöhnlichen Dasein nicht, auch nicht in solchen kämpferischen Sportarten wie Ringen, Boxen, Judo und Fechten. Da sind dem vollen, freien Kampfimpuls immer Fesseln angelegt.

Der Kampf, als ein unmittelbares und körperliches Sich-Messen mit einem ebenbürtigen Gegenüber, scheint zur elementaren Antriebsausstattung des Menschen zu gehören. Einem leibhaftigen Gegner gegenübertreten und sich mit ihm messen, dieser Impuls steckt auch im homo sapiens, ob wir es nun wahrhaben wollen oder nicht. Freilich ist im »zivilisierten« Leben kaum eine unserer anlagemäßigen Regungen so sehr der Deformierung und dem Zwang zur Verleugnung unterworfen worden wie gerade die Lust am Kämpfen. Die sozialen Konventionen legen unserem Drang zum Kämpfen enge Fesseln an. Wir dürfen dem Kampfimpuls lediglich im strikt geregelten Rahmen bestimmter Sportarten frönen oder, in einer reichlich passiven Weise, als Zuschauer von Kampfsportdarbietungen und von Filmen, die Kampfszenen enthalten. Die außerordentliche Beliebtheit der passiven Beteiligung an Kampfereignissen in Sport und Medien signalisiert allerdings auf eine ganz drastische Weise, wie sehr die Disposition zum Kampf auch in uns gezähmten Wesen noch lebendig ist.

Meiner Darstellung zufolge ist das Kämpfen aus dem heutigen Alltagsleben weitgehend eliminiert worden. An dieser Stelle wird der Leser nun vielleicht den Einwand vorbringen, daß doch auch im täglichen Dasein heute viel von »Kampf« die Rede sei. Wir seufzen über den schweren »Lebenskampf«; in der beruflichen Sphäre finden erbitterte »Konkurrenzkämpfe« statt; Unternehmer und Arbeitnehmer beziehen in »Arbeitskämpfen« Front gegeneinander. Betrachten wir diese »Kämpfe« des Alltagslebens einmal näher: Handelt es sich hier um ein elementares, unmittelbares Kräftemessen mit Menschen oder mit faßbaren Gewalten? Vollzieht sich hier ein offenes Ringen klar identifizierbarer Gegner?

In keiner Weise. Die sogenannten Kämpfe des Alltags bestehen aus subtilen Rivalitäten, aus abstrakten Ritualen. Sie kosten Nervenkraft, aber mit körperlichem Einsatz haben sie nichts zu tun. Sehen wir uns beispielsweise den beruflichen Positions-»Kampf« näher an: Das ist ein schlaues Taktieren und Abwägen, ein zermürbendes Sich-Verbergen und Sich-Verstellen, ein unermüdliches »Beziehungen pflegen« und sich in Positur werfen, wobei möglichst immer ein lächelndes Gesicht zur Schau zu stellen ist. Die Kämpfe des Alltags sind nervenzerschleißende Streßzustände, aber kein elementares Feuerwerk der Sinne und der Körperkraft, wie es das Wesen des Kampfes ist.

Das Gebirge bildet eine der Enklaven, in denen wir echten Kampf im besten Sinne des Wortes noch austragen können. Nicht zuletzt darum lockt uns die strenge Welt der Berge.

Dem Stellenwert des Kämpfens beim extremen Bergsteigen möchte ich noch einige nähere Überlegungen widmen. Beim einfachen Bergwandern ist das Kampfmoment wenig ausgeprägt und nur sporadisch bedeutsam. Beim Klettern und erst recht im extremen Alpinismus spielt das kämpferische Moment jedoch eine zentrale Rolle als Handlungsmotiv. Das Bergsteigen auf schwierigen Routen ist in gewissem Sinne eine aggressive Aktivität. Dementsprechend waren und sind die großen Männer des Alpinismus auch nahezu ausnahmslos ausgesprochene Kämpfernaturen. Diejenigen, die heutzutage extreme Kletterer sind, wären zu früheren Zeiten wohl zum großen Teil Krieger und Gladiatoren gewesen.

Große Bergsteiger geraten erst dann so richtig in Fahrt, wenn der »Gegner Berg« sich grimmig und widersetzlich zeigt. Vollends in ihrem Element sind die Extremen, wenn der Ausgang des Ringens mit dem Berg im Ungewissen liegt, wenn die Frage: Wer ist stärker? bis zum Schluß offenbleibt. Der Wille, »stärker zu sein«, aus einer elementaren, wilden Kampfhandlung als Sieger hervorzugehen, bildet bei nicht wenigen Extremen den machtvollsten Stimulus ihres rauhen Tuns. Der Berg ist für sie in erster Linie von Interesse als Herausforderer und als Widerstand. Das haben viele Extreme schon ausgesprochen, und ihr Verhalten beweist es mit zwingender Deutlichkeit. Bezeichnend ist eine Episode, die Lionel Terray, einer der großartigsten Männer und Menschen des französischen Alpinismus berichtet: Nach wochenlangen und entbehrungsreichen Bemühungen hatte er mit seinen französischen Expeditionskameraden den Gipfel des Makalu erreicht. Als Terray auf der höchsten Spitze stand, da empfand er nicht so sehr Stolz und

Genugtuung über diesen seinen ersten (und einzigen) Achttausendersieg, sondern es erfüllten ihn Trauer und Enttäuschung. Und aus welchem Grund? Weil der Berg ihn nicht auf die allerletzte Probe gestellt, weil er ihm nicht das Äußerste abgefordert hatte! Erst der totale Kampf um Sein oder Nichtsein hätte dem großen Franzosen das glanzvolle Gipfelziel wertvoll gemacht.

Die Extremen brauchen Gegner, die das Letzte aus ihnen herausholen. Der erbitterte Kampf vermittelt diesen Männern das tiefste Existenzerlebnis. Kämpfen bedeutet für sie den absoluten Höhepunkt, die Apotheose des Lebendigseins. Je wilder der Kampf, desto heller erglüht ihre Lebensflamme. Deshalb sind viele Extreme geradezu süchtig nach dem Ringen mit schwersten Wänden und Bergen: Hier wächst diesen Kämpfernaturen eine Lebendigkeit zu, die ihnen ihr ganzes übriges Dasein nicht annähernd gewährt. Es ist eine Lebendigkeit, die sich aus dem Körper speist, aus der vollkommenen Anspannung aller Muskeln, Nerven und Sinne. Im ernsten Kampf ist jede Faser des Leibes auf Aktion und höchste Energieentfaltung eingestellt; unser Körper wird zu einer vibrierenden Ballung von Energie. Das schenkt uns ein barbarisch großartiges Lebensgefühl, das Lebensgefühl des Raubtiers, das mit seinesgleichen ringt.

Das Verlangen nach der »Grenzsituation« des äußersten Kampfes zwingt die Extremen, Gipfel und Routen von ständig steigender Schwierigkeit anzugehen. Denn mit wachsender Übung und Erfahrung rückt jene Grenze der existentiellen Gefährdung und Herausforderung, oberhalb welcher der Kampf, für die Extremen erst zum ekstatischen Erleben wird, immer weiter hinauf. Wie die Helden der frühen Sagenwelt hasten die großen Eroberer der Berge ungestillt von Kampf zu Kampf, sind sie stets auf der Umschau nach noch gewaltigeren Gegnern. Der Lauf ihres Schicksals ähnelt auch häufig genug demjenigen der Kriegerfiguren der abendländischen Sagen: Viele sterben auf dem rastlosen Zug von Kampf zu Kampf, und wenige nur finden schließlich Frieden und innere Erfüllung außerhalb des unsteten Kämpferdaseins.

Vom Essen und vom Trinken

Von nichtbergsteigenden Verwandten und Bekannten werde ich immer wieder gefragt, weshalb ich so oft in die Berge gehe. Manchmal klingt aus dieser Frage eine provokative Absicht heraus, etwa in der Richtung: »Mal sehen, ob er für seine dauernde Bergrennerei überhaupt eine Begründung findet!« Meist gebe ich in einem solchen Fall kurz und wahrheitsgetreu zur Antwort: »Ich gehe in die Berge, weil es mir Freude macht.« Mitunter sage ich auch: »Ich steige auf die Gipfel, weil mir dann das Essen doppelt so gut schmeckt.« Bei dieser Antwort argwöhnen meine Gesprächspartner, ich wolle sie verulken. Tatsächlich aber ist es mir vollkommen ernst damit.

Wenn meine Gedanken sich den Bergen zuwenden, dann ist eine meiner ersten Assoziationen der gewaltige, ja bodenlose Appetit, dem auch das einfachste Eßbare als Delikatesse erscheint. Steil aufgehäufte Teller von pasta asciutta auf einem soliden Hüttentisch tauchen als himmlisches Mahl vor meinem inneren Auge auf. Dazu noch eine kühle Flasche Rotwein, das ist in den Bergen, nach großer Tour, für mich ein Höhepunkt des Lebensgenusses. Den ganzen Körper durchströmt ein lustvolles Sehnen, allein schon bei der bloßen fernen Vorstellung. Der Leser denkt sich an dieser Stelle vielleicht, das seien rechte Trivialitäten, diese gewissermaßen im Magen und Gaumen aufgespeicherten Erinnerungen. Für mich gehören jedoch diese »niederen« Sinnesfreuden des Bergsteigens zu den herrlichsten Erlebnissen, die das Leben am Berg (und überhaupt) gewährt. Kein noch so erlesener Konzertabend (und ich liebe Musik) oder sonst ein hochkultivierter Genuß vermag in mir ein so tiefes, aus der Wurzel des Daseins hervorströmendes Wohlbehagen hervorzurufen wie – pasta asciutta mit Rotwein nach großer Tour.

Wie sieht es im Alltag mit dem Vergnügen des Essens aus? Wir kommen abends abgespannt nach Hause, die Gedanken sind noch ganz bei den Schwierigkeiten und Zwischenfällen am Arbeitsplatz. Die Gattin hat eine schöne Brotzeit hergerichtet. Doch ein Genießen, das den ganzen Körper erfaßt, wird die Mahlzeit nicht. Der Kopf und die Sinne sind nicht recht dabei, wir merken gar nicht richtig, was und wieviel wir essen.

Wie anders erleben wir den »trivialen« Vorgang des Essens im Gebirge: Auch wenn's dabei oft primitiv zugeht und nur Hausmannskost zur Verfügung steht, so ist das Essen nach großen Unternehmungen doch ein wahrhaftiges Fest der Sinne, das jeden Gedanken, jede Körperfaser in Beschlag nimmt. Ja, man kann von regelrechten Orgien der Kauwerkzeuge und der Verdauung sprechen. Jeder Schluck, jeder Bissen ist Lebensfülle und Lebenslust. Wir knüpfen wieder an das verlorengegangene Eßbehagen unserer Vorväter an.

Wo mit allen Sinnen gegessen und getrunken wird, da wird auch mit Hingabe und Hochgenuß verdaut. So viel ungeniertes und sichtlich genußvolles Gepolter von Rülpsern und anderen Winden wie bei einer

fröhlichen Gruppenfahrt ins Gebirge hört man im Alltagsleben das ganze Jahr über nicht. Ja, auch das sind vitale Wonnegefühle, nur verbieten wir uns gewöhnlich diese Freuden, gilt die Sache doch als anrüchig und vulgär. Da waren unsere Vorfahren bis in die Barockzeit hinein noch sehr viel freimütiger und körperfreundlicher eingestellt! Sie artikulierten die Verdauungswonnen des Körpers in unschuldiger Freizügigkeit. Offenbar besteht ein enger Zusammenhang zwischen der Geringschätzung der Nahrungsaufnahme und der Tabuisierung der Verdauungsfunktionen.
Außerordentlich vielfältig sind die einfachen Sinnenfreuden beim Bergsteigen. Auch der Schlaf wird hier zur seelentiefen Wohltat. Statt der nervösen Abgespanntheit am Ende eines zermürbenden Berufsalltags bringen wir von einer tüchtigen Tour solide Erschöpfung mit, die den ganzen Körper ergreift und ihn schnell in tiefen Schlaf versinken läßt. Noch viele andere körperliche Funktionen wären zu nennen, die im Gebirge einen ganz neuen Wert bekommen, plötzlich zu intensiven »Lustquellen« werden. Es sind alles triviale Dinge, die nun mit einem Mal eine ganz neue, vitale Qualität annehmen, wie etwa die Sonnenwärme, die nach einem schattigen Eisanstieg den Körper unendlich wohltuend umfängt, oder der erste Schluck Wasser nach einer langen Kletterfahrt, der uns erquickt wie das schönste Göttergeschenk.
Das äußerlich besehen so karge und entbehrungsreiche Leben am Berg ist für uns moderne Menschen voll der tiefsten, weil rar gewordenen Sinnengenüsse. Es ist unendlich reicher an körperlichen Freuden als das Alltagsleben mit den schönen Menüs, den weichen Betten, den bequemen Autos, den klimatisierten Räumen... Unser Körper, unsere Sinne schenken uns mit einem Mal herrliche Empfindungen von einer elementaren Intensität, wie sie unser gewöhnlicher Alltag nie gewährt. Wir leben wieder ganz und mit Hingabe unsere kreatürliche Existenz. Wir bestehen aus Muskelkraft, aus Essen, Trinken, Kampf und Erschöpfung. So setzen wir den Körper im Gebirge gewissermaßen wieder in seine ureigenen Rechte ein, in die Rechte, die er vor zwei, drei Jahrhunderten auch im Alltagsleben der meisten Menschen noch besessen hat, die ihm heutzutage aber unsere moderne Gesellschaftsorganisation im Verein mit einer leibfeindlichen idealistischen Daseinsinterpretation weitgehend genommen hat.

Wir Bergsteiger berufen uns immer auf hohe Werte und Ideale, wenn wir uns zur Begründung unseres Tuns verpflichtet wähnen. Wir beschwören die Liebe zur Natur, die hehre Bergkameradschaft, das Streben nach Freiheit usw. Wir suchen unsere Legitimation fortwährend in

Abb. 4. *Annäherung an das Lebensgefühl des wilden Tieres (Steinbock im Säntismassiv).*

den höchsten Sphären, während die überzeugendste und echteste Begründung doch so nahe liegt: In den Freuden des Körpers, im Triumph verschütteter Erlebnisse der vitalen Ebene. Aber freilich, das widerstrebt uns, solch »primitive« Gründe zu nennen. In dieser Hinsicht sind wir noch ganz dem elitär-idealistischen Erbe der deutschsprachigen Pioniere der Alpenerschließung verhaftet, die vor gut hundert Jahren eine offizielle Bergsteigerideologie geschaffen haben, die sich bis heute kaum gewandelt hat. Einige hundert Männer, die damals im Alpenverein das Sagen hatten und die allesamt aus den sogenannten »feineren Kreisen« stammten, befanden im vorigen Jahrhundert, daß die Bergsteigerei »geistigen« Zwecken zu dienen habe – und das ist uns bis auf den heutigen Tag noch Dogma und Gesetz, mit der Folge einer peinlichen Diskrepanz zwischen unserem tatsächlichen Handeln und Erleben im Gebirge und der »offiziellen« Ideologie bezüglich eben dieses Handelns und Erlebens. Wir sind seit jeher ausgemachte Heuchler, wir Bergsteiger des deutschsprachigen Raumes: Wir führen ein herrlich barbarisches Leben im Gebirge, aber wir glorifizieren es als eine Großtat von Geist und Kultur.

Die Geringschätzung des körperlichen Erlebens im offiziellen Glaubenskanon der Bergsteigerei wird durch das derzeit so populäre Psycho-Vokabular von »Ich-Erweiterung«, »authentischem Erleben«, »Ego-Trip«, »Grenzerleben« usw. nachhaltig zementiert. In ihrer Auswirkung sind diese scheinbar supermodernen Vokabeln grundkonservativ: Sie suggerieren, unscharf, wie sie sind, ein anspruchsvolles geistiges Streben, und in Wirklichkeit geht es doch wesentlich und ganz einfach um das Zurückfinden in den Körper und das vollbewußte Auskosten elementarer, tiefer Wohlgefühle. Es geht schlicht um den Bärenhunger, um den wohligen Rülpser, um den Murmeltierschlaf und das Gefühl, Bäume ausreißen zu können. Das ist meines Erachtens der entscheidende und jedem Bergfreund gleichermaßen zugängliche Beitrag des Bergsteigens zum Punkt »Selbsterfahrung«, und das läßt sich in unserem vertrauten Deutsch ganz tadellos ausdrücken.

Die einfachen sinnlichen Freuden des Bergsteigens so hervorzuheben und zu rühmen, wie ich es im vorausgehenden Kapitel getan habe, das ist in der Alpinliteratur (bisher) nicht üblich. Doch sind die geschilderten Freuden nach meiner Erfahrung und Überzeugung wirklich des allerhöchsten Lobpreises wert. Das Problem besteht nun auch nicht so sehr darin, daß wir Alpinisten nicht um die kreatürlichen Genüsse des Bergsteigens wüßten, sondern in unserem Unvermögen, diesen Aspekt des Selbsterlebens im Gebirge freimütig anzuerkennen und zu achten. Unser Urteilen und Empfinden ist in dieser Hinsicht schwer belastet, ja geschädigt durch das herkömmliche neuzeitlich-abendländische Persönlichkeitsbild, das in Schichten denkt und die kreatürlichen Erlebnisse der untersten Etage zuordnet, dem »gemeinen« Parterre des Körperlichen. Dieses Schichtenmodell ist, schroff gesagt, eine Barbarei frustrierter Philosophen, es hat bis auf den heutigen Tag herrliche, fundamentale Erfahrungen unseres Menschseins mit dem Odium des Niedrigen und Peinlichen vergiftet.

Angemessener und zugleich humaner ist ein Persönlichkeitsmodell von konzentrisch einander umschließenden Kreisen, wo dann die vitalen körperlichen Erfahrungen das Zentrum bilden, was ihrer tatsächlichen Bedeutung entspricht. Bemerkenswerterweise ist, wie schon erwähnt, ausgerechnet die Ideologie der so naturnahen Gilde der Alpinisten seit jeher ganz nachhaltig geprägt vom leibfeindlichen, bürgerlich-idealistischen Persönlichkeitsverständnis.

Defizite im Bereich »höherer« Erlebnisebenen

Das Bergsteigen gleicht nicht nur diejenigen Erlebnisdefizite aus, die dem Bereich der existentiellen Grunderfahrungen angehören. Es verhilft uns auch zur Wiederbegegnung mit einigen »höheren« Erfahrungsbereichen, die in unserer gegenwärtigen gesellschaftlichen Alltagswirklichkeit fehlen oder zu kurz kommen. Im folgenden soll erörtert werden, was das Bergsteigen heutzutage zu den Erfahrungsfeldern »soziale Kontakte«, »Leistungserleben« und »Selbstbestätigung durch besonderes Können« beizusteuern vermag.

»Bergkameradschaft«

Bergkameradschaft – dieses Wort zaubert einen glücklichen Glanz in die Augen des Bergfreundes. In vielen Liedern wird sie besungen, die Verbundenheit der Menschen am Berg, in fast allen Bergbüchern liest man ihr Lob. Insbesondere die Verbundenheit der Seilpartner brachte die Bergsteiger schon immer zum Schwärmen. Über sie schreibt Gaston Rébuffat: »So bleiben auch die Schönheit der Berge, die Freiheit der großen Räume, die herben Freuden des Kletterns klein und ärmlich ohne die Seilkameradschaft.«[10] Und noch pointierter: »Die Anstrengung und die Freundschaft mit den Seilgefährten sind die Grundpfeiler unseres Sports.«[11]

Der Nichtalpinist fragt sich angesichts eines solchen Pathos unwillkürlich: Steckt denn wirklich etwas Besonderes hinter dieser vielbeschworenen Bergkameradschaft, oder handelt es sich bloß um leere Sentimentalitäten? Ich will hierauf sofort die Antwort geben: Die Verbundenheit der Menschen am Berg ist zuweilen tatsächlich eine außergewöhnliche Art der Sozialbeziehung. Auf großer Tour, und insbesondere bei schweren Unternehmungen, erlangen sowohl die Beziehungen unter Freunden, wie auch diejenigen unter zuvor Fremden eine besondere Qualität. Das Bergsteigen bringt auf dem Gebiet unseres Verhältnisses zum Mitmenschen Saiten zum Erklingen, die im gewöhnlichen Leben heute stumm bleiben.

Welche Aspekte machen die sozialen Beziehungen unter Bergsteigern zu einer besonderen und als tiefbeglückend empfundenen Gesellungsform? Meiner Erkenntnis nach sind es die folgenden Faktoren:

Das Denken und Wollen eines jeden wird von genau demselben Streben, dem gleichen Ziel beherrscht, nämlich bestimmte Routen und Gipfel zu meistern. Die Tourenkameraden sind rund um die Uhr, wäh-

Abb. 5. *Gleiches Tun und gleiches Erleben.*

rend aller Stationen des Tagesablaufs beisammen, alles tun und erleben sie gemeinsam. Das identische Streben und das ständige Zusammensein erzeugen eine weitgehende Einheit des Fühlens und Denkens. Es ergibt sich daraus wie von selbst ein enges Zusammengehörigkeitsgefühl. Auf großer Tour wirken alle in einer direkten und selbstevidenten Weise zusammen. Der Erfolg des gemeinsamen Tuns ist in jedem Augenblick sichtbar.

Beim Klettern ist man darüber hinaus ständig buchstäblich auf Leben und Tod aufeinander angewiesen. Man legt sein Leben ganz in die Hand des Begleiters, im sicheren Wissen um den vollen und selbstlosen Einsatz des Kameraden. So ist man auf eine ganz existentielle und unmittelbare Weise miteinander verbunden.

Trennende soziale Rollen und Statusfaktoren werden am Berg weitgehend hinfällig. Der einzelne gilt vor allem anderen durch seinen Charakter und seinen Beitrag zur gemeinsamen Sache.

Alle die eben aufgeführten Merkmale der sozialen Beziehungen unter Bergsteigern haben zweierlei gemeinsam: Einmal stehen die »alpinen« Sozialbeziehungen in den dargestellten Punkten in einem polaren Gegensatz zu der Mehrzahl der Sozialkontakte des Alltagsdaseins in unserer Gesellschaft. Zum anderen laufen die genannten Faktoren allesamt auf die Herausbildung einer tiefen, sich ganz von selbst ergebenden und direkt erlebten Verbundenheit unter den Beteiligten hinaus. Sie bilden zusammen ein archaisches Beziehungsmuster, das den Kontakt- und Zugehörigkeitswünschen des Menschen unmittelbar Genüge tut.

Ein paar Zeilen von mehr persönlicher Art sollen das eben Gesagte noch etwas ergänzen und anschaulich machen:

Ich nehme in meiner Alpenvereinssektion öfters an Gemeinschaftstouren teil. Unter den Personen, die sich zu einer Tour zusammenfinden, sind immer wieder einmal neue Gesichter. Man sagt sich dann gegenseitig den Vornamen und marschiert zusammen los. Im Verlauf des schlichten Miteinandergehens und Miteinanderseins stellt sich bald auch ein Gefühl des Zusammengehörens ein. Das ist für mich stets aufs neue ein kleines Wunder: Dieses gute Verbundensein, ohne zu wissen, was und wie der andere sonst im Leben ist. Tagelang kann es so gehen, daß ich vom Lebenshintergrund des anderen fast nichts weiß. Das stört nicht. Ich lerne ja den anderen dennoch sehr gut kennen, auf einer sehr direkten und persönlichen Basis. Den ganzen Tag über sehe und erlebe ich ihn, wie er ist als Person. Das genaue Wissen um sein Wer und Wie würde dieses unverstellte Kennenlernen nur behindern. Irgendwann ergibt es sich dann, daß man über den Beruf, die Familie und das Alltagsleben des anderen spricht. Das erweitert dann das Bild vom anderen, ist aber nicht von sonderlicher Bedeutung. Für mich als Tourenpartner ist wichtig, wie sich der andre als Mensch verhält, und das merke ich recht gut, unterwegs am Berg. Unter den einfachen und harten Bedingungen des Bergdaseins begegnet man einander gewissermaßen hüllenlos. Da zählt, anders als im Alltagsleben, bloß das wirkliche Verhalten. Das Drumherum, als da sind: Titel, Berufsposition, Besitz, Ämter und Herkommen, das bedeutet auf großer Tour herzlich wenig.

Am Berg komme ich dem anderen zwar sehr nahe, daneben habe ich aber auch das Für-mich-Sein, das reine Eigensein. Morgens und abends, da sitzen wir in dichter Runde beisammen, und beim Klettern verbindet uns das Seil. Dazwischen aber, in den vielen Stunden des einfachen Dahinsteigens, da bin ich auch ganz für mich und bei mir. Ich bin für mich, und ich bin doch nicht allein. Ich sehe ja die anderen vor mir oder hinter mir. Sie wiederum sehen mich und achten auf mich. Ich fühle mich geborgen und zugleich ungestört bei mir. Dieses lockere Steigen miteinander, wo jeder seinen eigenen Schritt geht und seinen eigenen Gedanken nachhängt und wo man dennoch aufeinander acht gibt, ist für mich eine herrlich-erholsame Verbindung von Ich-Sein und Miteinander-Sein.

Halten wir noch einmal fest: Beim Bergsteigen stellt sich gleichsam ganz von selbst eine Form der mitmenschlichen Beziehung ein, nach der wir

ein tiefes Bedürfnis in uns tragen, die aber mit den Funktionsgesetzen unserer Gesellschaft nicht vereinbar ist. Unsere Verbundenheit mit dem Bergkameraden ist ein direktes, selbstverständliches und vital notwendiges Aufeinanderbezogensein. Wir tauchen ein in die Stallwärme des schrankenlosen Miteinander.
Wie sieht es im Alltagsleben mit unseren Gruppenbeziehungen aus? Unsere Gesellschaft bringt auf der einen Seite die raffiniertesten technischen Hilfsmittel der Kommunikation hervor, sie verhindert dabei aber gleichzeitig auf mannigfache Weise das Zustandekommen innerer Nähe zwischen ihren Mitgliedern:
Die sozialen Beziehungen des Alltags werden zum großen Teil von feststehenden Normen und Ritualen bestimmt. Wir begegnen einander so, wie es sich der jeweiligen Position oder Situation entsprechend »gehört«, und nicht, wie wir tatsächlich wollen und empfinden. Wir treten nicht als Individuen, sondern als Ausführende allgemeiner Verhaltensregeln miteinander in Beziehung. So »gehört es sich« beispielsweise, daß man sich im Beruf immer sachlich und gescheit gibt und daß man über private Sorgen nicht spricht. Es gehört sich, daß man manche Leute in bestimmten Zeitabständen einlädt, sie in einer bestimmten Weise bewirtet und eine »vernünftige« Unterhaltung mit ihnen führt. Es gehört sich, mit dem Nachbarn über die Straße ab und an eine kurze Konversation über das Wetter, den Garten oder den Hund zu führen und darüber hinaus ja nichts Persönliches zu fragen. Es gehört sich, sehen zu lassen, »wer man ist« und was man hat. Es gehört sich, freundlich zu andern zu sein, auch wenn man sie gar nicht ausstehen kann. Ja, im Alltagsleben gehört sich so vieles, und alles, was sich so gehört, verbirgt und überdeckt ein Stück unserer Individualität. Unser persönliches Ich verschwindet hinter der Fassade des »richtigen« Benehmens und wird dadurch für den andern unsichtbar. Am nachhaltigsten verhindert wohl das Gebot, immer sachlich und beherrscht zu erscheinen – eine zentrale Norm unserer industriellen Gesellschaft – die echte menschliche Begegnung. Für ein Gegenüber werden wir zum Menschen ja erst dann, wenn der andere unsere Gefühle merkt und sieht.
Das gesellschaftliche »Höher« und »Tiefer«, der Statusunterschied, erschwert ebenfalls die offene Begegnung und schafft innere Distanz. Zwar wird unsere Gesellschaft als »nivellierte Mittelstandsgesellschaft« bezeichnet, doch besteht dennoch ein fein gewobenes Netz an Statusunterschieden. Das schafft Hemmungen und Voreingenommenheiten, auch wenn es heute üblich ist, sich nach außen hin egalitär zu geben.
Im Berufsleben speziell baut die Konkurrenz um Positionen massive Trennwände zwischen uns auf. Wer beruflich hochkommen will, kann

Abb. 6. *Bergkameradinnen anno dazumal.*

es nicht riskieren, offen zu seinen Kollegen zu sein. Er befindet sich in ständiger, angespannter Lauerstellung den anderen gegenüber. Bei Freundlichkeit nach außen herrschen Mißtrauen und Feindseligkeit im Innern.

An sich sind wir in unserer hochdifferenzierten Gesellschaft hochgradig aufeinander angewiesen und voneinander abhängig. Die so geschaffene Verbundenheit ist indes von sehr abstrakter Art. Sie erfüllt sich wesentlich darin, daß wir, jeder für sich allein, einen atomisierten Beitrag zum Funktionieren des Ganzen erbringen. Wir stehen mit den anderen Menschen oft nur durch das unpersönliche Resultat individualisierter Leistung in Beziehung. Wirtschaftlich und sozial sind wir total voneinander abhängig, innerlich aber sind wir gerade im Dienste an der funktionalen Vernetzung isoliert. Unsere Gesellschaft produziert de facto Einzelkämpfer, materiell bestens versorgte Funktionsspezialisten, die ihr äußeres Wohlergehen bezahlen mit dem hohen Preis der psychischen Vereinzelung.

In einigen flüchtigen Strichen habe ich nunmehr den Hintergrund skizziert, von dem sich die sozialen Beziehungen im Gebirge als eine tiefbefriedigende Enklave der menschlichen Nähe und Gemeinsamkeit abheben.

Die zuletzt beschriebenen Isolierungstendenzen sind besonders mächtig im Bereich des Arbeitslebens, sie wirken jedoch bis in den privaten Raum der Familie hinein. Nicht einmal in der intensivsten menschlichen Gruppierung sind wir frei von der Zwangsjacke der sozialen Rollen, selbst hier wird Gemeinsamkeit und Nähe erschwert durch funktionale Segmentierung der Lebenswelten. Das Bergsteigen in Gemeinschaft mit Gleichgesinnten bildet eine ebenso einfache wie wirkungsvolle Möglichkeit, die gesellschaftsspezifischen Tendenzen zur seelischen Isolierung zeitweise zu kompensieren.

Leistungserleben

Bergsteigen als Ausgleich von Defiziten existentiellen Erlebens – diese Formel gilt auch für den nunmehr zu besprechenden Bereich des Leistungsbewußtseins.

In unserem Leben und Denken nimmt die Arbeit, verstanden als die Gesamtheit unserer Bemühungen zur Erzeugung materiellen Wohlstands, eine beherrschende Stellung ein. (Was übrigens keineswegs so natürlich ist, wie es uns aufgrund unserer anerzogenen Einstellungen erscheint!) Der eherne Anspruch, dem unser Arbeiten unterliegt, ist der Imperativ der Effizienz, der Leistung. Wir Menschen der westlichen Hemisphäre haben es infolge unserer besonderen Arbeitseinstellung in wirtschaftlicher Hinsicht auch tatsächlich ungeheuer weit gebracht: Auf die einzelne Arbeitskraft bezogen, produziert unsere Wirtschaft das Zigfache dessen, was zu Beginn des vorigen Jahrhunderts ein Erwerbstätiger erwirtschaften konnte. Unser durchschnittlicher persönlicher Besitz verhält sich zu dem unserer weniger produktiven Vorfahren des beginnenden 18. Jahrhunderts etwa so wie der Besitzstand eines mittleren Industriebosses zu dem eines einfachen Arbeiters. Die Produktivität der Arbeit, die bis vor 150 Jahren nur in geringem Tempo zunahm, steigt seitdem in einer fortwährend steiler werdenden Kurve an.

Während so die Menge der Güter und Dienstleistungen, die wir als Kollektiv hervorbringen, in einem Ausmaß zugenommen hat, das in der Menschheitsgeschichte einzigartig ist, wird vom einzelnen her gesehen das Ergebnis des beruflichen Schaffens auf eine eigenartige Weise immer ungreifbarer und unattraktiver. Die Mehrzahl der Arbeitskräfte ist heutzutage in Schreibtisch- und »Kopfberufen« beschäftigt. Hier manifestiert sich das Resultat eines ermüdenden Arbeitstages vielfach nur in einigen Berichtbögen oder Zahlenkolonnen. Oft ist überhaupt kein sichtbares Arbeitsergebnis mehr vorhanden. So sehen all jene – inzwischen recht zahlreichen – Menschen, die an einem Computer oder an einem Kontrollpult sitzen, keinerlei materielles Resultat ihrer außerordentlich intensiven und nervenverschleißenden Tagesleistung. Im Produktionsbereich gehen zwar große Mengen von materiellen Produkten durch die Hände des einzelnen Arbeiters, doch trägt hier der einzelne in der Regel nur noch eine ganz spezielle, winzige Verrichtung zum Produktionsergebnis bei, diese allerdings in hundert- oder tausendfacher Wiederholung. Abends ist der Bandarbeiter todmüde und verbraucht von der Monotonie eines ständig gleichen Handgriffs an einem Gegenstand, dessen Zweck er oft nicht einmal kennt.

So kommen die meisten Erwerbstätigen Tag für Tag abgespannt von der Arbeit nach Hause, ohne etwas Sichtbares oder etwas abgeschlossenes Ganzes geschaffen zu haben. In unserem modernen Arbeitsleben stehen, aus dem Gesichtswinkel des Individuums betrachtet, der Arbeitseinsatz und die Sichtbarkeit des Ergebnisses in einem bedrückenden Mißverhältnis. Die hochgradige Differenzierung unserer Arbeitswelt und ihre strenge Leistungsnorm bringen es mit sich, daß der einzelne sich in atomisierten Tätigkeiten verausgabt, deren Beitrag zum Ganzen kaum mehr erkennbar ist. Zudem werden der Körper, der Verstand und die Sinne während des Arbeitsvorganges nur noch ganz speziell und einseitig beansprucht. Bei der Arbeit ist lediglich ein winziger Bruchteil unserer geistigen und körperlichen Möglichkeiten gefordert, dieser jedoch im Übermaß. Der Rest verödet gewissermaßen. Die Sozialwissenschaft faßt diese ganzen Zusammenhänge in den Begriff der »Entfremdung«.

Das stolze und zufriedene Gefühl, am Abend auf ein rundes Tagwerk zurückblicken zu können, das sich im buchstäblichen Sinne »sehen lassen« kann, dieses Erlebnis, das für unsere Vorfahren noch alltäglich war, kennen heute die wenigsten Menschen aus ihrem Arbeitsleben. Nur einem kleinen Bruchteil der Erwerbstätigen ist es noch vergönnt, abends einzuschlafen im Bewußtsein einer Arbeitsleistung, die ebenso konkret und handfest ist, wie die Müdigkeit am Ende des Arbeitstages.

Dieses direkte und wohltuende Leistungsgefühl müssen wir uns heute zumeist außerhalb des Alltages suchen, in frei gewählten Beschäftigungen, in »Hobbies«, wie wir es verniedlichend-abwertend nennen. Das

Abb. 7. *»Wir können es in jedem Moment klar überschauen, was wir geleistet haben«* *(Abstieg von der Dent Blanche in den Walliser Alpen).*

»Hobby« des Bergsteigens nun ist in einem ganz besonderen Maße dazu angetan, ein unmittelbares und erhebendes Leistungsbewußtsein zu vermitteln:
Jede Anstrengung findet hier einen direkt sichtbaren Niederschlag in Gestalt erklommener Gipfel oder in Form zurückgelegter Wegstrecken und Seillängen. Wir können es in jedem Moment klar überschauen, was wir geleistet haben.
Großer Einsatz führt in den Bergen unmittelbar zu einem erkennbar großen Ergebnis, hohes Können verwandelt sich im Moment in bestaunenswerte Leistung. Daraus erwächst uns ein naturhaft-herrliches Schaffens- und Machtempfinden.
Bergsteigerische Leistung ist nicht nur sichtbar und meßbar groß, sie ist vor allem auch intensiv spürbar. Diese außerordentliche Gefühlsintensität des Bergsteigens ist es vor allem, die dem alpinen Leistungserlebnis seine seelische Brillanz und Gewichtigkeit gibt. Unser Leisten im Gebirge ist von einer wuchtigen Symphonie stärkster Affekte begleitet: Wir zerspringen manchmal vor Hitze, und manchmal schüttelt uns eisiger Sturm, der Rucksack drückt uns zuzeiten fast das Kreuz ab, und die Füße schmerzen uns nach langer Tour, daß wir sie kaum

mehr heben wollen; in heißen Wänden leiden wir Durst bis zum Verschmachten. Jede dieser drastischen Körperempfindungen sagt es uns, wie immens wir arbeiten. Dazu kommen dann die urtümlich machtvollen seelischen Begleittöne alpinen Tuns: Die existentielle Angst in den Steinschlagzonen einer schweren Wand oder im Unwetter, die tiefe Entspannung nach »kitzligen« Passagen, der königliche Stolz auf dem Gipfel, das wütende Anrennen gegen den Sturm oder die eigene Schwäche.

Alle diese machtvollen körperlichen und seelischen Empfindungen sind Leistungsbestätigungen von unüberbietbarer Eindringlichkeit. Auf Gefühlen basiert unser Lebensempfinden und unser Selbstgefühl. Man kann sagen: Eine Erfahrung ist so stark wie die Gefühle, die mit ihr verbunden sind. Vor allem deswegen erscheinen uns die Taten des Berufslebens gegenüber unseren bergsteigerischen Leistungen oft so karg und blaß.

Für Hunderttausende von Menschen in unserer Gesellschaft bildet das Bergsteigen das bevorzugte Leistungsfeld, jenes Gebiet, auf dem mit dem größten Engagement persönliche Leistungsbedürfnisse befriedigt werden. Daß es dazu kam, liegt nicht zuletzt auch an der Voraussetzungslosigkeit des bergsteigerischen Leistens. Die Bergsteigerei erfordert keinerlei besondere geistige Anstrengung, und in sportlicher Hinsicht ist keine spezielle Befähigung vonnöten. Die wichtigsten »Arbeitsmittel« des Bergsteigers sind: Ein gesunder Körper, wache Sinne und ein wenig grundlegendes Wissen. Das sind sehr einfache Voraussetzungen. Die ersten beiden gibt uns die Natur, und die dritte ist leicht zu erwerben. Mit diesen simplen Voraussetzungen nun – und das ist der entscheidende Punkt – können wir im Gebirge zu einem Leistungserlebnis gelangen, das in jeder Hinsicht gewaltig ist. Es ist spürbar, sichtbar und meßbar gewaltig. Die Leistungen des Berufslebens erfordern im Gegensatz dazu einen viel größeren Aufwand an Können und Wissen, ohne aber zu einer vergleichsweise ebenso starken und konkreten Leistungserfahrung zu führen.

Die Lust des Könnens

Beim anspruchsvolleren Alpinismus, beim Klettern also oder bei Fahrten im schwierigen Gelände, kommt zu dem geschilderten Vergnügen an der klaren Leistung noch das Hochgefühl des Könnens hinzu. Das Erleben souveränen Könnens zählt für manchen Alpinisten zu den schönsten Gefühlen, die das Bergsteigen zu vermitteln vermag. So geriet beispielsweise der sonst so nüchterne Hermann Buhl jedesmal ins Schwärmen, wenn er auf die Empfindung des absoluten Könnens zu sprechen kam, die ihn auf extremen Kletterfahrten bisweilen in einen wahren Rausch der Glückseligkeit versetzte: »Vorsichtig schiebe ich mich unter den Überhang hinaus, ein Spiel mit dem Gleichgewicht. Ich strecke mich, taste darüber, während der Körper fast waagerecht nach rückwärts hängt, spüre ich einen Griff. Die zweite Hand langt nach. Wunderbar ist die Kletterei. Ich empfinde kein Grauen, nur maßlose Freude.«[12] Aus diesen Sätzen spricht das unbändige Selbstgefühl dessen, der sich großen Schwierigkeiten souverän gewachsen sieht. Immer aufs neue artikuliert Buhl dieses fast ekstatische Erleben: »Ich winde, schiebe und spreize mich immer weiter empor, Meter um Meter, wobei das freie Seilende mir wie ein treuer Begleiter stets hinterdrein folgt. Es gibt kaum etwas Schöneres, als so frei von jedem Kletterwerkzeug, unbeschwert und leichten Fußes höher zu turnen.... Nichts als natürliches, stilreines Gehen und technisches Können hilft hier weiter. Jauchzen könnte ich vor Freude.«[13] Das Aperçu des Schweizer Philosophen und Bergfreundes Joachim Schumacher »Ihr großen Bergsteiger liebt nicht so sehr die Berge, sondern eure Kunst und Ausdauer am Berge«,[14] trifft ganz sicherlich für einen großen Teil der ambitionierten Berggänger zu. Die von Schumacher in einem ironischen Tonfall thematisierte »Kunst am Berge« ist für jene, die ihrer mächtig sind, wirklich etwas so Faszinierendes und Berückendes, daß darob leicht alle anderen Reize des Gebirges vergessen werden können.

Eine jede gut beherrschte Fertigkeit erfüllt den, der sie besitzt, mit Selbstbewußtsein und Stolz. Für das extremere Bergsteigen nun gilt diese generelle Tatsache in einer ganz besonderen, gesteigerten Weise. Warum?

Beim Ringen um einen schweren Anstieg sind alle unsere Fähigkeiten und physischen Möglichkeiten aufs Äußerste gefordert: Der Leib, der Verstand, die Sinne, alles ist gleichzeitig in Aktion. Wenn alle Komponenten optimal zusammenwirken, dann kommt »Musik« ins Steigen. Eine eigentümliche, schwerelose Beschwingtheit stellt sich ein, begleitet von einem unvergleichlichen Gefühl der Leichtigkeit und Leistungskraft. Souverän beherrschtes Steigen – das ist Kraftsport und schwereloser Tanz zugleich. In seinen besten Momenten hat ein virtuoser Kletterer das Empfinden, frei zu sein von aller Erdenschwere. Er ist dann nur noch Rhythmus und Kraft. Lionel Terray, der große französische Bergsteiger, findet einprägsame Worte für dieses Gefühl: »Was wir beim Klettern so liebten, war das Gefühl, Herr über die Schwere zu sein, über dem Abgrund zu tanzen, senkrecht emporzulaufen. In diesen Momenten fühlt sich der Mensch wie der Flieger im Raum. Er ist kein erdgebundener Wurm mehr, sondern wird zur Gemse, fast zum Vogel.«[15] Und an anderer Stelle, als er seine Begehung des Walkerpfeilers schildert: »Unser Fortkommen gleicht mehr einem wohleinstudierten Ballett als einer schwierigen Kletterei.«[16] In Terrays Worten klingt es an, mit welcher etablierten Kunst das virtuose Klettern die meiste Ähnlichkeit hat: Mit dem Tanz, und zwar mit dem Ausdruckstanz hoher Vollkommenheit.

Das Charakteristische des virtuosen Kletterns und des meisterhaften Tanzes besteht darin, daß der Mensch bei der Ausübung dieser »Künste« total mit Leib und Seele gefordert ist. Sehen wir uns doch den Kletterer in Aktion einmal an! Der ganze Körper arbeitet und ist auf schnelle, geschmeidige Reaktion eingestellt. Arme, Beine, Finger, Füße, Atmung wirken in einem komplexen Ablauf zusammen und bringen ein scheinbar müheloses Höhersteigen hervor. Das Auge sucht flink nach sicheren Haltepunkten und nach dem besten Routenverlauf. Zugleich registriert es die zu erwartenden Schwierigkeiten und erfaßt im voraus die Beschaffenheit des Gesteins. Das Ohr horcht beständig auf eventuellen Steinfall und auf die Geräusche des Felsens beim Vorandringen. Klingt er morsch? Singen die Haken beim prüfenden Anschlagen? Der Tastsinn der Hände und Füße erspürt die Rauhigkeit und die Verläßlichkeit des Geländes. Der Gleichgewichtssinn, der beim anspruchsvollen Klettern eine ganz wesentliche Rolle spielt, sorgt in jedem Augenblick für die richtige Austarierung des Körperschwerpunktes. Der Verstand schließlich kombiniert und verwertet blitzschnell alle diese vielfältigen Sinnesdaten und setzt sie um in die richtige Bewegung, die geeignete Technik, die ideale Linie.

Der ganze Mensch ist beim artistischen Klettern Rhythmus, Aktion und Hingabe. Welche von den Fertigkeiten, die uns im Alltag normalerweise abverlangt werden, so ist nun zu fragen, sprechen in einer derart umfassenden Weise alle unsere körperlichen und intellektuellen Fähigkeiten an und bringen ein derart beschwingtes Hochgefühl hervor? Ich zumindest weiß in meiner Alltagserfahrung nichts Vergleichbares.

Bei diesen ganzheitlichen Fertigkeiten, wie das gekonnte Bergsteigen eine darstellt, handelt es sich um großartige Erlebnispotentiale, für die innerhalb der Strukturen unserer Gesellschaft gewöhnlich kein Raum mehr ist. Sie kommen nur noch in selbstgesuchten Rückzugsbereichen zur Entfaltung.

Im Augenblick leben

Ist Ihnen schon einmal aufgegangen, wie wenig Bewußtsein und Aufmerksamkeit wir im Alltag für den Augenblick, für die je konkrete Situation übrig haben? Wir leben mit unserem Bewußtsein oft mehr »in Gedanken« als in der unmittelbaren Realität. Unser Kopf plant und spekuliert fast ständig voraus, oder die Gedanken hängen noch an der Vergangenheit. Häufig beschäftigt die nähere und die fernere Zukunft unsere Aufmerksamkeit mehr als die Gegenwart: Unternehme ich am Wochenende eine Bergtour, oder besuche ich die Eltern? Welches Auto werde ich mir als nächstes anschaffen, und wie finanziere ich es am besten? Wo führt die Urlaubsreise hin? Soll ich meinen Sohn fürs Gymnasium oder für die Realschule anmelden? Was machen wir, wenn der alte Onkel Karl sich nicht mehr selbst versorgen kann? Soll ich an dem Lehrgang zum Industriefachwirt teilnehmen? Erhöhe ich meinen Bausparvertrag?

Dutzende von Plänen und Sorgen, die alle in die Zukunft zielen, kreisen auf diese Weise täglich und stündlich in unserem Gehirn herum. So verfließen weite Zeiträume des Tages mit Räsonieren. Das aktuelle Leben läuft dabei unbemerkt an uns vorbei. Selbst jene vergleichsweise seltenen Zeitabschnitte, in denen wir bewußt dem Augenblick zugewandt sind, werden vielfach durchkreuzt vom Denken an Kommendes und Zurückliegendes. Dieses stete In-der-Zukunft-Sein mit den Gedanken ist eine unabdingbare Notwendigkeit unserer Zeit. Sie ergibt sich aus der Kompliziertheit und der individuellen Gestaltbarkeit unserer materiellen und sozialen Lebensbedingungen.

Vor zwei Jahrhunderten noch konnten und brauchten sich die Menschen über die Ausgestaltung ihres Daseins kaum Gedanken zu machen. Denn einmal waren in bezug auf die Einrichtung des eigenen Lebens nur wenige objektive Wahlmöglichkeiten vorhanden. So konnte man noch nicht zwischen verschiedenen Bildungswegen wählen; anstelle der vielen hundert Berufe, die wir heute haben, gab es nur einige Dutzend; die wichtigsten Gerätschaften, die man fürs Leben brauchte, waren einheitlich und wurden nur einmal angeschafft; man war durch Besitz und Gesetz an den Geburtsort gebunden, und so fort.

Die geringe Zahl der vorhandenen Alternativen wurde in drastischer Weise noch weiter eingeengt durch strikte und starre Gruppentraditionen. Die Gruppe, der man zugehörte, diktierte jedem Mitglied bis in die Einzelheiten, wie sein Verhalten in jeder denkbaren Situation und in jedem Lebensalter auszusehen hatte. Da war es müßig, sich Gedanken über die Gestaltung des eigenen Lebens zu machen. Der enge materielle und normative Rahmen enthob einen dazumal der Notwendigkeit des ständigen Vorwegplanens der eigenen Zukunft.

Im Gegensatz zu diesen vorindustriellen Lebensverhältnissen verfügen wir heute über weitgehende individuelle Verhaltensfreiräume, und es stehen uns bei der Ausübung dieser Freiheiten außerordentlich viele Alternativen materieller und geistiger Art zu Gebote. Diese Entwicklung stellt aus der Perspektive unseres individualistisch ausgerichteten Persönlichkeitsideals einen wertvollen Fortschritt dar, sie bedeutet jedoch für den einzelnen in Wahrheit oft genug auch eine Last: Da wir uns bei der Einrichtung unseres Daseins nur noch selten an absolut verbindliche und präzise Gruppentraditionen halten können, haben wir gar keine andere Wahl, als unser Leben selbst zu planen und uns zu überlegen, was für uns persönlich gut und richtig ist. Die Chance der individuellen Lebensgestaltung ist zugleich auch eine Aufgabe, die angesichts des schnellen Wandels der Lebensbedingungen und der unübersehbaren Vielfalt von Entscheidungsalternativen in unserer Zeit sehr schwierig und bedrückend sein kann.

Die Lebensklarheit, die unsere Vorfahren uneingeschränkt aus den Traditionen des Kollektivs bezogen, muß sich heute jeder einzelne in »eigener Regie« erwerben. Diese individuelle Gewißheit ist stets bedroht und muß immer aufs neue wiederhergestellt werden, es ist eine wahre Sisyphusarbeit. Tradition muß heute durch »Denken« kompensiert werden. Wir sind zu einem ständigen In-die-Zukunft-Hineinblicken verurteilt.

So investieren wir notwendig einen großen Teil unseres Bewußtseins in das Vorausdenken. Für die Gegenwart, für das tatsächliche Leben, verbleibt nur noch ein geringer Rest an geistiger Zugewandtheit. Problematisch ist, daß wir auch in Zeiten, in denen wir ganz dem Augenblick zugetan sein möchten, nicht mehr das Gehirn »abschalten« können. Das Denken im Sinne eines geistigen Vorwegnehmens der Zukunft ist für uns Heutige in einem hohen Maße zum Zwang geworden. Unterschwellig, manchmal auch bewußt, ist uns diese zwanghafte innere Fixierung auf die Nicht-Gegenwart oftmals eine schwere Last.

Angesichts dieses Zwanges zum »Vorausleben« (R. Messner) gewinnt eine spezifische seelische Begleiterscheinung des Hochgebirgsalpinismus herausragende Bedeutung: Ich meine die Tatsache, daß wir beim ambitionierten Bergsteigen das Denken (das Voraus-Denken) loswerden. Vielleicht erinnern Sie sich an irgendeine schöne, mehrtägige Tour, die Sie in der letzten Zeit unternommen haben. Wie war es da mit dem Sinnieren und mit den sorgenvollen Zukunftsgedanken? Wahrschein-

lich konnten Sie die angenehme Erfahrung machen, daß nach zwei, drei Tagen das chronische Rumoren der Gedanken abgeebbt ist. Auf großen Bergtouren gibt der Kopf recht bald Ruhe. Das Problemewälzen und Räsonieren, diese ständige Begleitmusik des Alltagslebens, verstummt. Unsere Aufmerksamkeit wendet sich ungeteilt dem Gegenwärtigen und Naheliegenden zu. Wir erleben es als einen herrlichen Zuwachs an Lebendigkeit, wenn unser Bewußtsein aus der schemenhaften Welt der Zukunftserwägung zurückströmt in die konkrete Gegenwart. Wie unter dem Strahl eines Brennglases leuchtet dann unser unmittelbares Leben mit einem Male auf. Die einfache Welt des momentanen Daseins füllt nunmehr unser Denken völlig aus: Der Pfad, auf dem wir gehen, die Landschaft, die wir durchschreiten, das Wetter, das uns begleitet, der Gipfel, der vor uns steht – diese einfachen sinnlichen Eindrücke genügen unserem Kopf nun über viele Stunden hinweg voll und ganz. Steigend fragen wir kaum einmal über die nächste Stunde hinaus. Der Augenblick ist unserem Kopf genug. Nach längerem Steigen stellt sich häufig gar ein Zustand ein, in dem das Denken völlig einschläft und wir nurmehr instinktmäßig gehen und reagieren. Von extremen Bergsteigern wird dieser Zustand der gedankenfreien intensiven Lebendigkeit besonders oft berichtet. Er stellt für uns moderne Menschen, in deren Kopf gewöhnlich die Gedanken rastlos herumschwirren wie die Bienen in ihrem Korb, eine wahre seelische Erlösung dar. Für jene Menschen, die über das gesellschaftstypische Maß hinaus unter der Last des Denken-Müssens leiden, ist das Bergsteigen nicht selten ein Mittel, ständiger innerer Not zu entrinnen. Hier gilt die Formel: Wenn das Denken schweigt, schweigt auch das Leiden. Im Fall extremer Bergsteiger spielt dieses Motiv ziemlich häufig eine Rolle; darauf werde ich später noch näher eingehen.
Halten wir fest: In den Bergen haben wir unsere gesamten Bewußtseinskräfte für den konkreten Augenblick zur Verfügung. Daraus entsteht uns ein potenziertes Realitätsempfinden, das großartig ist angesichts der Flüchtigkeit, mit der wir sonst die Welt wahrnehmen.
Meine Ausführungen über das »Einschlafen« des Denkens könnten mißverstanden werden. Natürlich arbeitet unser Gehirn auch auf einer Bergtour fortwährend sehr intensiv, doch ist unser Denken im Gebirge, im Gegensatz zur abstrakten Gedankentätigkeit des Alltags, ein instinktnaher und ganz und gar sinnes- und körperbezogener Intelligenzprozeß. In der lebensfeindlichen Wüstenlandschaft des Hochgebirgs wird das blitzschnelle Koordinieren von Sinneseindrücken und Bewegungsvorgängen zur wichtigsten Leistung unseres Kopfes. Am Berg ist die »konkrete Intelligenz« gefordert, die vor allem die Stärke

der wildlebenden Tiere ist. Wenn ich also sage, das Gebirge mache uns frei von der Bürde des Denkens, so heißt das keineswegs, daß dort droben unser Gehirn außer Kraft tritt. Es wird nur eine andere Art von Denktätigkeit, eine viel elementarere, aktuell, die sich weitgehend außerhalb unseres Bewußtseins abspielt und die – dies ist im vorliegenden Zusammenhang das Entscheidende – als Wohltat und nicht als Last empfunden wird.

Bei der Gedankenbefreiung, die uns das schwere Bergsteigen beschert, handelt es sich im übrigen nicht um das, was man mit der Redewendung »einfach mal abschalten« umschreibt. Abschalten heißt, sich durch einen einfachen Willensakt vom Gesumme der Gedanken freimachen. Beim Bergsteigen ist das anders. Da räumen wir die Gedanken vermittels schwerster Arbeit beiseite. Durch die harte Anstrengung des Steigens und die angespannte Konzentration auf den Augenblick trocknen wir den Gedankenstrom nach und nach aus. Das schwere Bergsteigen ist eine Vergessensmethode für alle die, die eben nicht »einfach mal abschalten« können. Die Gedankenerlösung des Bergsteigens ist ein Vergessen, das mit einem hohen Energieeinsatz verbunden ist.

Der Nomade in uns

Die Wissenschaftler streiten sich darüber, seit wann es den Menschen gibt. Sind es eineinhalb Millionen Jahre? Oder vier Millionen? Oder »nur« vierhunderttausend? Eines jedenfalls ist gewiß: Die Geschichte unserer Gattung ist lang, und wenigstens neun Zehntel davon haben wir als herumziehende Jäger und Nomaden verbracht. Die Zeit unserer Seßhaftigkeit ist verschwindend kurz gegenüber den riesigen Zeiträumen, die wir frei und unstet streifend gelebt haben. Und unsere unmittelbaren Vorfahren in der Abstammungsreihe waren bekanntlich auch eine sehr unruhige Gesellschaft. Sollten, so ist nun die Frage, die riesigen Zeiträume, in denen der Homo sapiens eine Nomaden-Existenz geführt hatte, ganz aus unserem genetischen Programm verschwunden sein? Das widerspräche jeder Vorstellung von Wahrscheinlichkeit. Wir haben den Nomaden in uns durch unsere Kultur der tausendfältigen Daseinsregulierungen angekettet, vielleicht auch geschwächt, ausgelöscht haben wir ihn nicht. Er lebt weiter in unseren Sehnsüchten nach Freiheit, Weite und Regellosigkeit, die manchmal in uns mächtig werden bis zur Schmerzhaftigkeit.

Vom Nomaden in uns und von seiner Wiederauferstehung im Gebirge handeln die nachfolgenden Betrachtungen.

Freier Raum

Zunächst möchte ich von einem Merkmal des Bergsteigens sprechen, das so trivial ist, daß wir es gerne für unbedeutend halten. Ich meine die Tatsache, daß wir uns im Ödland des Gebirges völlig frei bewegen können, ohne Schranken und Gebote. Zumal als Kletterer haben wir eine nahezu vollkommene Verfügungsmacht über den Raum. Wir beherrschen ihn ganz handgreiflich, und zwar in beiden Dimensionen, in der Vertikalen wie in der Horizontalen. Wohl nirgends ist auch das Erlebnis räumlicher Weite so stark wie auf einem Bergesgipfel, weil die Weite dort oben besonders fühlbar wird durch den Kontrast zur Enge der Täler, aus denen wir heraussteigen und in die wir wieder hinabtauchen. So erleben wir aufsteigend ganz besonders eindringlich die Weite des Raumes, und gleichzeitig steht all der geschaute Raum zu unserer ungehinderten Inbesitznahme zur Verfügung. Dieses elementare Raum-Verfügungserlebnis, das ich persönlich vor allem bei Skitouren sehr nachhaltig habe, bildet meines Erachtens ein ganz wesentliches Stück des großartigen Freiheitsgefühls, das wir in den Bergen empfinden. Im Alltag sind uns die Bahnen unseres Bewegens starr und eng vorgeschrieben. Wir denken uns aber normalerweise gar nichts dabei, daß unsere Verfügungsmacht über den Raum so drastisch beschnitten ist. Und doch macht es uns etwas aus. Sonst würden nicht so viele von uns es als eine herrliche Wohltat empfinden, in den Ödländern des Hochgebirges ungehemmt herumstreifen zu können. Angesichts des einschränkungslosen »Raumangebots«, das die Berglandschaft darstellt, fühlen wir, was wir sonst entbehren.

Herrschergefühle

Eng verbunden mit dem Raumerlebnis beim Bergsteigen, von dem eben die Rede gewesen war, sind Empfindungen des Herrschens und des Besitzens. In alten Sagengeschichten ist manchmal von Königen die Rede, die treue Vasallen auf Bergeshöhen führten und zu ihnen sagten: »So weit dein Auge blickt, soll das Land dir gehören!« Der Vorgang des Erschauens und des Überschauens ist schon seit jeher in einer ganz besonderen Weise mit dem Gefühl des Besitzens verknüpft. Auch wir Bergsteiger werden oft von Besitz- und Herrschergefühlen erfaßt, wenn wir von hoher Warte aus in die weite Runde schauen.
Die Berge gehören niemand. Genausogut kann man sagen: Sie gehören jedem, jedem, der sich darin befindet. Weil sie niemandes Eigentum

Abb. 8. »*So erleben wir aufsteigend ganz besonders eindringlich die Weite des Raumes*« *(vor der Kulisse des Hochvogel in den Allgäuer Alpen).*

sind, kann ich sie, solange ich darin bin, als »mein Land« ansehen. Besonders dann, wenn ich allein durch eine weite Gipfelflur streife, dann ist in einem sehr unmittelbaren Sinn alle diese weite, leere Landschaft mein Eigentum. Nirgends habe ich so sehr das Gefühl, schauend zugleich Herr und Besitzer der Landschaft zu sein, wie als einsamer Wanderer im Gebirge. Nirgends umschließt mein Auge so viel Weite, mir zugehörige Weite, wie auf einem hohen und mir vertrauten Berg. Wenn ich abends oder im späten Herbst alleine auf einem großen Gipfel stehe, dann bin ich ein Fürst, ein Herrscher über alle tausend Spitzen bis an den fernen Horizont. Weil ich allein im weiten Raume bin und weil mein Auge das einzige ist, das alles umfaßt, sind die unzähligen Kare und Gipfelketten für einige herrliche Stunden mein Reich. Dieses Besitzgefühl reagiert sehr sensibel auf die Anwesenheit anderer Menschen. Sobald mir eine weitere Person ins Gesichtsfeld tritt, bricht es zusammen.

In den Städten kommt dieses herrscherliche Raumbesitzgefühl nicht auf. Da sagt mir auf Schritt und Tritt jedes Haus, jede Mauer, jeder Zaun, jeder meinen Weg kreuzende Mensch: Das ist nicht dein Land. Das gehört anderen. Das gehört nicht dir. Meine Besitzergefühle enden an der Haustür oder am Gartenzaun. Halt, das Büro gehört auch noch

zu »meinem« Terrain. Wie viele Quadratmeter sind das schon? Und wie viele Quadratmeter sind im einsamen Gebirge mein!
Bei Tieren ist es bekanntermaßen ein starker Impuls, möglichst viel Territorium zu beherrschen. Ein Stück von diesem Triebimpuls unserer stammesgeschichtlichen Vorfahren steckt ganz gewiß auch noch in uns Menschen. Im Gebirge kann dieses uralte und fast verdrängte Bedürfnis noch richtig ins volle gehen.

Wenn ich von den Erlebnissen der Ungebundenheit und des Raum-Aneignens beim Bergsteigen spreche, dann fällt mir auch das Fliegen ein. Ein Segelflieger oder ein Drachenflieger, die haben ja noch viel mehr offenen Raum um sich herum und noch viel mehr unverstellte Weite als ein Bergsteiger. Das könnte einen veranlassen, die Raum-Erfahrung des Alpinisten lediglich als eine schwächere Form des Flieger-Erlebnisses zu betrachten. Das würde indessen nicht zutreffen. Zwar bestehen unzweifelhaft viele Ähnlichkeiten zwischen der Raum-Lust des Fliegers und derjenigen des Alpinisten, doch es gibt auch einen ganz gewichtigen Unterschied. Ich will versuchen, diese besondere Komponente des bergsteigerischen Raumerlebnisses zu beschreiben: Als Flieger bin ich weit weg von der Erde. Ich schwebe im buchstäblichen Sinn hoch über den Dingen. Ich sehe weit hinaus, und ich sehe sehr viel. Ich sehe viel, aber ich habe nur eine ganz schwache Verbindung zu dem Geschauten, die Verbindung durch die Augen. Im Grunde bin ich sehr fern von den Dingen, die ich sehe, und die Weite ist mir ziemlich abstrakt. Beim Bergsteigen sehe ich nicht so weit wie beim Fliegen, und ich bin auch nicht so vogelfrei ungebunden. Dafür aber habe ich ein viel intensiveres, ein viel spürbareres Raumerlebnis. Auf einem vielstündigen Aufstieg werden mir Raum und Weite ganz handfest erfahrbar und körperlich gegenwärtig. Wenn ich beim Höhersteigen ganz allmählich freieren Blick bekomme, wenn ich schließlich über die nächste Bergkette wegsehe, dann noch weiter, über die übernächste hinweg und dieses alles mit viel Zeit und mit viel Geduld und Mühsal verbunden ist, dann habe ich ein viel stärkeres Empfinden für die Höhe, die mich von den Tälern trennt und für die Entfernung zu den Berggipfeln um mich herum. Die Anstrengung des Raum-Gewinnens macht den errungenen Raum viel gewichtiger und »persönlicher«. Das ist schon ein ganz gewaltiger Unterschied, ob ich mich im Flugzeug in einer Viertelstunde an der Großen Zinne hinaufschraube und über ihren Gipfel schwebe, oder ob ich mich Tritt um Tritt und Griff um Griff an der Dibonakante hinaufarbeite, vier Stunden lang, und danach vom Gipfel herunterschaue. Beide Male sehe ich dasselbe, aber ich sehe es mit ganz anderen Augen und mit einem ganz anderen Gefühl. Kletternd habe ich mir den Raum viel inniger angeeignet, und er hat für mich dann auch eine ganz andere Dimension.

Landschaftshunger

Es befällt mich, wenn ich auf Bergwanderung bin, bisweilen ein geradezu körperlicher Appetit auf Landschaft. Ich werde regelrecht »landschaftsgefräßig«. Was mein Auge erblickt, das möchte ich mir gehend oder kletternd einverleiben: den nächsten Gipfel dort drüben, jenen Felsklotz am Wege, die Gratlinie, die sich vor mir so schön hinaufschwingt. Alles »stopfe« ich mit lustvoller Unersättlichkeit in mich hinein, bis ich nicht mehr kann. Ich bin ein Vielfraß im Schlaraffenland der Landschaftskulinaritäten. Und nirgends ist ja das Landschaftsmenü so vielfältig und abwechslungsreich gedeckt wie im Gebirge.
»Orale Gier« nennt der Psychologe eine solche Gefräßigkeitshaltung, und er belehrt uns, daß dies die typische Form des Weltbezuges beim Kleinkind ist. Eine derartige Interpretation vernimmt man natürlich als ernsthafter Bergsteiger nicht gern. Doch die Deutung hat etwas für sich, und genaubesehen finde ich sie auch nicht ehrenrührig. Tatsächlich trägt ein jeder Mensch tief in der Seele noch ein Stück von dem Kleinkind in sich, das er einmal gewesen war – hoffentlich, so möchte ich sagen. Denn dieser Kleinkindteil in uns, der verkörpert ja auch die wilde, die spontane und lustvolle Seite unseres Ich. In der Hochgebirgsnatur, da taucht das ungezähmte und lusthafte Kleinkind in mir aus den tiefen Winkeln der Seele wieder auf. Nach Herzenslust darf es dann seine wilde Unersättlichkeit entfalten und hemmungslos raffen und in sich hineinstopfen: Landschaft, Gipfel, Kilometer, Höhenmeter, Seillängen, Skischwünge und natürlich auch Essen und Trinken. Es ist eine Schlaraffiade des hemmungslosen Einverleibens. In der Tat – so herrlich fast wie seinerzeit an der Mutterbrust.

Bergsteigen als Abenteuer oder: Die beherrschbare Ungewißheit

Vor einer großen Bergfahrt steht nur dies eine mit Sicherheit fest: Daß man nicht genau vorhersehen kann, wie es kommen wird. Eine Bergtour ist ein von vielzähligen Ungewißheiten durchsetztes Unternehmen. Das ist es, was wir meinen, wenn wir vom Bergsteigen als von

einem »Abenteuer« sprechen. Insbesondere zu Beginn einer Tour sind wir uns dieses Elementes der Unvorhersehbarkeit sehr stark bewußt. Wir sind voller Fragen, deren Antwort offenbleibt: Wird der Sonnenschein anhalten? Wie sehen die großen Spalten im Gletscher aus? Wird der Firn bald weich werden? Sind die Felsen trocken? Wie wird mir die Schlüsselstelle diesmal vorkommen? Reicht meine Kondition? Wird ein Biwak nötig sein?...
Manche dieser Ungewißheitsmomente sind von lebensentscheidender Bedeutung. Bergsteigen, das extremere zumal, ist zum guten Teil ein Umgehen mit lebensentscheidenden Unwägbarkeiten. Im Gebirge sind wir in einem ungleich höheren und fühlbareren Maße von bedeutungsschweren Unwägbarkeiten umgeben als im Alltag normalerweise. Genau darin liegt für viele von uns ein Hauptanreiz der Bergsteigerei. Eine bestimmte Dosis an existentieller Ungewißheit scheint zu den ursprünglichen Bedürfnissen des Menschen zu gehören. Nun weiß jeder, daß Ungewißheit auch als bedrückend empfunden werden kann, das ist sogar die Regel. Woher kommt es dann, daß wir Alpinisten die Ungewißheiten und Risiken einer Hochgebirgstour zumeist als lustvollen Ansporn empfinden?
Die Hauptursache dafür ist, daß wir als geübte Berggänger die grundsätzliche Gewißheit haben, daß wir mit den Ereignissen, gleich wie sie nun kommen mögen, fertigzuwerden imstande sind. Was im einzelnen alles eintreten wird, vermögen wir nicht zu sagen, wir besitzen aber aus Übung und Erfahrung die Gewißheit, das Ungewisse meistern zu können. Die Ungewißheit der Berge ist eine (weitestgehend) beherrschbare Ungewißheit. Das ist die Hauptbedingung eines lustvoll getönten Abenteuergefühls. Ein weiterer Punkt besteht darin, daß wir beim Bergsteigen durch eine entsprechende Wahl der Touren immer das individuell optimale »Mischungsverhältnis« zwischen Ungewißheit und Kontrolle, zwischen Risiko und Bewältigungsfähigkeit herstellen können.
So ist im Gebirge für den erfahrenen Alpinisten die Unvorhersehbarkeit des konkreten Geschehens durchweg eingebettet in die grundlegende Sicherheit: Was auch kommen mag, ich bin den Dingen gewachsen. Am Berg gelingt das Kunststück, Ungewißheit und Berechenbarkeit ins ideale, lustvolle Gleichgewicht zu bringen. Darum erzeugt die Ungewißheit am Berg ein frohes Abenteuergefühl und nicht Bedrückung und Angst.
Im Alltag haben wir nicht die Möglichkeit, eine derart optimale Balance zwischen Ungewißheit und Kontrolle herzustellen. Wo im Alltag Ungewißheiten auftreten, da sind sie oft bedrohlich, weil wir ihnen nicht

mit der grundlegenden Bewältigungszuversicht des Experten begegnen können, wie wir sie den Unberechenbarkeiten des Gebirges gegenüber haben. Die großen Ungewißheitsmomente des Alltags, wie etwa die Sorge um den Völkerfrieden, die Sorge um den Arbeitsplatz oder unsere Gesundheitsprobleme, diese Ungewißheiten sind bedrückend, weil sie zuwenig beherrschbar sind. Manchmal auch erscheint uns unser alltägliches Leben als eintönig, und das heißt: Es ist zu arm an Elementen der Ungewißheit. Das ist auch wieder nichts. So sind wir im Alltag hin und her geworfen zwischen einem Mangel oder einem Zuviel an Ungewißheit. Das eine ist langweilig, und das andere macht Angst.
Am Berg hingegen bringen wir Ungewißheit und Kontrolle in jenes optimale Gleichgewicht, das sich als frohes Abenteuergefühl manifestiert.

Das ungebremste Leben

Wie aufgezeigt, erweckt das Gebirge eine Vielzahl starker und elementarer Gefühle in uns. Wir hätten indes wenig von diesen herrlich starken Gefühlserlebnissen, wenn wir sie so niederhalten müßten, wie wir es mit unseren Affekten im Alltag zumeist tun.
Im Gebirge haben die Affekte größtenteils freie Bahn. Wenn uns bei einem morgendlichen Anstieg sauwohl ist, dann dürfen wir uns mit Herzenslust in diesem Wohlsein aalen und es jedermann mit lauten Juchzern kundtun. Bringt uns der Anblick einer wilden Wand in Kampf- und Angriffslaune, dürfen wir diese Kampfgelüste austoben, soviel wir dazu lustig sind. Packt uns der Bärenhunger, dann steht es uns frei, auf der Stelle die Köstlichkeiten des Rucksacks in uns hineinzuexpedieren, ohne dabei jemandes Anstandsgefühle zu verletzen. Sind wir wütend über einen Kameraden – im Gebirge dürfen wir es ihm direkt sagen und ohne lange unsre Worte zu wählen. Der sogenannte rauhe Ton beim Bergsteigen ist ein sehr affektfreundlicher Ton.
Die Berge rufen einen ganzen Chorus vitaler, intensivster Gefühle in uns hervor, und sie erlauben uns gleichzeitig, diese Gefühle auch »auszutoben«. Das Gebirge gibt starke Gefühlimpulse, und es gestattet uns starke Reaktionen. In den Bergen brauchen wir unsere Affektbremsen nicht. Wir finden zu einer Einheit von Erleben und Reagieren zurück, wie sie uns sonst nur in der Kindheit erfahrbar war. Kleine Kinder stellen noch keine Mauern zwischen Affekt und Affektäuße-

rung. Unser Gefühlsleben im Gebirge kommt in zweierlei Hinsicht dem der Kinderzeit nahe: Es ist sehr intensiv, und es hat freien Auslauf. Das spielt ganz gewiß dabei mit, wenn wir uns bergsteigend wie die Kinder fühlen.

Bergsteigen als Gesellschaftsprotest?

Zu den gängigen Angeboten des Freizeit- und Reisemarktes gehören seit einigen Jahren sogenannte »Wildnis-« oder »Überlebenstrainings«. Offenbar erfreuen sich diese Veranstaltungen eines guten und stetig wachsenden Zulaufs. Stark gefragt sind in der jüngsten Zeit auch Abenteuerfahrten und Trekkings in zivilisationsferne Erdregionen. Die Entwicklung, die in diesen kommerziellen Aktivitäten zum Ausdruck kommt, ist wahrhaft absurd: Da lassen sich Menschen freiwillig und gegen Entrichtung beträchtlicher Honorare in jene mühselige und bedrohte Daseinsform zurückversetzen, zu welcher unsere Urahnen aus der Zeit der Sammler und Jäger verurteilt waren. Jenes harte Existieren in der vollständigen Abhängigkeit von der Natur, aus dem sich die westliche Menschheit mit jahrtausendelanger, zäher Zielstrebigkeit herausgearbeitet hat, wird nun mit einemmal als Vergnügen betrachtet! Ein ehernes Geschichtsgesetz wird spielerisch auf den Kopf gestellt.
Meines Erachtens sind die Motive, die den erwähnten spektakulären Aktionen der Rückführung des Homo sapiens in die freie Wildbahn regen Zustrom verschaffen, ziemlich identisch mit den Gründen, die hinter der massenhaften Ausbreitung des Alpinismus stehen. Die Überlebenstrainings speisen sich aus denselben sozialstrukturellen Sachverhalten, die ich als die globalen Triebkräfte des Bergsteigens dargestellt habe. Man kann das Bergsteigen als ein individuell veranstaltetes, persönlich abgestuftes und gebührenfreies Wildnistraining apostrophieren. Was Alpinisten und kommerzielle Wildniskonsumenten in derselben Weise suchen (und brauchen), das ist die Wiederbegegnung mit den urtümlich starken Gefühlen und Erfahrungen, die aus der unmittelbaren Konfrontation unserer körperlichen Existenz mit einer harten Natur hervorgehen.
So machen wir uns in einer bisweilen grotesk anmutenden Gegenbewegung zum historischen Prozeß unserer Domestizierung auf die Suche nach jenen intensiven Daseins- und Erlebensweisen, die auf dem Wege des zivilisatorischen Fortschritts verlorengegangen sind. Bergsteigend oder abenteuernd eignen wir uns jene Aspekte der Existenzweise der

Primitiven wieder an, die großartig sind und die in unserem Kulturleben fehlen. Es handelt sich dabei, wie beschrieben, um Regungen und Empfindungen im Umfeld der »animalischen« Mitte unserer Person. Hier liegen die Wurzeln auch unserer Lebensfreude und Lebensenergie. Das wird uns Anbetern des »Geistes« und des Intellekts allmählich wieder klar.

Das bergsteigerische Dasein basiert auf einer grundsätzlich anderen Art der Auseinandersetzung mit der Welt, als sie für das Alltagsleben kennzeichnend ist. Im Bergsteigen geschieht der Weltkontakt über den Körper, die Sinne und unsere instinktnahen Gefühle und Affekte. Der Kopf, das Hauptorgan des Weltbezuges im Alltagsleben, wird relativ unbedeutend. Die »Wüste Berg« zwingt uns wieder hinein in die vorzivilisatorische Hälfte unserer Person. Unser uraltes Instinkt- und Affekterbe, das uns über Hunderttausende von Jahren gedient und geleitet hatte, kommt wieder zu seinem Recht. Aus der entwicklungsgeschichtlichen Perspektive ist die sogenannte zivilisierte Epoche der Menschheit ja nur die letzte Sekunde in einem langen Tag. Über diese Sekunde springen wir bergsteigend zurück in die körper- und affektbezogene Existenz.

Es geht bei dieser Hinwendung zu einem ursprünglichen Selbsterleben, nicht um eine Flucht aus der Zivilisation, das muß man ganz genau sehen. Es geht auch nicht um Rebellion. Von der »Großen Weigerung« der studentischen Protestbewegung der sechziger Jahre oder den Zielen der radikalen Alternativbewegung trennen uns mehrheitlich immer noch Welten. Auch jene neuerdings immer zahlreicher werdenden Nur-Alpinisten, die sich scheinbar außerhalb unserer Gesellschaft bewegen, wie Chris Bonington oder Reinhold Messner, bestreiten ihre Freiluftexistenz aus der systemgerechten Vermarktung ihrer Taten und ihrer Person.

Wir, die wir bisweilen die »Rohkost« des rauhen Naturdaseins in den Einöden des Globus aufsuchen, tun dies nur selten im Gedanken an einen grundsätzlichen Wechsel der Lebensweise. Wir sind weder »Aussteiger« noch Rebellen. Was wir in Wahrheit tun, ist dies: Wir eignen uns jene ursprünglichen und machtvollen Potentiale unserer kreatürlichen Existenz sporadisch und in geballter Form wieder an, die im heutigen Normalleben zum Schweigen verurteilt sind. Wir runden unser gewöhnliches Dasein ab, aber wir flüchten nicht. Das gelegentliche Hinausgehen aus der gesellschaftlichen Normalität stärkt uns für eben diese Alltagsexistenz. Insofern ist Bergsteigen, sind Abenteuerreisen sogar »funktionale« Verhaltensweisen, d. h. Verhaltensformen, die die bestehende Gesellschaftsstruktur stützen und festigen. Außerhalb unserer Gesellschaft holen wir uns gelegentlich das zurück, was wir in ihr entbehren. Das liegt ganz im Sinne unserer sozialen Strukturen, sie liefern uns sogar die Mittel zu diesem sporadischen »Aussteigen«. Die Mittel: Das sind vor allem Geld, Freizeit und Verkehrsmöglichkeiten.

Alpinismus und Leistungsorientierung

Zum Themenkreis »Bergsteigen und Leistung« sind bereits an einer früheren Stelle Überlegungen angestellt worden. Damals standen die wohltuenden und un-alltäglichen Leistungserlebnisse des Bergsteigers im Vordergrund. Die nachfolgenden Ausführungen zum Stellenwert des Leistungsmotivs beim Bergsteigen unterliegen einer eher kritischen Perspektive. Nunmehr will ich zeigen, in welcher Weise sich in unserem bergsteigerischen Leistungsverhalten das Leistungsstreben des Alltagslebens wiederfindet.

Spiegelungen der Alltagsexistenz im Bergsteigerverhalten

Wie oft fühlen wir uns im Gebirge gänzlich verwandelt: freier, stärker, lebendiger, glücklicher als im normalen Leben.
Unser Dasein und unser Lebensgefühl im Gebirge erscheinen uns bisweilen so vollständig von unserem Alltagszustand verschieden, daß wir das Bergsteigerdasein geradezu als ein Gegenbild der Alltagswelt empfinden. Sagen wir nicht, wenn wir auf Bergtour gehen, »wir lassen den Alltag zurück«, so, als beträten wir nun eine gänzlich andere Sphäre? Machen wir in den glücklichen Momenten am Berg nicht immer wieder die Bemerkung, wir fühlten uns gänzlich herausgehoben aus der Welt der alltäglichen Sorgen und Plagen?
Das glücksbetonte Anderssein ist unbestreitbar eine herausragende Komponente des seelischen Erlebnisses »Bergsteigen«. Wie weit aber unterscheidet sich unser seelischer Zustand im Gebirge, unsere »Bergpersönlichkeit« nun tatsächlich von unserem Alltagszustand, unserer »Alltagspersönlichkeit«? Hierzu ist grundsätzlich folgendes zu sagen:
Unser bergsteigerisches Empfinden des Heraustretens aus der Alltagsnormalität ist zwar begründet, doch es übertreibt gewissermaßen die Unterschiede unserer seelischen Konstitution in Alltag und Gebirge. Von unserer Alltagspersönlichkeit wandert sehr viel mehr ins Gebirge mit, als uns bewußt wird. Den Alltagsmenschen in uns spüren wir im Gebirge nur deswegen so wenig, weil er, unscheinbar und altgewohnt, wie er ist, von den unalltäglichen, glückhaften Erfahrungen des Gebir-

ges einfach überstrahlt wird. Er ist da, aber er fällt uns angesichts der zunächst dominierenden Erfahrungen des Andersseins nicht auf. Der Alltagsmensch in uns, dieser unauffällige, hartnäckige Geselle, bleibt immer derselbe, und was sich stets gleichbleibt, wird bekanntlich leicht übersehen und vergessen. Ich möchte meine Behauptungen im einzelnen belegen, indem ich aufzeige, wo und in welcher Weise das Kernprinzip unserer Gesellschaftsordnung – das Leistungsprinzip – unser Verhalten auch im Gebirge bestimmt.

Freiwillig unterm Joch

Als passionierter Alpinist ist man automatisch ein beflissener Diener des Leistungsprinzips, ob man nun dazu steht oder nicht. Das Leistungsdenken regiert uns mit eherner Faust. Seine Herrschaft ist perfekt: Wir merken gar nicht mehr, daß wir im Joch gehen. Wir reden in aller Unschuld vom Bergsteigen als Spiel und gehorchen doch unablässig einem kategorischen »du mußt«:
»Ein Mann mit meinem alpinistischen Können *muß* auf dem Matterhorn gewesen sein...«, »ich *muß* endlich auch mal einen Sechstausender machen...«, »ich *muß* die Hütte in wenigstens fünfundsechzig Minuten geschafft haben (wie der Erwin neulich)...«, »ich *muß* auf den höchsten Punkt hinauf, Schneesturm hin oder her...«, »ich *muß* bei dieser Hochtour wenigstens zehn Gipfel packen...« und so fort. Der innere Drang zum Leistenmüssen ist im Gebirge oft ganz besonders stark, zugleich sind wir in den Bergen mit diesem verstärkten Leistungsgebot innerlich vollständig eins. Das Freiheitsgefühl der Berge beruht nicht auf einer Abwesenheit von Leistungsmomenten, sondern darauf, daß wir mit dem Müssen hier gänzlich einig sind. Die Paradoxie unseres Leistungsverhaltens im Gebirge wird besonders deutlich, wenn wir uns einmal ausdenken, wie wir reagieren würden, verlangte man im Berufsleben von uns ähnliche Strapazen, wie wir sie in den Bergen uns selber auferlegen. Zwölf Stunden oder mehr unter äußerstem Krafteinsatz arbeiten, ohne nennenswerte Pause, bei ungemütlichsten physischen Bedingungen und mit der strikten Anweisung, das hochgesteckte Soll unbedingt und bis aufs letzte zu erfüllen – das würden wir im Berufsleben als eine ungeheuerliche Zumutung empfinden. Am Berg ist solche Zumutung glatte Selbstverständlichkeit und »freie« Selbstverwirklichung.

Das Gebirge als Leistungsort

Wie man auch die Bedeutung der Berge für uns, die wir mit Begeisterung darin herumsteigen, auffassen mag, sie sind nicht zuletzt auch dies: ein Hauptexerzierplatz unserer Leistungsbedürfnisse. Für nicht wenige von uns besitzen die alpinen Leistungen einen höheren Stellenwert in der persönlichen Seelenökonomie als das berufliche Schaffen.
Unverkennbar bildet das Bergsteigen eine Tätigkeit, die Leistungsgelüste geradezu anheizt. Die Berge sind ein idealer Tummelplatz für Leistungsambitionen. Daraus folgt: Wir können Leistungsbestrebungen im Gebirge nicht als eine bedauerliche Abweichung vom rechten alpinistischen Geist abtun. Das wäre geradeso, als wenn man sich moralisch darüber entrüsten würde, wenn jemand in einem Weinlokal Lust zum Trinken bekommt. Auch die Exzesse des Leistungsstrebens sind in den Bergen so gesehen normal, zumindest ebenso normal wie ein Rausch im Weinlokal.
Moralisierende Appelle gegen das Leistungsstreben im Alpinismus sind unsinnig. Da müßte man schon das Bergsteigen überhaupt abschaffen.
Es ist nun einmal so, daß im Gebirge unsere offenen und unsere geheimen Leistungsambitionen, unsere frohen ebenso wie unsere frustrationsbedingten Leistungsbedürfnisse ein ideales Betätigungsfeld finden. Wir sollten uns dazu bekennen. Sonst bleiben bloß Schuldgefühle und der Weg der doppelten Moral.
Es ist üblich, sich über jene zahlreichen bergsteigenden Zeitgenossen zu erbosen, die im Dauerlauf die Gipfel hinauf- und wieder hinabhasten mit dem einzigen Ziel, sich und anderen Stärke und Leistungskraft zu bescheinigen. Bevor man über diese alpinistischen Rennsportler den Stab bricht, sollte man sich fragen: Ist bloß die vielzitierte Freude an der »schönen Natur« eine gute Freude und der Spaß am Schnellsein und am Nochschnellersein hingegen eine schlechte Freude? Ich bin in dieser Hinsicht tolerant geworden. Wenn einer die Berge deswegen schätzt, weil sie für ihn die beste Kulisse zur Verwirklichung radikaler Leistungsambitionen sind, warum nicht? Das Gebirge ist nun einmal für die Verwirklichung von Leistungsbedürfnissen genauso hervorragend geeignet wie ein Konzertsaal für Musik. Und das Leistenmüssen, das haben wir in unserer Gesellschaft gewissermaßen schon mit der Muttermilch eingesogen; das werden wir nicht los, wir können es höchstens verleugnen. So kommt das Paradox zustande, daß wir Kinder der modernen Industriegesellschaft uns in der freien Welt der Berge vielfach genauso leistungsbesessen gebärden wie im Alltag, und manchmal noch viel mehr.

Titel und Würden

Bergsteiger bilden ihrer offiziellen Ideologie zufolge allesamt eine friedliche Gemeinschaft von gleichwertigen Kameraden. Die Wirklichkeit sieht anders aus. Wir leidenschaftlichen Alpinisten haben ein ungemein differenziertes Rangsystem. Wir kennen viel mehr Rangabstufungen als der legendäre Beamtenapparat der K. u. K. Monarchie.
Sobald ein sog. »Bergkamerad« den Mund auftut und von seinen Touren zu erzählen beginnt, wird er von den anderen ganz automatisch taxiert und im offiziell nicht-existenten Rangsystem eingeordnet. Dieses Rangsystem wird nirgends gelehrt, doch trägt es jeder begeisterte Bergsteiger als ein ganz selbstverständliches Wissen in sich. Unter Alpinisten gibt es gewissermaßen Kaiserwürden, Königswürden, Fürstentitel, Adelsdiplome, bürgerliche Würden und viele Abstufungen des einfachen Volkes.
Eine jüngst erreichte Kaiserwürde heißt beispielsweise: »Erster Mensch, der alle 14 Achttausender der Welt erstiegen hat« (Reinhold Messner, 1986).
Begehrte Königstitel in der heutigen Bergsteigergeneration lauten: »Solobesteigung eines Achttausenders« oder »Erstdurchsteiger einer neuen Route an einem Achttausender« oder »Überschreiter mehrerer Achttausender in einem Zug« oder »Winterersteiger eines Achttausenders« und viele andere.
Fürstentitel sind: »Besteigung eines Achttausenders auf der Normalroute«, »Erstbesteiger eines Siebentausenders«, »Besteiger eines Siebentausenders auf schwieriger Route«, »Solo-Durchsteiger der berühmtesten Alpenwände« (= Eigerwand, Matterhornnordwand, Nordwand der Grandes Jorasses), »Schnellster Durchsteiger einer großen Kletterroute« und viele andere mehr.
Von den Adelsdiplomen, von den bürgerlichen Würden und von den einfachen Rängen will ich im einzelnen gar nicht reden, es wären jeweils viele Dutzend.

Dieses feingestufte und allgegenwärtige Rangsystem ist das Ergebnis von zwei Faktoren: Der eine Faktor ist der enorme Ehrgeiz der meisten Bergfreunde und der zweite die gute Meßbarkeit des alpinen Leistens. Die genaue Meßbarkeit führt zu einer exakten Vergleichbarkeit.
Bergsteiger haben eine ganze Reihe von Maßzahlen an der Hand, um ihre Leistungen zu bewerten.
Der gebräuchlichste Maßstab, insbesondere unter »einfachen« Bergsteigern, ist die Zeitmenge, die für ein Unternehmen benötigt wurde.

Dabei dient vor allem die Abweichung von der »normalen Zeit«, wie sie im gedruckten Führer steht, als Maßzahl. Die Haupt- und Schicksalsfrage lautet hier: Um wieviel lag die benötigte Zeit *unter* der Normalzeit? Millionenfach wird diese Frage an jedem schönen Sommerabend quer durch die Alpen hindurch gestellt, und sie füllt manche abendlange Diskussion. Glück und Leid hängen von dieser Frage ab, Stolz und Depression. Wirklich, es ist *die* Schicksalsfrage, die alle Sparten von Bergsteigern vereint.

Unter Kletterern dürfte die etablierte Skala der alpinen Schwierigkeitsgrade die wichtigste Vergleichsbasis für bergsteigerische Leistungen sein. Jeder versierte Kletterer kennt die Schwierigkeitsgrade aller namhaften Routen. Sobald über eine Route gesprochen wird, blinkt in den Gehirnen automatisch auch der Schwierigkeitsgrad auf.

Weitere gängige Maßzahlen für die vergleichende Leistungsbewertung unter Alpinisten sind: die Höhenmeter, die zurückgelegt wurden, und die absoluten Gipfelhöhen, die erreicht wurden. Die Gipfelhöhen bilden eine besonders beliebte Vergleichsmarke. Es wird dabei in Tausender-Sprüngen gerechnet. Dadurch kommt es zu dem Phänomen, daß beispielsweise ein Gipfel, der 4001 Meter hoch ist, in der Wertskala gewaltig viel höher rangiert als ein Gipfel mit 3999 Metern. Bescheidene zwei Meter mehr an Höhe machen einen riesigen Sprung an Ansehen aus, sobald eine Tausendergrenze dazwischenliegt. Eine besondere Kategorie im alpinen Tausender-System bilden die Achttausender. Sie rangieren wertmäßig himmelhoch über allen anderen Tausendern. Darum ist es für ehrgeizige Alpinisten heute oft so existentiell wichtig, wenigstens einen Achttausender vorweisen zu können (egal, wie er erreicht wurde). Auch die Sechstausend ist eine Art von magischer (Leistungs-)Zahl. Die Sechstausender sind gewissermaßen die »Achttausender des kleinen Mannes«, wobei mit dem »kleinen Mann« der nichtextreme Alpinist gemeint ist.

Wenn also ehrgeizige Bergsteiger untereinander über ihre Taten sprechen, so besitzen sie mindestens vier Maßzahlen, mit denen sie ihre Leistungen vergleichen können. Diese Maßzahlen stecken abrufbereit im Kopf, und sie laufen bei einer Diskussion über Bergtouren automatisch mit. Ohne daß der einzelne sich dessen bewußt ist, finden beim gegenseitigen Berichten über Bergtouren blitzschnelle und komplexe Rechenvorgänge statt, ähnlich wie in jenen Computern, die bei Skirennen fortlaufend signalisieren, wie die Rangfolge der einzelnen Läufer augenblicklich aussieht.

In einer gewissen Weise ist das bergsteigerische Rangsystem eine sehr humane Einrichtung: Keiner braucht sich in dieser Skala jemals ganz unten zu fühlen. Es gibt keinen eindeutig definierbaren Letzten oder Schlechtesten. Das rührt daher, daß die Skala nach beiden Richtungen offen ist und daß sie, wenn man bloß will, unendlich fein abgestuft werden kann. So ermöglicht sie auch einem schwachen Bergsteiger noch das erhebende Erlebnis, sich besser fühlen zu können als andere. Ein relatives Erfolgserlebnis ist immer garantiert.

Das verhindert freilich nicht, daß auf allen Rängen zuweilen unglaublich verbissen konkurriert wird. Mit Argusaugen werden die Fortschritte oder Fehlschläge derer registriert, die man leistungsmäßig mit sich selber vergleicht. Die Rangzuordnungen sind ständig im Fließen. (Das ist der Unterschied zur K. u. K. Monarchie!) Einen Platz in den oberen Rängen der bergsteigerischen Statushierarchie auch nur für drei oder vier Jahre zu halten, das ist heutzutage ein grausam mühseliges und nervenzermürbendes Geschäft, es ist »stressiger« noch, als wenn man im Berufsbereich, in der freien Wirtschaft, einen oberen Rang beibehalten möchte.

»Immer besser, immer schneller, immer mehr« – dieser Imperativ, den man als das Leistungsprinzip bezeichnet, gilt in der freien Welt der Berge genauso wie in den Chefetagen von IBM oder Toyota oder Telefunken. So gesehen verhalten wir Alpinisten uns absolut gesellschaftskonform.

An einem späteren Ort, im Rahmen meiner Abhandlung über das extreme Bergsteigen, werde ich noch einmal auf das Thema »Leistung« zurückkommen. Extrembergsteiger sind von einem Leistungsbedürfnis durchdrungen, das weit über das Maß einer durchschnittlichen Leistungsorientierung in unserer Gesellschaft hinausreicht.

So stößt man bei der Beschäftigung mit den Motiven des Alpinismus immer wieder und unter den verschiedensten Gesichtspunkten auf die Fragen von Leistung und Ehrgeiz. Das zeigt: Das Leistungsmotiv ist zentral für die Konstituierung der Verhaltensform »Bergsteigen«.

Bergsteigen und Angst

Wir Bergsteiger haben eine eigene und in mancherlei Hinsicht ziemlich rigorose Ideologie vom »richtigen« Alpinisten. Sie tritt unter anderem darin in Erscheinung, daß wir einige offenkundige Aspekte der Bergsteigerei aus unserem Reden und Denken weitgehend ausklammern. Eines dieser tabuisierten Phänomene ist die Angst. Alpinisten haben häufig Angst, nur sprechen sie selten davon. Besagt doch die traditionelle Anschauung, Bergsteiger seien eine Auslese der Furchtlosen und Unerschrockenen. Angesichts dieser ehernen Norm wird Angst am Berg, sofern sie außerhalb spektakulärer »Grenzsituationen« auftritt, zur Schande. In der zeitgenössischen Alpinliteratur deuten sich inzwischen Tendenzen an, von den erkenntnistrübenden Klischees vom »rechten Bergsteiger« wegzukommen.

In diesem Abschnitt möchte ich einen Überblick darüber geben, welche Beziehungen zwischen den Empfindungen der Angst und dem Bergsteigen bestehen können und welche Bedeutung das Bergsteigen hinsichtlich des Umgangs mit der Angst besitzt. Ich unterstelle dabei nicht, daß Angst bei allen Alpinisten eine wesentliche Komponente der emotionalen Grundlagen des Bergsteigens darstellt. Vielfältige Erfahrung und gezielte Beobachtung brachten mich jedoch zu der Überzeugung, daß die Auseinandersetzung mit der Angst in irgendeiner Form für die Mehrheit der oberhalb der Könnensstufe des Bergwanderers angesiedelten Alpinisten eine Bedeutung besitzt, die weit hinausgeht über die Erwähnung des Phänomens in Gespräch und Literatur.

Kühn aus Angst

In meiner Gymnasialzeit hatte ich einige Mitschüler, die von ihren Turnlehrern als hoffnungslose Fälle abgeschrieben worden waren. Sie wichen aus Ängstlichkeit vor vielen Übungen aus. Ausgerechnet nun aus dem Kreis dieser »Angsthasen« gingen später vier leidenschaftliche Bergsteiger hervor, die vor allem beim Klettern großen Ehrgeiz an den Tag legten. Der Fortgeschrittenste versucht sich inzwischen an Unternehmungen des VI. Grades.

Wo, so fragt man sich angesichts dieser erstaunlichen Entwicklung,

ist bei den Vieren die große Angst vor Situationen äußerer Gefahr geblieben?
Die Antwort ist einfach: Die Angst ist immer noch in ihnen, und sie stellt sich auch stets aufs neue wieder ein. Was sich jedoch geändert hat, das ist die Schwelle, bei der diese Angst einsetzt. Sie liegt nun sehr viel höher. Die Grenze der Angst ist indes nicht von selbst nach oben gewandert. Sie wurde von den Betreffenden mit einer ungeheuren Hartnäckigkeit in vielen kleinen Schritten nach oben gedrückt. Am Berg tritt nun die alte, große Angst erst bei relativ hoher objektiver Gefahr und Schwierigkeit auf.
Für die vier war Angst von klein an ein zentrales und schmerzhaft bewußtes Thema. Sie litten als Buben heftig unter dem Makel ihrer übergroßen Ängstlichkeit. Sie kamen sich feige und minderwertig vor. Sie wollten mutig sein wie die anderen auch, aber sie schafften es nie so recht. Das Bergsteigen erwies sich für diese Buben als ein besonders günstiges Trainingsfeld für die Bekämpfung der Angst. Im Gebirge rangen sie ihrer Ängstlichkeit und Unbeholfenheit ganz allmählich und stetig immer mehr Terrain ab. So gelangten sie bis zur Beherrschung höherer Schwierigkeitsgrade. Sie haben äußerlich das Stigma ihrer früheren »Feigheit« durch die sichtbaren bergsteigerischen »Mutproben« tilgen können. Deswegen sind sie aber keine völlig anderen Menschen geworden. Sie neigen immer noch zur Ängstlichkeit, und auch ihr Bergsteigen ist im oberen Könnensbereich durchsetzt von Angst. Diese noch bestehende Angst im Bergsteigen ist ihnen Ansporn zu ständiger weiterer Auseinandersetzung. Der noch vorhandenen Angst immer wieder ein Stückchen größerer Schwierigkeit abzutrotzen bildet für diese Männer eines der stärksten Glückserlebnisse ihres Bergsteigerdaseins.
Der Berg erlaubt eine ganz individuelle Abstufung des Angsterlebens, und außerdem ist das Klettern schon seit jeher mit der Aura der Kühnheit umgeben. Das sind zwei Gründe dafür, weshalb gerade das Klettern sich ausgezeichnet eignet zur Selbst-Therapie von Ängstlichkeit.
Auffällig ist, daß bei den vieren die Entschlossenheit zum Kampf gegen die eigene Ängstlichkeit und die Hinwendung zum Bergsteigen genau mit dem Einsetzen der Pubertät den entscheidenden Auftrieb erhielt. Dieses zeitliche Zusammenfallen von ernsthaften bergsteigerischen Bestrebungen und Pubertät ist uns auch von sehr vielen berühmten Extrembergsteigern bekannt. Wie läßt sich der Dreieckszusammenhang Angst-Pubertät-verstärkte bergsteigerische Ambitionen erklären?
Meine vier Bekannten waren Mädchen gegenüber sehr unsicher. Sie hatten ganz einfach Angst vor Mädchen. Man kann auch sagen: Sie

hatten Angst vor ihrer aufkeimenden Sexualität. Somit überlagerten sich bei ihnen in der Pubertät zwei starke Ängste: Sportangst und Sexualangst. Jetzt wurde es gewissermaßen Zeit, gegen das innere Angstpotential etwas zu unternehmen. Das Bergsteigen nun wurde für diese doppelt verängstigten Jungen zur idealen Methode, beide Ängste gleichzeitig anzugehen: Beim Bergsteigen kann man die pubertäre Unruhe in Aktivität umsetzen, ohne dabei in Konflikt mit Mädchen und Sex zu kommen. Gleichzeitig kann man beim Bergsteigen etwas gegen seine Sportangst tun, indem man allmählich, Zug um Zug, die subjektive Leistungsgrenze hinaufschiebt.

Der Impuls, sich in sportlicher Hinsicht mutig zu zeigen, ist teilweise auch wieder bedingt durch den Sexualkonflikt. Sportliche Kühnheit gibt einen Anstrich von Männlichkeit. Dieser Männlichkeitsbeweis erlangt gerade in solchen Fällen besondere Wichtigkeit, wo es mit dem eigentlichen Mannsein (noch) hapert.

Auf die skizzierte Weise können sich Sportangst und pubertäre Sexualangst zu einem starken Impuls zu bergsteigerischer Kühnheit verbinden. Dabei erfüllt das Bergsteigen den beiden Ängsten gegenüber ganz verschiedene Funktionen. In bezug auf die Sexualangst stellt die Bergsteigerei ein Ausweichen dar, hinsichtlich der Sportangst bildet es einen echten, aktiven Bewältigungsversuch.

Angst und Lust

Meine großen Bergtouren halte ich zumeist im Film oder im Dia fest. Gelegentlich führe ich die Aufnahmen meinen nichtbergsteigenden Freunden und Verwandten vor. Dann fallen mit Regelmäßigkeit Äußerungen wie diese: »Auf solchen Touren würde ich sterben vor Angst!« »Nein, das wäre mir viel zu gefährlich.« »Das wäre nichts für mich!« Derlei Bemerkungen tun mir – ich muß es gestehen – in der Seele wohl. Sicherlich bin ich nicht der einzige Bergfreund, der solche Kommentare genüßlich einsteckt. Wir leidenschaftlichen Alpinisten fühlen uns allemal geschmeichelt, wenn uns bergsteigerische Laien für furchtlos oder gar tollkühn halten. Diese Einschätzung entspricht ja auch unserem traditionellen bergsteigerischen Selbstideal. Und im Vergleich zu einem Nichtbergsteiger sind wir im Gebirge tatsächlich vergleichsweise unerschrocken. Doch wirklich angstfrei sind wir in den meisten Fällen nicht. Das fände ich, um es gleich vorweg zu sagen, auch gar nicht erstrebenswert. Denn nicht bloß, daß uns die Angst als Warnsignal nützlich ist: Ohne die Angst wäre die Bergsteigerei für viele von uns

ganz einfach uninteressant. So uninteressant wie Brot ohne Salz. Zur Illustration eine Episode aus meiner frühen Bergsteigerzeit.
Es ist ein schöner Augusttag, an dem ich einen langgehegten Tourenplan in die Tat umsetze: Ich gehe zur Höfats. Für mich, den Sechzehnjährigen, ist die Höfats das größte Ziel meines Wollens und Könnens. Immer wieder habe ich sie umwandert, ihr Bild studiert, die Anstiegsbeschreibungen gelesen. Die eindrucksvollen Erzählungen und Warnungen vom Großvater, der diesen Berg so sehr geliebt und respektiert hat, klingen mir noch im Ohr. Jetzt bin ich auf dem Wege, mir meinen Angst- und Sehnsuchtstraum zu erfüllen. Ich äuge immer wieder hinauf zum Ostgrat. Ist er wirklich so scharf und schmal? Oh ja, er ist es. Da wird mir die Kehle trocken und der Atem kurz. Ich schaue mich nicht mehr um. Meine Beine zittern. Meine Angst ist groß, doch ich kehre nicht um. Denn ich fühle: Noch bin ich ihrer Herr. Und was wäre auch mein Sehnsuchtsberg ohne die Angst? Die ganze leuchtende Herrlichkeit »meiner« Höfats wäre dahin. Oben dann sitze ich triumphierend vor überstandener Angst.
Blicke ich aus der heutigen Sicht zurück auf die zwanzig Jahre meiner bergsteigerischen Aktivität, dann leuchten aus meiner Erinnerung stets jene Ersteigungen besonders strahlend hervor, die für mich zu ihrer Zeit die äußersten Grenzen meiner Hoffnungen, und das heißt auch meiner Ängste, gewesen waren: Höfats, Trettach, Zimba, Große Zinne… Immer war da jene Verquickung von unbedingtem Wollen und fast ebenso großer Furcht. Stets auch erlebte ich während dieser Besteigungen unsägliches Glück, wenn ich spürte: Ich habe die Angst im Griff, mein Können ist größer als die Furcht. Die gefühlte und gebändigte Angst war das Maß für Sehnsucht und Glück.
Viele Bergsteiger halten es für eine normale menschliche Reaktion, daß man sich gerade zu jenen Gipfeln besonders hingezogen fühlt, die Furcht, Ehr-Furcht, einflößen. Je abschreckender der Berg, desto heftiger der Besteigungsdrang. Die schweren Gipfel empfinden wir als Herausforderung zur Tat. Dieses Angezogensein durch Risiko und Schwierigkeit erscheint uns völlig natürlich. Nichtbergsteiger sehen das aber meist ganz anders (und sie vertreten die große Mehrzahl der Menschheit). Sie halten uns oft genug für unnormal. Ihre Einstellung lautet: »Wenn ich von vornherein weiß, daß ein Unternehmen mit Risiken und Ängsten verbunden ist, dann lasse ich doch die Finger davon.« Diese Haltung verkörpert in Wahrheit die normale menschliche Reaktion. Vermeidung ist die natürlichere Verhaltensweise.
So gelangen wir nun zu der Frage, weshalb manche Menschen, wie zum Beispiel wir passionierten Kletterer, mit Begeisterung auf Risiko- und

Angstsituationen zugehen, während doch die mehrheitliche Reaktion auf derartige Situationen die Vermeidung ist?
Ich glaube, hier spielt ein bestimmter Charakterzug eine wichtige Rolle, nämlich eine Art von grundlegender Trotz- und Widerstandshaltung, die in Redewendungen zum Ausdruck kommt wie: »Mit mir nicht!« »Jetzt erst recht!« Neben diesem rebellischen, kämpferischen Ich existiert aber tief im Seelenhintergrund gleichzeitig ein ganz andersgearteter Ich-Aspekt, nämlich ein furchtsames, ein »feiges« Ich. Die beiden Ich-Anteile stehen im Konflikt. Der kämpferische Teil in uns haßt das ängstliche Ich. Seine Existenz stört ihn zutiefst. Der harte Teil in uns sucht Schlachtfelder, auf denen er sichtbare Überlegenheit über das ängstliche Ich erfahren kann. Ein idealer Kampfplatz für derartige innere Zwistigkeiten sind die schweren Berge. Mit jedem Sieg über die äußeren Schwierigkeiten und Gefahren geht für uns ein innerer Sieg einher, der der eigentlich bedeutsame ist: Unser »mutiges« Ich feiert die Überlegenheit über das ängstliche Ich. Selbst so ein radikaler Extremer wie Reinhold Messner wird durch diesen inneren Zweikampf motiviert: »Ich will das Gefühl haben, stärker als meine Angst zu sein, deshalb begebe ich mich immer wieder in Situationen, in denen ich ihr begegne, um sie zu überwinden.«[17] Im Klartext: Auch Messner hat einen »Feigling« in sich, den er haßt. Wir passionierten Alpinisten unterscheiden uns von den »normalen« Menschen neben anderem darin, daß wir den ängstlichen Anteil unserer Seele besonders verachten oder fürchten. Dieser Konflikt hat seine Problematik. Er beschert uns aber auch ein ganz tiefes Glückserlebnis, wenn der Kämpfer in uns die Angstseite für den Moment besiegt. So machen wir Angst zu Lust. Im Hochgefühl dieser Siegeslust versöhnt sich der harte Kämpfer in uns für einige herrliche Augenblicke lang mit dem ungeliebten ängstlichen Ich.

Gestaltbare Bedrohungen

Seit einem Jahr beobachte ich sehr aufmerksam die Bäume, wenn ich draußen unterwegs bin. Was ich dabei sehe, sticht mir ins Herz: Ich sehe, daß das Nadelkleid der Fichten dünn und durchsichtig geworden ist. Als hagere Gerippe ragen die älteren Bäume in den Himmel. Es wird viel abgeholzt, wohl oder übel. Auch bei den Birken und bei den Eschen sieht das Laub oft beängstigend schütter aus. Glücklich bin ich über jeden Baum, der noch seine volle, kräftige Krone hat. Doch auch in diese Freude fällt ein Wermutstropfen: Unwillkürlich stelle ich mir immer die Frage: Wie lange noch wird dieser Baum so gesund aussehen? Der Verfall geht ja so erschreckend schnell voran. Ich möchte das Sterben der Bäume aufhalten. Es lastet auf mir als eine schwere Bedrückung. Ich möchte sofort etwas gegen dieses Bedrückende tun. Aber ohnmächtig weiß ich: Das kann ich nicht. Das Sterben wird noch lange weitergehen, auch wenn ich mich noch so sehr anstrenge und engagiere.

In der Zeitung lese ich, durch die Veröffentlichung von Geheimdokumenten sei folgendes bekannt geworden: Wir sind in den vergangenen beiden Jahrzehnten über ein dutzendmal ganz knapp um einen Atomkrieg herumgekommen, ohne daß die Bevölkerung davon wußte. Die kritischen Situationen sind entstanden durch technische und menschliche Pannen bei den Kontrollorganen. Derlei kritische Situationen, so lese ich weiter, seien auch weiterhin nicht auszuschließen, da die Reaktionszeiten auf einen möglichen feindlichen Raketenangriff so kurz seien, daß die Verantwortlichen nicht mehr zu einer sorgfältigen Überprüfung der Informationsgrundlagen imstande seien. Aus einer übereilten Reaktion kann blitzschnell ein Krieg entstehen, den niemand wollte. Solches zu wissen, das macht mir Angst. Über unserer Existenz schweben ständig solche Bedrohungen, an denen wir so gut wie nichts ändern können, zumindest nicht auf kurze Sicht. Neben den erwähnten politischen und ökologischen Gefährdungen gibt es zum Beispiel noch das Risiko, unheilbar krank zu werden, oder das Problem, im Zuge der wirtschaftlichen Umbrüche den Arbeitsplatz zu verlieren. Das sind sehr reale Verhängnisse, vor denen wir uns schwer schützen können.

Was geschieht mit diesen Bedrohungen, wenn wir dem Alltag entfliehen und in die Berge gehen? Da werden wir die geschilderten Gefährdungen natürlich keineswegs los. Im Gegenteil, es kommen zahlreiche neue Bedrohungen hinzu. Wir müssen uns vor Steinschlag und Lawinen vorsehen. Ein Wetterumschlag kann uns in Bedrängnis bringen. Im Gletscher lauert die Spaltengefahr, und beim Klettern haben wir das Risiko zu stürzen. Diese Bedrohungen des Bergsteigerdaseins sind ernst, todernst und dennoch – im Vergleich zu den zuvor geschilderten Daseinsgefährdungen sind sie eine wahre Erholung. Wie komme ich zu dieser Behauptung?

Den Bedrohungen der Berge gegenüber bin ich nicht ohnmächtig. Im Gegenteil, hier kann ich mich weitgehend schützen durch die eigene Fähigkeit und die eigene Kraft. Hier erlebe ich mich die meiste Zeit über als den Herrn der Dinge. Zwar habe ich am Berg auch immer wieder einmal Angst, doch gegen die Ursachen dieser Angst kann ich aus eigenem Vermögen fast immer etwas tun. Am Berg kann ich regelrecht spielen mit dem Maß der Bedrohung und der Angst. Ich habe freie Wahl bei der Schwierigkeit meiner Touren, und ich habe – Erfahrung vorausgesetzt – immer auch die Möglichkeit des Rückzugs, falls mir die Gefahr übermächtig zu werden droht. In diesem bewußten Ausprobieren und Ausmessen der Angsttoleranz liegt für mich ein großer Reiz der Bergsteigerei. Auf diese Weise, wenn man sie selber handhaben kann, werden Gefahr und Angst etwas sehr Schönes. Man kann geradezu süchtig werden nach diesem souverän-gestaltenden Umgang mit der Bedrohung und der Angst. Die Berge sind ein Reich der gestaltbaren Gefahren und Ängste, und ich glaube, wir holen uns dort so etwas wie Entlastung vom permanenten Druck der unbeeinflußbaren Bedrohungen unserer Existenz. Vielleicht machen uns die Erfolgserlebnisse, die wir am Berg im Umgang mit Gefahr und Angst einheimsen, gelassener und stärker im Hinblick auf die schwer zu beeinflussenden Bedrohungen des Lebens. Sicherlich setzen wir durch unsere bergsteigerischen Angsterfolge auch ein Gegengewicht gegen seelisch bedingte, ganz persönliche Ängste, die unterschwellig in uns wirksam sind.

Den Aussagen der Verhaltensbiologen zufolge wohnt in uns Menschen ein Elementarbedürfnis nach der gelegentlichen Aktivierung von Angstgefühlen. Diesem Naturbedürfnis kommen die konkreten und klar umgrenzten Angstmomente des Bergsteigens in idealer Weise entgegen, nicht aber die diffusen und globalen Daseinsbedrohungen, die ich anfangs erwähnt hatte. Gemessen an unserer genetischen Angstveranlagung sind die letzteren Angstquellen unnatürlich. Sie führen zu einem belastenden inneren Dauerdruck, während die faßbaren und meisterbaren Ängste, die uns im Gebirge begegnen, belebend wirken. Es besteht demzufolge auch so etwas wie ein biologisches Argument für die Angsterfahrungen des Bergsteigens.

Die Angst des Extrembergsteigers

Über den Almweiden der Kleinen Scheidegg im Berner Oberland erhebt sich in riesiger Höhe die berüchtigte Nordwand des Eiger. Einen normalen Sterblichen erfaßt das Grausen, wenn er diese Wand hinaufblickt und sich vorstellt, er müßte dort hinaufsteigen. Düstere, schwarze Felsfluchten wechseln sich ab mit unheimlich jähen Eisfeldern. Ständig lösen sich Steinlawinen aus der Wand und krachen zur Tiefe. Dem Gipfel zu sind die schweren Felsen meist mit Schnee und Eis überkrustet. Das Wetter kann am Eiger in kürzester Zeit umschlagen.

Nun gibt es Männer und Frauen, die machen sich ohne größere Angstgefühle an solche objektiv sehr gefahrvollen und schweren Wände wie die des Eiger heran. Sind diese Menschen einfach von Natur aus furchtlos, oder kommt ihre Kühnheit dadurch zustande, daß sie vorhandene Angst wirksam blockieren? Es gibt einige Beobachtungen, die die letztere Annahme wahrscheinlich machen.

Einen sehr aussagestarken Hinweis auf die Existenz eines unterschwelligen Angstpotentials in der Psyche der Extremen bildet die Tatsache, daß diese Männer ab und zu ganz unvermittelt von schweren Angstgefühlen heimgesucht werden, und zwar in Situationen, die aus den Augen des Normalmenschen wenig Furchterregendes an sich haben. Die Extrembergsteiger zeigen gewissermaßen deplazierte, »verschobene Angstanfälle«.

Einige Beispiele mögen diesen bemerkenswerten Sachverhalt untermalen: Der italienische Extrembergsteiger Andrea Oggioni verbrachte einmal mit einem Gefährten ein objektiv problemloses Biwak in einer Dolomitenwand. Als die Nacht hereinbrach, wurde Oggioni ohne erkennbaren Anlaß von einer bedrückenden, unbestimmten Angst erfaßt. Ihm wurde plötzlich alles unheimlich und erschreckend, wie einem verängstigten, alleingelassenen Kind: »Das Wetter ist schön. Unser Biwakplatz ist einigermaßen bequem. Morgen werden wir absteigen. Somit können die Schwierigkeiten der Wand meine Moral nicht mehr belasten: trotzdem habe ich Angst... Obschon alles taghell beleuchtet ist, habe ich den Eindruck, an einem düsteren Ort zu weilen, einem Ort der Gnomen und Hexen.«[18] Es ist schon merkwürdig: der unerschrockene Oggioni, verwegener Durchsteiger der wildesten Wände, wird in gefahrloser Situation von panischer Furcht vor eingebildeten Geistern und Hexen befallen.

Noch bemerkenswerter ist ein Erlebnis, das der große Walter Bonatti berichtet. Bonatti, bekannt als ein Mann von einem bisweilen geradezu vermessenen bergsteigerischen Selbstvertrauen, brach einmal bei idealen Verhältnissen zu einer Tour am Pilier d'Angle des Montblanc auf. Bonatti hatte diese Besteigung von langer Hand geplant und vorbereitet. Am Einstieg angelangt, wurde der sonst so kühne Alleingänger buchstäblich aus dem heitersten Himmel heraus von einer solchen heftigen, unbezwingbaren Angst erfaßt, daß ihm nichts anderes übrigblieb als umzukehren.[19]

Hans Ertl, der unverwüstliche Bergvagabund, konnte durch irgendeinen unbedeutenden Umstand, den er als böses Omen wertete, vollkommen mutlos gemacht werden. Der Schrei einer Dohle oder ein Streifen Morgenrot am Himmel ließ diesem Draufgänger das starke Herz in die Hosen sinken.

Eugen Guido Lammer, zur Jahrhundertwende berühmt und verschrien wegen seiner alpinen Wagestücke, traf beim Klettern einmal auf eine Viper. In der ersten Schreckreaktion erschlug er das Tier; die Gefahr war damit beseitigt. Kurz darauf wurde Lammer von einer gräßlichen Horrorvision erfaßt und geschüttelt: Ihm war, als starrten ihn Tausende feindseliger Vipernaugen an. Er bebte in unsäglichem Entsetzen. Der kühnste Alleingänger seiner Zeit wurde von einer Angsthalluzination buchstäblich zermalmt.[20]

Solche anfallartige und von der objektiven Situation her nur ungenügend begründete Angsterlebnisse bei ansonsten furchtlosen Personen bilden nach gesicherter tiefenpsychologischer Erkenntnis ein nahezu untrügliches Kennzeichen für das Vorhandensein sehr starker, verdrängter Ängste, deren Wurzeln in der frühen Kindheit liegen. Ich bin mir sicher: Mancher »unerschrockene« Extreme, und das trifft gewiß nicht bloß für Alpin-Extreme zu, hat unbewußt eine große Angst vor der Angst – vor der gewaltigen, verleugneten Angst in seinem Innern. Die auffällige Furchtlosigkeit vieler Extrembergsteiger in offenkundigen Gefahrensituationen wäre demnach als Ergebnis einer besonders wirksamen Anstrengung zur Angstverdrängung aufzufassen. Wo die äußeren Umstände Angst als normale Reaktion nahelegen, da geht in der Seele dieser Männer gewissermaßen ein Riegel zu, eine ganz massive Tür, die Angst vom Bewußtsein fernhält. Diese innere Angstsperre erlahmt jedoch ab und zu, und zwar bezeichnenderweise zumeist in friedlichen Situationen. Dann bricht sturzartig etwas durch von der ständig anstehenden inneren Angst, die da tief in der Seele einzementiert ist.

Die Art und Erscheinungsweise der eruptionsartig aufschießenden, irrationalen Angst läßt manchmal etwas von dem frühkindlichen Hintergrund ihrer Entstehung durchschimmern. Sehen wir uns die oben aufgeführten Angstanfälle einmal unter diesem Aspekt an:

Andrea Oggioni halluzinierte in seinem Angstanfall das Vorhandensein von Gnomen und Hexen. Intensive Angst vor Geisterwesen und unsichtbaren Kräften tritt aber als häufige und normale entwicklungstypische Erscheinung im dritten und vierten Lebensjahr des Menschen auf. Für die Vorstellungswelt der Kinder in diesem Alter ist der feste Glaube an magische Geschehnisse kennzeichnend. Oft sind diese magischen Phantasien angstvoll gefärbt, etwa, wenn ein Kind im dunklen Zimmer den Wolf oder den Teufel »sieht«. In den Bereich irrationaler kindlicher Angstvorstellungen gehört auch ein übertriebenes Reagieren auf »böse Vorzeichen« irgendwelcher Art. Dieses Erbe früher Angstbereitschaft wird in Ertls auffälliger Abhängigkeit von irgendwelchen »Vorbedeutungen« sichtbar. Unrealistische Ängste vor bestimmten Tieren und vor der Rache getöteter Tiere sind ebenfalls typisch für das dritte und vierte Lebensjahr. Diese Tierphobie scheint in dem Erlebnis von Lammer auf.

An späterer Stelle, im Kapitel »Der reine Wahnsinn« werde ich mich ausführlich mit einigen besonders spektakulären Angstsymptomen von Extrembergsteigern befassen.

Der Vollständigkeit halber sei noch erwähnt, daß es tatsächlich auch Menschen gibt, die wirklich kaum Angst empfinden, weder bewußt noch unbewußt. Ihnen fehlt gewissermaßen von vornherein ein Teil der Gefühlsskala. Bestimmt finden sich auch unter Extremen aller Sportarten ab und zu solche echte Furchtfreie. Nach meiner Erkenntnis ist dies jedoch sehr selten der Fall, viel seltener jedenfalls, als man gewöhnlich meint. (Zum Glück, so möchte ich hinzufügen, denn hier handelt es sich um einen gravierenden seelischen Defekt, um eine Erscheinung der Psychopathologie.)

Bergsteigercharaktere

Eine kleine Typologie

Bergsteiger sind kein einheitlicher Menschenschlag. Unter denen, die die Berge oder den Bergsport lieben, gibt es die verschiedenartigsten Persönlichkeiten. Genauso verschieden wie die Menschen, die in die Berge gehen, sind auch die individuellen Motive der Bergbegeisterung. Es wäre aus diesen Gründen wenig sinnvoll, eine systematische Charakterologie des Bergsteigers konstruieren zu wollen.

Die kleine Typologie, die ich nachfolgend präsentieren will, erhebt keinerlei Anspruch auf Vollständigkeit. Ich beschreibe darin einige Bergsteigerfiguren, die in ihrer Art besonders eindeutig und herausstechend sind.

Die Charakterskizzen heben sich insofern von den übrigen Kapiteln meines Buches ab, als ich ihnen die Form von anekdotischen Lesestükken gegeben habe. Meine »Charaktere« möchten ein auflockerndes Zwischenspiel sein in der Abfolge der nicht immer ganz leicht zu lesenden übrigen Ausführungen. Der Leser sollte aber wissen, daß die Typologie trotz aller Leichtigkeit der äußeren Form eines der intensivsten Kapitel dieses Buches darstellt. Vieles, was an anderen Stellen meines Buches in einer nüchternen und »ernsthaften« Sprache abgehandelt wird, das findet in den Charakterstudien einen brennpunktartigen Ausdruck. Dies gilt vor allem für die Typen des Leistungsfetischisten und des Extrembergsteigers.

Der Technokrat

Mein Freund Peppi ist ein vollkommen wetterunabhängiger Alpinist. Fällt einmal eine Tour wegen schlechter Witterung aus, dann ficht das den Peppi nicht im geringsten an. Er verlegt seine Bergbegeisterung einfach ins heimische Wohnzimmer. Dort baut er dann zwischen Tür und Fensterkreuz mit Hingabe komplizierte Rettungsflaschenzüge. Oder er poliert seine Schlosserei, in der die ausgefallensten Stifte vertreten sind. Zur Zeit bastelt er an einem Mini-Notstromaggregat für seine Stirnlampe, das automatisch in Funktion tritt, wenn einmal die Batterie ausfallen sollte. Das köstlichste geistige Labsal sind für Peppi die Kataloge der Bergausrüster und die Untersuchungsberichte der alpinen Materialprüfungskommissionen. So weiß Peppi bis aufs Gramm genau die Bruchlast aller Seilfabrikate anzugeben, er kennt die chemische Zusammensetzung der Steigeisenlegierungen, und er ist exakt darüber informiert, wieviel rote Blutkörperchen der Mensch auf dem Montblanc pro Minute produziert.

Peppi beherrscht so manches alpintechnische Kunststück. Unter den Bergsteigern, die mir begegnet sind, ist er der einzige, der es fertigbringt, im Dunkeln einhändig den vierfach quergeschlungenen Achterknoten zu knüpfen. Und das in sechs Sekunden.

Peppi macht mit Feuereifer alle Lehrgänge mit, die ihm irgendwie zugänglich sind. Vergangenes Jahr war er siebenundzwanzig Tage auf Ausbildung. Zum Bergsteigen blieb ihm gar keine Zeit mehr. Aber das hat er nicht vermißt.

Auch auf einfachen Fußwanderungen hat Peppi immer einen Riesenrucksack dabei. Da ist lauter absolut notwendige Ausrüstung drin. Zum Beispiel ein Mini-Zelt, ein Kurzwellensender mit Solarbatterie, ein Spezialeispickel, den man auch als Regenschirm, als Angel oder als Schaufel verwenden kann, außerdem Notproviant für vier Tage, natürlich auch immer ein Seil samt Haken, Klemmkeilen, Rurps' und Firnankern (kann man doch nie wissen, ob der Weg einmal abgerutscht ist oder vereiste Stellen vorkommen).

Touren mit Peppi zusammen sind außerordentlich lehrreich. Auf Schritt und Tritt erfährt man, wie leichtsinnig man ist, wie rückständig und wie miserabel ausgerüstet. Man kommt schließlich zu der Einsicht, daß es ein unwahrscheinlicher Glücksfall ist, daß man noch unter den Lebenden weilt.

Peppi ist stolz darauf, daß auf den von ihm ausgeschriebenen Führungstouren noch nie das Kleinste passiert ist. Es kann da aber auch gar nichts passieren. Die Touren fallen nämlich fast jedesmal aus. Da ist immer ein Umstand, der zu ernsthaftesten Bedenken Anlaß gibt: Das Azorenhoch ist noch nicht hundertprozentig aufgebaut, die Wege sind feucht vom tags zuvor gefallenen Regen, der letzte Schnee ist noch nicht ganz abgetaut... An einer Wochenendklettertour hat Peppi vierzehn Tage lang den intensivsten Genuß. Zehn Tage studiert er jeden erreichbaren Kletterführer, jeden verfügbaren Bildband. Dementsprechend exakt vermag er seine Kletterausrüstung zu planen: für jenen Quergang einen 12-Zentimeter-V-Profil-Haken, für den Riß einen Klemmkeil (Hexentric) 22 mm, für das Abseilköpfl eine Bandschlinge, 37 cm Durchmesser, und so fort. Der Nahrungsmittelbedarf wird prä-

zise ermittelt (natürlich in Joule) und optimal aufgeteilt in Kohlehydrate, Eiweiß und Fette. Als Getränk kommt nur Elektrolyt in Frage, doppelt mineralisiert. Für diese Materialvorbereitungen setzt Peppi zwei Tage an. Einen Tag benötigt er für die Erstellung einer präzisen Anstiegsskizze. Man könnte ja in den totalen Nebel kommen! Wegdistanzen werden auf den Meter exakt berechnet, Marschzahlen ermittelt, Neigungswinkel errechnet, Anstiegsminuten addiert und Höhenprofile maßstabsgerecht angefertigt.
Über diesen theoretischen Vorbereitungen vergißt Peppi keineswegs das körperliche Training. Täglich absolviert er einen Waldlauf, wobei er eine Bleiweste trägt, deren Gewicht genau dem vorausberechneten Rucksackgewicht entspricht. Natürlich läuft er in Bergschuhen. Abends und morgens macht er Muskelübungen, in denen er die Bewegungen simuliert, die an den Schlüsselstellen der jeweiligen Tour zu vollziehen sind.
Der Tag der Tour ist schließlich da. Es gießt in Strömen. Peppi ist heiter: Kann er sich doch nunmehr an einem Bericht über die Transpirationseigenschaften von Bergsocken erfreuen, der ihm gestern in die Hände gekommen ist.

Der Leistungsfetischist

Helmut ist eine stramme Erscheinung: Sehnig, immer braungebrannt und mit muskelstrotzenden Waden. Ja diese Waden! Denen sieht man es an, daß sie ein strategisches Körperteil ihres Besitzers darstellen.
Der Helmut ist ein leidenschaftlicher Sammler. Ein Gipfelsammler. Seine Bergfahrten plant Helmut immer so, daß pro Tour möglichst viele Gipfel mitgenommen werden können. Ohne Zugabe tut er es nicht. Eines Tages berichtete mir Helmut ganz euphorisch: »Du, ich habe am Wochenende die Tour meines Lebens gemacht! Denk dir, in eineinhalb Tagen fünf Viertausender!« »Wie hast du denn das gemacht?« Ich vernahm nun, daß Helmut den Monte-Rosa-Stock überschritten hatte. Dabei werden tatsächlich fünf benannte Punkte über der Viertausendergrenze berührt. Einfach sagenhaft.
Für jede längere Bergfahrt setzt sich Helmut vorweg ein Mindestgipfelsoll. Das wenigste sind zehn Gipfel in sechs Tagen. Dieser Sollwert ist aber eigentlich nur dazu da, um möglichst hoch überschritten zu werden. Nur im Übersoll liegt für Helmut das Glück.
Ich habe mit Helmut bislang nur eine einzige Tour unternommen. Um es richtig zu sagen: Es war nur der Anfang einer Tour. Vom Parkplatz

weg zischte Helmut im Sturmschritt los, ich wollte mich nicht blamieren und hielt mit. Als ich einmal ein Foto machte, war er mir im Nu zweihundert Meter voraus, meine Bitte um einen kurzen Halt hatte er geflissentlich überhört. Und als ich dann etwas später wegen eines menschlichen Bedürfnisses das Rennen abermals kurz unterbrach, da war Helmut verschwunden. Ich traf ihn erst abends zu Hause wieder. Er entschuldigte sich, er sei heute so prächtig in Form gewesen. Er habe auch tatsächlich den sektionsinternen Rekord für jenen Gipfel um volle elf Minuten unterboten. Dies wäre natürlich mit Fotografieren, Landschaftsbetrachten, Vespern und Zeitversäumnis wegen menschlicher Bedürfnisse niemals möglich gewesen. Ich sah es ein und gratulierte zum Erfolg. Das Dumme an der ganzen Geschichte ist nur, daß Helmut seitdem in der Sektion verbreitet, ich sei ein hoffnungsloser Lahmian. »Stellt euch vor, der kam erst auf dem Gipfel an, als ich schon längst wieder auf der Heimfahrt war!« Daß es mir einfach Spaß macht, mich zwischendurch umzusehen und gemütlich Brotzeit zu machen, glaubt mir der Helmut nicht. Er hält das für die faule Ausrede eines Schwächlings. Im Stillen denkt er sich: Der kann halt nicht schneller! Und er ist stolz darauf, daß er diese Herumsteherei und Herumsitzerei unterwegs nicht nötig hat.
Die Berge sind für Helmut vor allem dazu da, um offizielle Gehzeiten zu unterbieten. Er wandert immerfort mit Blick auf die Uhr. Eines seiner liebsten Spiele in den lichten Höhen heißt: Um wieviel war ich heute schneller als die offizielle Zeit?
Helmut ist ein sehr wählerischer Alpinist. Er besteigt keineswegs jeden Berg. Ein Gipfel muß schon einen bekannten Namen haben, damit ihm Helmut die Ehre antut. Der Helmut legt nämlich großen Wert darauf, daß auch andere seine Spitzenleistungen zu würdigen wissen, und dazu eignen sich eben nur bekannte (und möglichst hohe) Bergziele. Eigentlich ist es verwunderlich, daß der Helmut so sehr auf bergsteigerische Selbstbestätigung aus ist. Er hat es beruflich weit gebracht, hat eine fesche Frau und ist Besitzer eines schönen Hauses. Irgendwie muß er in allem, was er tut, vorne dran sein.
Wenn Helmut von seinen Touren erzählt, dann hört man fast nur Zahlen. Etwa so: »Sind im Wallis gewesen. In sechseinhalb Tagen drei Viertausender und sieben Dreieinhalbtausender gemacht. Insgesamt fünfzehntausendzweihunderteinunddreißig Höhenmeter geschafft. Am Weißhorn haben wir eine Superzeit von drei Stunden und siebzehn Minuten hingelegt. Die Gruppe mit Schorsch letztes Jahr hat eine Stunde mehr gebraucht. Das wird denen stinken!«
Helmut betrachtet alle anderen Menschen im Gebirge als Konkurren-

ten, seine Kameraden eingeschlossen. Jedem, der mit ihm geht, muß er es »zeigen«. Helmuts größte alpine Lustbarkeit ist das Überholen. Sobald er am Berg irgendwen vor sich sieht, schießt er ab wie eine Rakete. Nach einer Tour präsentiert er die Zahl der jeweils »Kassierten« wie ein siegreicher Sioux die Skalps seiner Feinde nach ergiebiger Schlacht.
Ich möchte den Helmut nicht erleben, wenn der einmal vor dem Gipfel umkehren muß. Bisher ist er jedenfalls noch niemals umgekehrt. Gewitter, Schneesturm und verstauchte Knöchel halten ihn nicht ab. Das sind für ihn Kleinigkeiten gegenüber dem Frust, nicht oben gewesen zu sein.
So eilig es Helmut unterwegs stets hat, *ein* Foto macht er immer. Das Gipfelfoto. Als Beweisdokument. Für alle Fälle.
Seit ein paar Tagen ist der Helmut unglaublich grantig. Was ist passiert? Bei der Tour am letzten Sonntag hat sein Ältester den Gipfel fünf Schritte vor ihm erreicht. Das erste Mal...

Der Extreme

Hugo ist ein wortkarger und in sich gewandter Mensch. Es ist schwer, mit ihm warmzuwerden. Das einzige Thema, über das Hugo von sich aus mehr als drei Sätze verliert, das sind die Berge. Die Berge sind Hugos Lebensthema, die Achse seiner Existenz.
Von Beruf ist Hugo Lehrer, Fachlehrer für Werken und Sport. Er mag seinen Beruf nicht. Schon als er zu studieren anfing, war es ihm bewußt, daß ihm das Lehrersein nicht liegen würde. Trotzdem hat er diesen Beruf gewählt, weil er drei Monate Urlaub gewährt: drei Monate für die Berge! Der Hugo hat schon zwei schwere Abstürze hinter sich, eigentlich kein Wunder bei den mehr als tausend Bergfahrten, die er in zehn Jahren zusammengebracht hat. Das letzte Mal lag er ein halbes Jahr mit schweren Brüchen im Krankenhaus. Die lange Zeit im Bett hat sich der Hugo damit verkürzt, daß er eine große Andenfahrt ausheckte, mit diversen schwierigen Neubegehungen. Noch auf dem Krankenlager begann er mit dem Krafttraining. Sechs Wochen nach seiner Entlassung turnte er trotz grimmiger Schmerzen über die Eisgrate der Cordillera Blanca.
Seit vier Jahren trägt der Hugo einen ätzenden Gram in der Seele. Nein, keine Frauengeschichte. Es ist wegen der Matterhornnordwand. Genauer: wegen der letzten sechzig Meter der Matterhornnordwand. Die hat der Hugo nämlich seinerzeit wegen eines verheerenden Wettersturzes nicht mehr hinter sich gebracht. Er mußte zum Hörnligrat hinüber-

queren und schleunigst hinab. Es war eine Winterbegehung, im Sommer ist ja die Matterhornwand heute eine Allerweltstour. Der Hugo ist seitdem Winter für Winter auf dem Sprung, um die Wand noch einmal und diesmal vollständig zu packen. Die Verhältnisse waren jedoch immer schlecht. Inzwischen geht es dem Hugo ans seelische Mark, daß er, der erprobte Sechsermann, noch nicht sagen kann: »Ich habe die Matterhornnordwand gemacht, natürlich im Winter.« Ohne die letzten Meter gilt es halt nicht. Und wenn nur der letzte Schritt zum Gipfel gefehlt hätte, es hätte nicht richtig gegolten.

Der Hugo verdient ganz gut. Das sieht man ihm aber nicht an. Er kommt immer etwas schäbig daher. Er hat auch nur eine ganz winzige Wohnung, und er fährt immer noch den zerkratzten VW aus seiner Studentenzeit. Der Hugo kann sich tatsächlich fast nichts leisten – außer seiner Bergsteigerei. Die verschlingt nämlich ein Heidengeld. Für einen Alpin-Topmann wie Hugo ist das Bergsteigen heute eine unheimlich kostspielige Sache. Yosemite, die Anden, Patagonien, Kilimandscharo, Pakistan, nein, da kommt keiner, dem sein bergsteigerischer Ruf etwas bedeutet, drum herum. Und dem Hugo bedeutet sein bergsteigerisches Renommee bei aller sonstigen Bescheidenheit sehr viel. Wenn ihn im Beruf die Kollegen überflügeln, macht ihm das wenig aus. Aber als Bergsteiger, da will er unbedingt ganz vorne sein, ein Elitemann.

Hugo steht bestimmt hundertmal im Jahr auf einem bedeutenden Gipfel. Das reicht ihm aber nicht. Wenn er nach mehrwöchiger Bergfahrt in der Nacht des letzten Urlaubstages heimbraust, dann denkt er schon wieder ans kommende Wochenende und was er da unternehmen will.

Auch wochentags sind die Berge in Hugos Dasein allgegenwärtig. Am Morgen: spezielles Muskeltraining. Mittags: ein Zehnkilometerlauf bei jedem Wetter. Abends: abermals Fitneßtraining, zur Entspannung dann: Führer- und Kartenstudium. Jede zweite Nacht verbringt Hugo im Schlafsack auf der Steinterrasse vor dem Haus, auch im Winter. Vor schweren Touren nächtigt er mehrmals biwakmäßig in den Ästen des Tannenbaums im Garten. Hugos Speiseplan ist karg und ganz auf die Erhaltung seiner Leistungsfähigkeit ausgerichtet. Alkohol lehnt er ab.

Manchmal stelle ich mir Hugo in einem Mönchsgewand vor. Er würde gut hineinpassen, der unbeirrbare Asket. Ein ganz strenger Orden müßte es aber sein, der dem Hugo das Allerletzte abverlangt und noch etwas mehr. So einen strengen Orden gibt's vielleicht gar nicht. Der Hugo ist schon sehr einschichtig, bergeinschichtig. Doch irgendwie bewundere und beneide ich ihn auch wegen der immensen Energie und Zielstrebigkeit, die er in dieser Einschichtigkeit an den Tag legt.

Eine Zeitlang hatte Hugo eine Freundin, ein gestandenes Bergsteigermä-

del selbstverständlich. Die Leni war wirklich eine gute und begeisterte Bergsteigerin, aber auf Hugos A-3-Touren konnte sie einfach nicht mithalten. Weil aber der Hugo ausschließlich ganz schwere Touren macht, mußte die Leni am Wochenende immer alleine daheimbleiben. Das gefiel ihr auf die Dauer nicht, und sie sagte dem Hugo ade. Der Hugo hat das damals wirklich schwergenommen. Aber beim Bergsteigen zurückstecken? Im Leben nie!
Die Berge gehen beim Hugo einfach über alles. Über Liebschaften und auch über Kameradschaften. Wenn ein Kamerad ihm bei seinen ehrgeizigen Plänen nicht mehr folgen kann oder mag, dann sucht sich der Hugo einen neuen Partner, oder er geht allein.
Hugo ist nicht der urige Naturbursche, als der er bei flüchtigem Hinsehen erscheint. Es ist eine eigenartige, versteckte Nervosität in ihm. Seine Bewegungen sind oft etwas hastig. Er kann schlecht längere Zeit stillsitzen. In seiner Sprechweise ist etwas Gepreßtes, Gehetztes. Am Berg jedoch ist Hugo die Gelassenheit in Person. Da ist er ganz anders. Mit großer Sicherheit und Eleganz bewegt er sich die Wände hinauf. Am Berg, das spürt man, ist er mit sich und der Welt ganz und gar eins.

Der gute Kumpel

Wo bleibt denn der Edi? Was ist mit dem Edi los? Warum ist der Edi nicht da? Jeder, der zum Sektionsstammtisch kommt, fragt nach dem Verbleib von Eduard, genannt Edi. Wer ist Eduard? Bei dem Träger dieses Namens handelt es sich um eine gänzlich unauffällige Person mittleren Alters. Eduard hat nur die eine nicht alltägliche Eigenschaft: Er ist immer da, bei jedem Treffen, bei jeder Tour. Mit Edis Anwesenheit kann man rechnen wie mit einem Naturgesetz. Darum die allgemeine Verwunderung, wenn er einmal fehlt. Das ist beinahe so, als wäre die Eckbank am Stammtisch plötzlich weg.
Edi ist ein angenehmer und friedlicher Kumpan. Die meiste Zeit ist er einfach still-freundlich dabei. Ab und zu überrascht er durch eine unvermutete Schlagfertigkeit. Wenn er gerade seine aufgeweckte Stunde hat, erzählt er hochkarätige Witze, lauter absolute Volltreffer. Er weiß immer neue, weil er ständig unter Leuten ist.
Mit Edi gibt es unterwegs nie Schwierigkeiten. Er funktioniert wie ein gut gepflegter Traktor. Meist marschiert er irgendwo im vorderen Drittel. Nie an der Spitze, aber auch nie ganz hinten. Edi macht auch bei den Kletterfahrten mit, die zum Programm gehören. Dabei hat er zum

Klettern keinerlei Neigung und auch kein Talent. Doch er möchte halt mit seinen Spezln zusammensein, und wenn er sich dafür schinden muß bis zum Herzinfarkt. Edi drängt sich nie vor, auf Tour nicht und auch nicht, wenn es Aufgaben zu übernehmen gilt. Edi hat die beneidenswerte Begabung, bei der Vergabe von Pflichten immer am besten wegzukommen. Wenn man ihn indes direkt um etwas bittet, so ist er stets gefällig. Edi erfreut sich rundum großer Beliebtheit, ohne daß er dafür einen Finger krumm machen muß.
Niemals würde es Edi in den Sinn kommen, alleine ins Gebirge zu gehen. Er hat mich neulich ganz konsterniert angeschaut, als ich ihm erzählte, ich sei übers Wochenende allein im Gebirge gewesen. »Was, ganz alleine!« sagte er nur und sah mich dabei an, als wäre ich schwerkrank. Damit Edi sich auf einer Tour wohl fühlt, müssen es wenigstens vier Mann sein. Sonst bleibt er lieber zu Hause.
Edi gerät unterwegs schnell ins Schwitzen. Schon nach der ersten Viertelstunde läuft ihm der Schweiß in wahren Rinnsalen die Stirn und den Nacken hinab. Er setzt sich jedoch nie einen Sonnenhut auf, auch eine kurze Hose zieht er nicht an. Das kommt für ihn überhaupt nicht in Frage. Seine Kameraden tun es ja auch nicht!
Übrigens, in diesem Sommer wird Edi keinen Berg besteigen. Seine Kameraden haben sich nämlich in der Mehrzahl aufs Kajakfahren verlegt. Ganz klar, daß Edi sich auch ein Kajak anschafft. Im Augenblick absolviert er einen Wildwasserkurs, damit er in drei Wochen auf dem Verdon mit dabei sein kann. Unauffällig im vorderen Drittel, so wie immer.

Der Führer

Von Theo kann man ohne Übertreibung sagen: Er ist der personifizierte Lebensgeist seiner Ortsgruppe. Theo hat, wenn man von seiner Tourenführertätigkeit einmal absieht, keine offizielle Funktion in der Vereinshierarchie. Dennoch ist er der Motor, der alles in Gang hält. Wo immer in der Ortsgruppe etwas geschieht, laufen die Fäden über Theo. Theo ist allgegenwärtig, im übertragenen wie auch im wörtlichen Sinn. Wann immer ein paar Leute aus dem engeren Kreis der Ortsgruppe zusammenkommen, ist Theo mit zugegen. Er weiß einfach alles, was im Verein so läuft, fast so wie der Große Bruder in George Orwells bekanntem Roman.
Theo weiß nicht nur am besten Bescheid, er tut auch am meisten. Er entwirft das Tourenprogramm und leitet selbst einen Großteil der Aus-

fahrten. Er besucht laufend Fortbildungen und führt selbst Kurse durch. Er ist sich für keine Arbeit zu gut. Wenn auf dem jährlichen Sektionsfest hinterher niemand zusammenkehren will, dann tut's der Theo. Wenn der Bücherwart krank ist, wer springt dann ein? Natürlich der Theo.

Unterwegs im Gebirge ist man bei Theo in den allerbesten Händen. Da weiß man: Wenn etwas passiert, der tut alles für mich. So hat der Theo, wie weiland der heilige Christophorus, kürzlich einen verunglückten Tourenteilnehmer auf seinem Rücken den halben Weg von der Wildspitze herabgetragen. Er ist auch schon einmal eine ganze Nacht bei einem Verletzten in einer Gletscherspalte gesessen, bis anderen Tags die Rettungsmannschaft kam.

Manchmal, wenn er recht viel am Hals hat, brummelt der Theo: »Ich bin doch der Dackel für jeden!« So ganz ernst ist das freilich nicht gemeint. Denn Theo weiß sehr gut, daß er gerade wegen seines Engagements der ungekrönte Herrscher der Ortsgruppe ist. Er ist der fleißigste Diener und Arbeiter des Vereins und deswegen die Hauptfigur, der mächtigste Mann. Er betrachtet dementsprechend die Ortsgruppe als »seinen« Betrieb, und einen Großteil der Mitglieder kann man füglich als Theos Gemeinde, um nicht zu sagen: Untertanenschar, titulieren.

Aus seinem aufopfernden Engagement leitet Theo einen Anspruch auf absoluten Gehorsam ab. Widerspruch verträgt er außerordentlich schlecht, etwa nach der Devise: Ich tu am meisten für euch, also seid ihr dafür wenigstens still! Solche Erfindungen wie Demokratie und Gruppenentscheidung hält der Theo im Bergsteigerbereich für einen totalen Schmarren (was er allerdings nur im engsten Kameradenkreis laut ausspricht). Wozu gibt es denn – so Theos Ansicht – Experten wie ihn, die einfach einen besseren Durchblick haben als die anderen? Und überhaupt im Gebirge, da kann es doch nur einen einzigen Willen geben! Selbstverständlich ist dieser Einheitswille Theos Wille, wenn er mit von der Partie ist. Wer das nicht begreift, bekommt den Laufpaß.

Auch wenn er an der Führungstour eines anderen teilnimmt, gibt Theo alsbald den Ton an. Er kann einfach nicht anders.

Ein Wörtlein darf man in Theos Gegenwart nicht aussprechen. Das Wörtlein ist ein Name und heißt »Sepp«. Wenn Theo diesen Namen hört, wird er fuchsteufelswild. Wer ist Sepp? Das ist die vereinsinterne Konkurrenz von Theo. Auch einer, der sehr viel tut und eine Anhängerschar hat. Auch so ein Diener-Fürst wie Theo. Die beiden sind einander spinnefeind. Glücklicherweise meiden sie einander wie die Pest, sonst könnte es sein, daß die Fetzen fliegen. Der Kampf wird indirekt ausgetragen: Wer hat bei seinen Führungstouren die meisten Leute?

Wem gelingen die besten Gipfel? Wer setzt bei den Vorstandswahlen seine Leute durch?
Wo solche Führer wie Theo sind, da ist was los. Im guten und manchmal auch im problematischen Sinn.

Der Genußbergsteiger

Nun ist zu sprechen von einer außerordentlich seltenen Spezies unter den Berggängern: vom echten Genußbergsteiger.
Adalbert ist ein solcher.
Bereits die Planung einer Bergfahrt bildet für den Adalbert ein hohes Vergnügen. Auf den Landkarten, die er besitzt, veranstaltet Adalbert Gedankentouren. Stundenlang kann er mit glänzenden Augen über einer Bergkarte sitzen. Die kargen Zeichen und Zahlen der Landkarte sind für Adalbert Zauberzeichen. Sie zaubern ihn im Handumdrehen hinein in die herrlichsten Bergregionen. Im Geiste steigt Adalbert alle die großen Gletscherströme und Eisflanken hinauf. Alle Grate probiert Adalbert aus. In die entlegensten Felsenkessel dringt er ein. Ganz versteckte Gipfel und Biwakplätze sucht er auf. Phantastische Überschreitungen und Umrundungen komponiert er zusammen.
Adalbert saugt die Berge und die Landschaften, zu denen er sich hingezogen fühlt, schon lange im voraus in sich ein. Er macht sich ganz intensiv mit seinen Sehnsuchtsbergen vertraut, so daß sie ihm zu etwas ganz Persönlichem, ja Intimem, werden.
Auch das Rucksackpacken ist ein besonderer Voraus-Genuß. Adalbert läßt sich viel Zeit dazu. Nach und nach trägt er alle seine langbewährten Ausrüstungsgegenstände zusammen. Er nimmt sie prüfend in die Hände. Er sieht sie aufmerksam durch. Er verstaut sie gut. Irgendwie ist er mit seinen Berggegenständen zusammengewachsen. Adalbert hängt sehr an seinen altgedienten Sachen. Selten kauft er Neues dazu. Immer wieder wird der zerkratzte Pickel nachgeschliffen, und der blaue Pulli ist schon seit zwölf Jahren dabei.
Überhaupt legt Adalbert in seiner ganzen Art des Bergsteigens so etwas wie eine liebevolle Bedachtsamkeit an den Tag. Es würde dem Adalbert zum Beispiel niemals einfallen, einen Berg, den er besonders mag, einfach »nebenher« mitzunehmen. Wenn Adalbert an einen seiner Herzensgipfel herangeht, dann müssen für ihn viele Dinge zusammenstimmen: Viel Zeit muß vor allem zur Verfügung stehen. Die Kondition und die Akklimatisation müssen gut sein, und das Wetter und die Bergverhältnisse müssen so beschaffen sein, daß die Besteigung ganz sicher

Abb. 9. *Eine seltene Spezies unter den leidenschaftlichen Alpinisten: der Genuß-bergsteiger.*

zum Genuß wird. Die Gänge auf seine Lieblingsberge zelebriert der Adalbert mit einer wahrhaftigen Feierlichkeit.
Adalbert braucht für seine Gipfelbesteigungen immer wesentlich mehr Zeit, als es unter »zünftigen« Bergsteigern üblich ist. Das liegt nicht daran, daß er schwächlich wäre. Adalbert läßt sich unterwegs einfach viel zu gerne ablenken. An einem schönen Blumenpolster kann er lange stehenbleiben. Oder er sammelt bunte Steine vom Weg und wäscht sie im nächsten Bach. Oder er zupft in aller Gemütsruhe Himbeeren. Oder er klettert an einem Felswandl herum, nur weil ihm der griffige Fels in die Augen sticht. Oder er schaut sich dauernd um, ob nicht bald dieser oder jener Gipfel am Horizont auftaucht.
Adalbert haßt es, beim Steigen ins Schwitzen oder ins Keuchen zu geraten. Er möchte sich beim Steigen immer wohl und locker fühlen. In der Beibehaltung seiner Gangart ist er sehr konsequent. Er läßt sich nicht von seinem persönlichen Schrittmaß abbringen, auch wenn er weitaus der letzte seiner Gruppe ist. Adalbert will vergnügt und mit wachen Sinnen auf die Gipfel gelangen. Deswegen kann es auch geschehen, daß er kurz unterm Gipfelkreuz noch eine kleine Verschnaufpause einlegt, um vollkommen frei und mit ganzem Genuß die letzten Schritte zum Gipfel zu tun.

Am unbeschwertesten entfaltet der Adalbert sein Genießertum, wenn er allein marschiert. Eine Lieblingsbeschäftigung von Adalbert beim Alleinegehen heißt »schöne Plätze erkunden«. Die schönen Plätze des Adalbert sind: versteckte Bergkuppen und unzugängliche Gratzakken, kleine Wiesenplätze an steilen Hängen und Graten, entlegene Almen, verborgene Hochkare. An manchen Tagen geht der Adalbert nur deswegen ins Gebirge, um einen »seiner« Plätze aufzusuchen. Dort fühlt er sich ganz tief daheim und bei sich selbst.
Im Hochgebirge steigt der Adalbert oft abseits der Wege dahin. Adalbert ist ein Augenmensch. Er läßt sich von der Berglandschaft so richtig »anmachen«. Elegante Gratverläufe ziehen ihn besonders an, oder helle Firncouloirs, die in schmale Scharten hinaufziehen, oder vorgeschobene Gratkanzeln. Von diesen Augengenüssen läßt sich Adalbert anlocken, und es ist ihm gleichgültig, wenn er wegen seiner Eskapaden keinen »richtigen« Gipfel erreicht. Auf Skitouren macht der Adalbert wegen eines einzigen unverspurten Schneehanges oft die größten Umwege. Hat er »seinen« Hang erstiegen, dann kostet er jeden einzelnen Wedelschwung mit einem königlichen Vergnügen aus.
Ein besonderes Kapitel ist beim Adalbert das Essen. Man kann sich darauf verlassen: Adalbert hat immer ein auserlesenes Lebensmittelsortiment dabei. Raffinierte Kleinigkeiten packt der Mann aus: Meerrettich, Oliven, Gewürze. Auch genehmigt er sich immer einen Nachtisch: gefüllte Bonbons, feinste Kekse, bestes Dörrobst. Oft trägt Adalbert eine Flasche Rotwein mit. Die ist nicht für den Durst gedacht, nein, nur fürs Gelüst. Andächtig wird ein Becher vom Wein geschlürft, und dann ist es genug. Adalbert will klare Sinne behalten. Man sieht ihn nie betrunken, auch beim ausgelassensten Hüttenabend nicht.
Ein ganz wichtiges Instrument ist für Adalbert der Gaskocher. Ohne den geht er nie ins Gebirge. Adalbert braut sich unterwegs nämlich gerne eine Suppe oder einen kräftigen Tee. Erst wenn der Kocher summt und das Wasser im kleinen Alu-Topf blubbert, ist für den Adalbert die volle Gemütlichkeit erreicht.
Nach einem ausgedehnten Mahl an einem behaglichen Platz kann es passieren, daß der Adalbert jeglichen Gipfeldrang verliert. Dann richtet er sich mit großer Sorgfalt einen gemütlichen Liegeplatz her. Das ist eine ausgedehnte Zeremonie: Der Platz muß eben sein; nicht gerade der prallen Sonne ausgesetzt, aber auch nicht zu schattig. Als Unterlage wird zuerst der Biwaksack ausgebreitet, dann wird der Anorak als Polsterung daraufgelegt. Als Kopfkissen dient die Woll-

mütze, die mit den Handschuhen ausgestopft wurde. Schließlich, sofern es warm genug ist, werden noch Schuhe und Strümpfe ausgezogen und in der Sonne ausgelegt.
Das ist typisch für den Adalbert: Wenn es um den Komfort und das Genießen geht, wird er gewissermaßen pingelig. Da müssen alle Kleinigkeiten stimmen. Vorher gibt der Adalbert keine Ruhe. Das Behagen muß vollkommen sein. Hierin ist der Adalbert höchst anspruchsvoll.
Die Alpenvereinskameraden finden den Adalbert komisch. Irgendwie, so denken sie, hat der Mann nicht die richtige Einstellung. Der ist kein richtiger Bergsteiger.
Adalbert kennt die Meinung seiner Kameraden. Sie bekümmert ihn wenig. In jenem Sinn, den seine Kameraden meinen, möchte er gar kein richtiger Bergsteiger sein.

Teil II:
Über die Extremformen der Bergleidenschaft

Zur Einführung

Ich erinnere mich an eine Fernsehsendung, in der ein französischer Extremkletterer vorgestellt wurde. Die Sendung begann mit einem Interview, in dem der junge Mann mehrmals und mit Nachdruck hervorhob, er sei ein Mensch wie jeder andere auch. Auf das Interview folgten Filmaufnahmen, die den jungen Mann in Aktion zeigten: Man sah ihn eine zweihundert Meter hohe, lotrechte Wand besteigen, die stellenweise überhängend war. Mit bizarrer Akrobatik arbeitete sich der Extreme an kleinsten Rauhigkeiten über die schwindelnde Vertikale hinauf. Oft waren die Füße höher oben als der Kopf. An einem Überhang baumelte er vollkommen frei über dem Abgrund, nur noch an den Fingerspitzen einer Hand hängend. Alles das vollzog sich ohne jede Sicherung. Danach sah man den Kletterer bei seinem mehrstündigen täglichen Spezialtraining, wie er die ausgefallensten Bewegungen und Kraftübungen ausführte. Diese Bilder widersprachen allesamt in einer geradezu grotesken Weise der anfangs gemachten Beteuerung des Kletterers, er sei ein ganz gewöhnlicher Mensch. Nein, da war wirklich nichts Gewöhnliches mehr dran. Das war in jeder Hinsicht un-normal: im Hinblick auf die Anstrengung, in bezug auf die Akrobatik und in bezug auf die Gefährlichkeit. Die Taten des jungen Mannes sprachen eine ganz andere Sprache als seine Worte. Das war kein Mensch wie jeder andere, sondern eben ein »Extremer«. Das Wörtlein »extrem« besagt ja, daß jemand sich weit von einer Norm, einer Mitte des Verhaltens, entfernt und insofern unnormal ist.
Man muß schon ganz spezielle Wesenseigenschaften besitzen, um jene immensen Strapazen, jene hohen Risiken und jenes daseinsbeherrschende Trainieren auf sich zu nehmen, wie es Extrembergsteiger tun – freiwillig und mit höchster Leidenschaft.
Manchmal ist das Auffällige von Extrembergsteigern nur auf den Bereich ihrer Bergleidenschaft begrenzt. Das ist indessen der seltenere Fall. Viel öfter sind Extremalpinisten in ihrer ganzen Lebensart und vom ganzen Charakter her »besondere« Menschen. Sie verkörpern oft in einem ausgeprägten Maße das, was man gemeinhin einen »Individualisten« nennt. Man trifft unter Extrembergsteigern auffallend viele eigenwillige und auch eigensinnige Menschen. Sie leben sehr kompromißlos ihren persönlichen Lebensstil und machen sich nichts daraus,

wenn sie in vielem querliegen zur gesellschaftlichen Norm. Ihre ganze Existenz wird durch ihre bergsteigerischen Pläne und Taten bestimmt. Dagegen zählt ihnen alles andere wenig.

Ich habe soeben einige häufig zu beobachtende Gemeinsamkeiten im Charakter und Verhalten von Extrembergsteigern angesprochen. Natürlich gibt es auch vielzählige Unterschiede. Man kann bei genauer Betrachtung unter Extremalpinisten verschiedene Charaktertypen feststellen. Da gibt es zum Beispiel den Typus des fidelen Burschen, der Heiterkeit und Lebenslust um sich verbreitet und alle die schönen Dinge des Lebens mit vollen Zügen genießt. Hans Ertl, Kurt Diemberger oder Luis Trenker verkörpern diesen Typus. Diese fröhlichen und sinnenfrohen Burschen haben die öffentliche Vorstellung von einem Bergsteiger nachhaltig geprägt; sie stellen indes eine Minderheit unter den Extremalpinisten dar. Die weitaus meisten Extremen besitzen ein anderes und sehr viel weniger auffälliges Naturell. Sie sind eher ernst, in sich gewandt und still. Oft hat ihr Wesen einen Einschlag ins Düstere und Undurchschaubare. Wenn man sich mit ihnen befaßt, wird man unwillkürlich an die Figuren strenger Einsiedlermönche des Mittelalters erinnert. Sehr hervorstechend ist an diesen Männern und Frauen ein scharfer asketischer Zug, der sich verbindet mit einer grimmig-unerbittlichen Willensbetontheit. An markanten und prominenten Vertretern dieser Gruppe wären zu nennen Edward Whymper, Hermann von Barth, Hermann Buhl, Walter Bonatti, Reinhard Karl und Chris Bonington. Die Mehrheit der ganz extremen Alpinisten tendiert zu diesem ernsten Erscheinungstypus.

Die Gruppe der »Ernsten« unter den Extremen wird in meinen Ausführungen über den Charakter und die Motive von Extrembergsteigern im Mittelpunkt stehen. Diesen Männern und Frauen fühle ich mich persönlich auch am ehesten verwandt; ihre innere Welt kann ich am ehesten mitempfinden. Ich selber klettere auch sehr gerne, kann mich aber, was die objektive Schwierigkeit meiner Touren anbelangt, nicht den Extremen zurechnen. Mein Klettervermögen hat seine Grenzen beim vierten Schwierigkeitsgrad, während ich den Bereich des Extremkletterns oberhalb des fünften Grades (im alpinen Gelände) ansetzen würde. Doch Extremsein, wie ich es verstehe, ist ja nicht allein eine Sache objektiver Schwierigkeitsziffern, sondern ganz wesentlich auch eine Frage von Lebenshaltung und Charakter, und in dieser Hinsicht erkenne ich zwischen Extremalpinisten und mir viele Ähnlichkeiten.

Vieles von dem, was ich nachfolgend über die Eigenschaften und Beweggründe von Extrembergsteigern sage, das trifft auch auf extreme Vertreter anderer Natursportarten zu, wobei ich vor allem an die Wildwasserfahrer, die Drachenflieger und die Sporttaucher denke. Eine umfassende Bedeutung und Gültigkeit haben insbesondere meine Ausführungen in den Kapiteln »Lebendigkeitshunger«, »Auf der Suche nach der Harmonie des Ich«, »Aggression« und »Schatten auf unserer Seele«. Ich glaube, daß es so etwas wie einen Extremcharakter gibt, worunter ich ein typisches Geflecht von grundlegenden Strebungen und Persönlichkeitseigenschaften verstehe, das bei Extremsportlern verschiedener Sparten gleichermaßen vorhanden ist.

Extrembergsteiger, auf die im Text Bezug genommen wird:

Edward Whymper (England), 1840–1911
Hermann von Barth (Deutschland), 1845–1886
Emil Zsigmondy (Österreich), 1861–1885
Eugen Guido Lammer (Österreich), 1862–1945
Georg Winkler (Deutschland), 1870–1889
Paul Hübel (Deutschland), 1881–1960
Luis Trenker (Südtirol), geb. 1892
Willo Welzenbach (Deutschland), 1900–1934
Anderl Heckmair (Deutschland), geb. 1906
Leo Maduschka (Deutschland), 1908–1932
Hans Ertl (Deutschland), geb. 1908
Mathias Rebitsch (Österreich), geb. 1911
Edmund Hillary (Neuseeland), geb. 1919
Lionel Terray (Frankreich), 1921–1965
Gaston Rébuffat (Frankreich), 1921–1987
Hermann Buhl (Österreich), 1924–1957
Günter Hauser (Deutschland), 1928–1981
Andrea Oggioni (Italien), 1930–1961
Walter Bonatti (Italien), geb. 1930
Kurt Diemberger (Österreich), geb. 1932
Chris Bonington (England), geb. 1934
Felix Kuen (Österreich), 1936–1974
Peter Habeler (Österreich), geb. 1942
Reinhold Messner (Italien), geb. 1944
Reinhard Karl (Deutschland), 1946–1982

Die unverständliche Leidenschaft

Ebenso wie andere Extrembergsteiger, so war auch der Italiener Walter Bonatti auf dem Höhepunkt seiner Bergsteigerlaufbahn beständig auf der Suche nach »deftigen« Neutouren. Ein Projekt, das buchstäblich jahrelang sein Denken und Streben beherrschte, war die Direktdurchsteigung des Pilier d'Angle am Montblanc. Hören wir, wie Bonatti seinen großen alpinistischen Sehnsuchtstraum beschreibt:

...die düsterste, wildeste und gefährlichste Wand aus Eis und Fels, die man in den Alpen antreffen kann. Anhäufungen von glatten und überhängenden, völlig von Eis und Lockerschnee verkrusteten Felsplatten wechseln mit unerhört abschüssigen Eishängen, auf denen die hoch oben abbrechenden Eistürme und Wächten nach ihrem Absturz zerschellen. Diese etwa tausend Meter hohe »Hölle« in Form eines riesigen Trichters erweckt bares Grausen... Wer über dem ersten Drittel des Aufstiegs von Schneesturm oder Tauwetter überrascht wird, kann nicht mehr umkehren.[1]

Das ist die Schilderung eines Alpdrucks, einer apokalyptischen Schreckensvision. Und genau in diese »Hölle« (wie Bonatti es selber ja nennt), da zog es ihn mit der äußersten Sehnsuchtsmacht hin. Bonatti führte die Tour schließlich durch. Sie war der Gipfel an Anstrengung, Leiden und Gefahr – genauso, wie es von Bonatti vorausgesehen worden war.
Ähnliche Geschichten lesen wir in den Büchern von nahezu allen namhaften Extrembergsteigern, früheren wie gegenwärtigen. Da ist irgendein Berg oder eine Wand, wie man sie in der Phantasie sich nicht infernalischer und brutaler ausdenken könnte, und gerade da treibt es den Extremen mit unwiderstehlicher Gewalt hin. Hierzu noch ein Beispiel von Lionel Terray: Eben erst zurückgekehrt von der entbehrungsreichen Eroberung des Makalu, schaute sich der Franzose nach neuen »schönen« Zielen um. In den Alpen gab es nichts mehr, was ihn reizen konnte. Terray war mißmutig und gedrückt. In dieser Situation wurde er von seinem Freunde Ferlet auf den Fitz Roy in Patagonien aufmerksam gemacht. Terray zog Erkundigungen ein über diesen Gipfel, und was er hörte, erfüllte ihn sofort mit flammender Begeisterung. Welcher Art waren die Informationen, die Terray über den Fitz Roy bekommen hatte?

Den Berichten zufolge stellte die Gipfelwand, in ihrer geringsten Höhe auf 750 Meter geschätzt, den Ersteiger vor Schwierigkeiten, die den härtesten Unternehmen in den Alpen zumindest gleichkamen. Aber alle waren sich darin einig, daß diese Schwierigkeiten durch das Klima Patagoniens verzehnfacht wurden. Infolge des ständig schlechten Sommerwetters blieben nur wenige Tage, um den Berg anzugehen; die Kälte, weitaus stärker als in unseren Zonen, das die Wand überziehende Wassereis, vor allem aber die jähen und unerhört heftigen Sturmstöße machen die Besteigung sehr heikel. Diese unmenschlichen atmosphärischen Verhältnisse hatten alle bisherigen Expeditionen erschöpft und entmutigt, bevor noch der eigentliche Kampf aufgenommen worden war. Von allem Anfang an begeisterte mich der Plan Ferlets. War dieser Fitz Roy nicht das Urbild des idealen Gipfels...?[2]

Auch hier wird eine Hölle geschildert – und im gleichen Atemzug begeistert als das höchste Ziel aller Wünsche gepriesen. Auch hier ein spontanes, übermächtiges Hingezogensein zum Inferno. Dieses merkwürdige, dämonische Verfallensein an vorsätzliche Exkursionen in die Hölle unterstreicht besonders eindringlich den »unnormalen« Aspekt der Extremformen der Bergleidenschaft.

Mit den (scheinbaren) Abnormitäten und Ungereimtheiten der extremen Bergleidenschaft möchte ich mich im folgenden befassen.

Ich bin mir dabei der Tatsache bewußt, daß die Mehrheit der leidenschaftlichen Bergsteiger es als eine Art von Entweihung empfindet, wenn ihr Tun mit nüchternem, vielleicht gar mit kritischem Blick betrachtet wird. Die meisten von uns Passionierten hegen eine ausgeprägte Abneigung gegen psychologische Fremd- oder auch Selbsterforschung. Ich meine, auf dem tiefsten Grund dieses Nicht-Nachfragenwollens sitzt die – begründete – Befürchtung, es könnten Dinge ans Tageslicht kommen, die mit unserer idealisierenden Selbstauffassung im Widerstreit stehen. Wollen Sie sich trotzdem mit mir auf das Risiko einlassen, das in der Betrachtung des Tatsächlichen liegt? Ich sollte an dieser Stelle vielleicht noch einmal wiederholen, daß in fast allem, was ich nachfolgend zu sagen habe, meine eigene Person mit eingeschlossen ist.

Begründungsprobleme

Die einfachen Spielarten des Bergsteigens werden von den meisten Menschen unseres Kulturkreises als eine normale und verständliche Freizeitbetätigung angesehen. Der Bergwanderer und der nicht-extreme Kletterer, sie können beide eine Vielzahl von »guten Gründen« für ihr Tun anführen. Das Repertoire dieser guten Gründe ist uns allen wohlbekannt: Liebe zur Natur, Entspannung, sich fithalten, Kameradschaft, Selbstbestätigung und anderes mehr. Ob diese plausiblen Formulierungen auch tatsächlich die wahren Motive unseres Handelns wiedergeben, das ist eine eher zweitrangige Frage. Hauptsache, unser Tun wird dadurch als sinnvoll und nützlich, sprich: als normal, ausgewiesen.

Wie sieht es nun aber mit der öffentlichen Begründbarkeit der härtesten und intensivsten Formen des Bergsteigens aus?

Der Extremalpinist treibt die Tätigkeit »Bergsteigen« in zweierlei Weise auf die Spitze: Er steigert die objektiven Schwierigkeiten und Anforderungen seiner Touren aufs äußerst mögliche, und er bringt seinem Bergsteigen ein außerordentliches Maß an Hingabe entgegen; oft stellt er es ins Zentrum seiner Existenz.

Durch diese beiden »Übertreibungen« erhält die prinzipiell als normal empfundene Aktivität des Bergsteigens nunmehr Aspekte der Abnormität, der Unverständlichkeit. An seinen extremen Rändern entfernt sich das Bergsteigen in mehrerlei Hinsicht erheblich von der allgemeinen Vorstellung eines sinnhaften Verhaltens. Vor allem die folgenden drei Merkmale des extremen Bergsteigens sind es, die ihm aus der Sicht des »normalen« Denkens einen Anstrich der Unsinnigkeit und Unverständlichkeit verleihen: Das vergleichsweise hohe Risiko für Leib und Leben; die oftmals folterähnlichen Strapazen und Entbehrungen und schließlich die Intensität der Hingabe, die bis zur Besessenheit reicht. Diese drei Eigenschaften des extremen Bergsteigens lassen sich nicht hinreichend mit verständlichen und anerkannten Begründungen abdecken.

Ein Extrembergsteiger tut sich somit sehr schwer, sein Verhalten nach außen hin befriedigend zu begründen. Nun kann man fragen, ob sich Extremalpinisten wenigstens für ihre eigene Person darüber im klaren sind, weshalb sie einer Tätigkeit nachgehen, die mit viel Strapazen, Leiden und Gefahr verbunden ist und die im üblichen Sinne nichts einbringt. Wenn man sich die ganz spärlichen Äußerungen von Extremen anschaut, die sich auf diese Fragestellung beziehen, so merkt man bald, daß so ziemlich alle Extrembergsteiger dasselbe Problem haben, wie

Reinhold Messner es einmal beklagte: »Die Unfähigkeit, meine Handlungen zu erklären, macht mich in gewisser Weise hilflos.«³ Es heißt schon viel, wenn Messner eine solche Äußerung macht, ist er doch gewissermaßen ein Hauptideologe des modernen Alpinismus. Wenn Extreme sich über die Beweggründe ihres Handelns äußern – was, wie schon gesagt, auffallend selten geschieht –, dann kommen phrasenhaft-nebulose Formulierungen zustande, die die Hilflosigkeit ihrer Urheber widerspiegeln:

*Die Frage, warum ich überhaupt auf Berge steige, kann ich nicht so einfach beantworten ... Klingt es zu sentimental, wenn ich sage, daß mir die Berge im Blut liegen? (Peter Habeler)*⁴
*Mein Sinnen und Trachten galt den Bergen, das ist die tief in der Seele schlummernde Leidenschaft, die durch nichts zu erklären ist. Sie kann zu den höchsten Höhen führen, aber auch zum tiefsten Verderben. (Anderl Heckmair)*⁵
*Wie die Liebe zweier Menschen jedem Mitfühlen und Mitwissen, jedem Eingriff und jeder Kritik eines Dritten entrückt ist, so ist es auch mit dieser Liebe, die aufs Ganze geht, die alles fordert, alles einsetzt und alles auf sich nimmt. (Hans Ertl)*⁶

Sofern in derlei Äußerungen überhaupt eine greifbare Aussage enthalten ist, dann die, daß das Extrembergsteigen für seine Vertreter ein ganz starkes Bedürfnis darstellt. Ein solch starkes Bedürfnis hat auch machtvolle seelische Wurzeln, doch deutet alles darauf hin, daß diese im Falle der extremen Bergsteigerei weitgehend im Unbewußten liegen. Ich möchte versuchen, einige dieser verborgenen Wurzeln freizulegen.

Zunächst will ich eine Bestandsaufnahme der augenfälligsten »Abnormitäten« des Extrembergsteigens vornehmen. Hierbei sollen jene Eigenarten des extremen Bergsteigens näher unter die Lupe genommen werden, die für den Außenstehenden am auffallendsten und befremdlichsten sind: Risiko, Leiden und Besessenheit.

Mein Vorgehen wird durch die grundlegende Annahme bestimmt, daß die verborgenen Motive des extremen Bergsteigens am ehesten über die genaue Betrachtung der genannten »Abnormitäten« im Verhalten von Extremalpinisten zugänglich werden.

Gefahr

Wie gefährlich ist das extreme Bergsteigen klassischen Stils? Werden Extremalpinisten mit dieser Frage konfrontiert, so wiegeln sie nach meiner Erfahrung in den meisten Fällen ab. Sie versuchen mit den verschiedensten Argumenten, glaubhaft zu machen, daß ihr Tun keinerlei besonderes Risiko beinhalte. Oft zu hören bekommt man in diesem Zusammenhang den Hinweis auf das Autofahren. Das extreme Bergsteigen, so heißt es, sei nicht gefährlicher als eine Überlandfahrt im Auto.

Aus den Fahrtenschilderungen der großen Extremen ergibt sich indes ein anderes Bild. Wo die Extremen frei von der Leber weg erzählen, da wird das Risiko ihres Tuns in einer Vielzahl von dramatischen Episoden deutlich.

Plötzlich rutscht mir der Boden unter den Füßen weg – der Block ist ausgebrochen! Blitzartig habe ich noch die Situation erfaßt, instinktiv stoße ich mich von der Wand, und was nun folgt, spielt sich in Sekunden ab. Sekunden – in denen ich über die Grenze geblickt habe...[7]

Hermann Buhl, von dem diese Zeilen stammen, hat weit über ein Dutzend solcher Situationen erlebt, in denen er den Hauch des Todes verspürte. So wie Buhl blicken die meisten Extremen nach ein, zwei Jahrzehnten aktiven Bergsteigerdaseins auf eine ganze Reihe von Episoden der unmittelbaren Lebensbedrohung zurück. Die Fahrtenberichte der Großen des Alpinismus variieren in vielfältigster Weise das Thema »Noch einmal Glück gehabt«.

Im Bestreben, seinen Lesern darzutun, wie glimpflich er über die ersten beiden Jahrzehnte seiner Extremenlaufbahn hinweggekommen war, schrieb der Franzose Lionel Terray einmal: »Ich habe Hunderte schwieriger Unternehmungen in all den speziellen Spielarten des Alpinismus durchgeführt, und dennoch bin ich nicht öfter als etwa zwanzigmal dem Tod wirklich nahe gewesen.«[8] Als nichtextremer Leser ist man angesichts des »nicht öfter als zwanzigmal« in diesem Zitat einigermaßen verdutzt. Was ist das für ein Sport, bei dem zwanzig Berührungen mit dem Tode bis zur Mitte des Lebens offenbar wenig sind! Terray starb den Bergtod, wie auch Buhl. Für einen großen Teil derer, die jahrelang extreme Touren durchführen, gilt das, was Messner über seine Kameraden von der italienischen Lhotseexpedition schreibt:

Die meisten unter ihnen hatten schon Grenzsituationen durchlebt, mit schlimmsten Stürzen, mit Kälte bis zur Gefühllosigkeit, hoffnungslose Lagen... Fünf oder sechs, die schon einen oder mehrere Partner verloren hatten. Einige, die man selbst bereits abgeschrieben hatte und die dann doch wieder zurückgekommen waren, wider Erwarten sozusagen.[9]

Immer wieder stößt man in den Bergerinnerungen von Extremen auf erschütternde Reminiszenzen an verunglückte Kameraden. Die Liste der Beklagten kann grauenvoll lang sein, wie bei Andrea Oggioni:

Persönlich ziehe ich eine traurige Bilanz, wenn ich an jene denke, die sich mit mir in einer Seilschaft zusammengetan haben... Emilio Villa ist an der Comici-Route in der Grignetta abgestürzt, Luigi Castagna am Lanciaturm in der Grignetta, Felice Battaglia und Walter Pagani am Pizzo Badile. Renato Scalvini ist in den Seilen im Leeren hängend am Pfeiler der Tofana di Rozes gestorben, Carlo Rusconi von den Magnagotürmen gestürzt, Gaetano Maggioni und Alessandro Cazzaniga sind Opfer des Matterhorns geworden, und heute tragen wir Pier Francesco Faccin als Opfer des Crozzon di Brenta zu Grabe.[10]

Der nächste in dieser grausigen Reihe war Oggioni selbst. Er ließ sein Leben in der traurig-berühmten Tragödie am Mont Blanc.

Nun will ich meine Dokumentation zur Gefährlichkeit des extremen Bergsteigens beschließen; es sieht sonst am Ende so aus, als wollte ich die Extrembergsteigerei in Mißkredit bringen. Das ist indes nicht meine Absicht.

Die Sprache der Tatsachen ist meines Erachtens eindeutig: Das extreme alpine Bergsteigen ist gefährlich. Gegenüber dem Alltagsdasein birgt es ein deutlich erhöhtes Lebens- und Gesundheitsrisiko. Daraus sollte man nicht den Schluß ableiten, Extremalpinisten seien untergangssüchtig, oder sie liebäugelten insgeheim mit dem Tod. Extreme hängen an ihrem Leben, ganz besonders wenn sie im Gebirge sind. Was Extrembergsteiger brauchen und suchen, das ist das Bewußtsein eines erhöhten Risikos, nicht aber das Unglück selbst. Für sie ist bedeutsam die klare Empfindung von der Nähe des Todes. Der Tod selber ist ihnen schrecklich wie jedem anderen Menschen. Davon wird später noch zu sprechen sein.

Qual

Der französische Extremalpinist Lionel Terray, der den Bergen verfallen war wie wenig andere, hatte bereits in jungen Jahren den Entschluß gefaßt, sein Leben ganz dem Bergsteigen zu widmen. In seinen Lebenserinnerungen kommentierte Terray diese Entscheidung folgendermaßen:

War der Alpinismus bisher eine mich beherrschende Leidenschaft gewesen, so wurde er mir jetzt in jeder Hinsicht zum Leben selbst: Leidenschaft, Qual und Broterwerb.[11]

Was an diesen Worten, die die Erfahrungssumme einer zwanzigjährigen Bergsteigerlaufbahn artikulieren, überrascht, das ist die unmittelbare Verbindung von Bergleidenschaft und Qual. Für Terray, das kommt auch an anderen Stellen seines wunderbaren Buches »Große Bergfahrten« immer wieder zum Ausdruck, war die Bergsteigerei aufs ganze gesehen eher eine qualgefärbte als eine fröhliche Leidenschaft. Wohl hatte Terray im Gebirge viele Momente des Glücks genossen, doch letztlich hatte sich seinem Erleben die Erfahrung der Qual als weitaus gewichtiger eingeprägt.

Lionel Terray spricht expressis verbis aus, daß der vorherrschende emotionale Grundton der Extremen das Leiden ist. Bei anderen Extremen wird solches nicht in dieser Deutlichkeit angesprochen; dort wird es eher aus der Art ihres Berichtens offenkundig. Ausgerechnet die Erlebniswelt der ganz passionierten Bergsteiger paßt oft am allerwenigsten in unsere geläufigen Vorstellungen von Bergsteigen und Glücklichsein hinein.

Die Bücher vieler großer Extremer lesen sich über weite Strecken hinweg wie Breviere des Widersinns und der Selbstzerfleischung, sie muten einen bisweilen an wie Kataloge ausgeklügelter Foltermethoden. Es sind Leidensgeschichten, weltliche Passionen.

Nun sahen wir nach, wieviel von unseren Fingerspitzen übrig geblieben sei, und fanden, daß die Haut fast ganz verschwunden war. Wir sahen rohes Fleisch. (Edward Whymper)[12]
Eisiger Wind treibt uns zu besonderer Eile an. Aber doch schaffen wir drei lange Stunden, bis wir in den Firn der Steilwand eine Biwakhöhle gemeißelt haben. Im Freien würden wir erfrieren. Unsere Kleider waren durch die Wühlarbeit am Tage vollkommen durchnäßt und sind gefroren und hart wie Blech. (Hans Ertl)[13]
Seit drei Tagen schnürt uns nun das Seil ein. Es ist kaum mehr zum

Aushalten. Wir haben das Gefühl, als ob wir in zwei Teile zerschnitten würden. Aber nichts ist schlimmer als der Durst, der uns quält. Ein paar Schlucke noch, und die dritte Wasserflasche ist leer. Und weit oben, durch Überhänge verbarrikadiert, ist das schneebedeckte Band unserer Träume. Es ist schon 10 Uhr morgens, und wir haben kaum 40 Meter hinter uns gebracht. Nach weiteren Stunden stellen wir fest, daß wir wieder nur etwa 15 Meter geschafft haben. Durst und Müdigkeit zeichnen unsere Gesichtszüge. Die Lippen sind ausgetrocknet. Wir sprechen nur noch das Allernötigste. Unsere Lage ist wirklich kritisch geworden, und wir wissen nicht mehr, wie wir uns heraushauen sollen. Unsere Zungen sind stark geschwollen. Die Mundhöhlen scheinen zu klein geworden, alles brennt. Beim Versuch, etwas Speichel zu sammeln, muß ich schmerzhaft husten. Das soll eine Kletterei sechsten Grades sein? Unsinn, es ist reine Schinderei! Wenn wir noch verzweifelt weiterkämpfen, dann in erster Linie wegen des Durstes. (Walter Bonatti)[14]
Immer wieder muß ich ein gefährliches Spiel mit dem Gleichgewicht wagen. Diese Kletterei ist ein wahres Martyrium: Ich habe derart kalte Hände, daß ich sie ständig bis aufs Blut schlagen muß, um sie etwas warm zu bekommen. Um meine Füße kümmere ich mich schon lange nicht mehr – sie sind empfindungslos. Schreckliche Krämpfe in den Waden, in den Schenkeln, im Genick und im linken Arm machen mein Fortkommen noch gefährlicher. Und über allem liegt eine beängstigende Ungewißheit. (Lionel Terray)[15]
Fast 50 Stunden habe ich, ohne die Zeit überhaupt wahrzunehmen, in der Todeszone verbracht, ohne Schlaf, ohne eine ruhige Minute, jeden Augenblick darauf gefaßt, aus dieser Welt gefegt zu werden. (Reinhold Messner)[16]

Episoden wie diese sind im Bereich des extremen Bergsteigens keine unglücklichen Zufälle, kein »Pech«. Sie sind für das Extrembergsteigen normal und gehören zur innersten Wirklichkeit dieser Lebensform. Die fraglose Selbstverständlichkeit, mit der Extreme solche Foltersituationen annehmen – und es gibt Touren, die bestehen fast nur aus solchen Grauenserlebnissen –, ist für einen »normal« denkenden Menschen das eigentlich Erstaunliche.
Besonders drastisch und ungeschminkt bringt das Medium Film die Leidensgeprägtheit des Extrembergsteigens zum Ausdruck. Tief eingegraben in meine Erinnerung hat sich das in einem Dokumentarfilm im Originalton wiedergegebene Hecheln und Stöhnen der Gipfelbezwinger einer Achttausenderexpedition. Es klang schauerlich, wie aus einer Folterkammer. Auch die zu qualvollen Grimassen verzerrten Gesichter

der Achttausendermänner, ihr Torkeln, ihr Zusammensacken – es war fast ein Schock, das anzusehen. Und so wird auf großen Besteigungen oft wochenlang am Rande des Krepierens gehechelt, gestöhnt und zusammengesackt.

Extrembergsteiger nehmen freiwillig die ungeheuerlichen Leiden auf sich, die jene Kriegsteilnehmer durchmachten, die aus den Gefangenenlagern des Ostens entflohen und ihrem Herrgott dankten, wenn sie den Schreckensgang durch Kälte, Entbehrung und Todesgefahr heil hinter sich gebracht hatten. Bei den Mitgliedern eines extremen Expeditionsunternehmens ist es umgekehrt: Sie danken ihrem Geschick, daß sie an dem Leidensmarsch teilnehmen dürfen.

»Aber da ist ja auch das Gipfelglück!« wird der Leser hier vielleicht einwerfen. Nehmen wir dieses Gipfelglück einmal näher in Augenschein. Da machen wir die Entdeckung, daß es in vielen Fällen gar nicht vorhanden ist. Gerade die ganz großen Unternehmungen enden oft ohne jegliche Euphorie; anstelle von Glücksgefühlen werden Extreme auf ihren Traumgipfeln ziemlich häufig gar von Empfindungen der Leere und der Enttäuschung heimgesucht.

Kein frohes Gipfelgefühl, keine aufatmende Freude regte sich in uns. Wir waren zerfallen und abgestumpft. (Paul Hübel, nach einer strapazenreichen Dolomitentour) [17]

Keine heftige Erregung erfaßt mich, nicht der Stolz, eine ersehnte Tat vollbracht, nicht die Freude, eine schwierige Aufgabe gelöst zu haben. Auf diesem im Nebel verlorenen Grat bin ich nichts weiter als ein abgerackertes Tier, das der Hunger quält. (Lionel Terray nach der Bezwingung der Eiger-Nordwand) [18]

Diese Zitate spiegeln eine durchaus typische Form des Gipfelerlebnisses von großen Extremen wider.

In jenen Fällen, wo Glücksempfindungen auf dem Gipfel aufflammen, werden sie oft alsbald von Gefühlen der Leere und der Trauer abgelöst. Ganz selten hören wir aus dem Munde von Extremen, die wirklich glaubwürdig ihr Erleben schildern, von einem dauerhaften, daseinsüberstrahlenden Nachklingen der Glückserlebnisse ihrer großen Taten.

Nur in den wenigsten Fällen wird man sagen können, daß der Saldo der Glückserlebnisse bei den großen Unternehmungen der Extremen in etwa dem Maße des Leidens und der Strapazen entspricht. Die Bilanz zwischen dem »schönen« Erleben und den Leidenserfahrungen ist meistenteils kraß unausgeglichen; an dieser Erkenntnis führt nach meiner Beobachtung kein Weg vorbei. Es ist dies eine für das tiefere Verständnis des extremen Bergsteigens ganz wesentliche Einsicht, deshalb liegt mir so viel an ihrer Veranschaulichung. Das extreme Bergsteigen offenbart bei genauer Betrachtung manches psychologische Paradox. Genau diese Ungereimtheiten, die wir »Sympathisanten« so gern übersehen oder vorschnell wegzuerklären suchen, sind die Eintrittspforten in die tieferen Hintergründe des Extrembergsteigens harter Prägung.

Die Einstellung der ganz Extremen zum Thema »Glückserlebnisse auf großer Tour« kann man etwa so beschreiben: Schön, wenn Glücksmomente dabei sind, notwendig sind sie nicht.

Das Leiden, das oftmals höllische Leiden, dem sich die Extremen freiwillig unterwerfen, läßt sich nicht hinlänglich durch irgendwelche außergewöhnlichen Erfahrungen der Lust und des Glücklichseins plausibel machen. Ebensowenig führt auch die Suche nach sonstigen Belohnungen, die ein verständliches Gegengewicht des Leidens und der Gefahr bilden könnten, sonderlich weit. Freilich, Leistungsstolz schwingt oft mit, manchmal auch kommt die Bewunderung einer breiteren Öffentlichkeit hinzu. Neben den tage- und wochenlangen unglaublichen Mühen, Entsagungen und Qualen einer großen Extremtour nehmen sich aber alle diese Befriedigungen irgendwie dürftig aus, da bleibt das Gefühl eines starken Mißverhältnisses. Man kann bei eingehender Beschäftigung mit dem Phänomen des Leidens im Extrembergsteigen schließlich nicht umhin zu vermuten, daß jene außergewöhnlichen körperlichen und seelischen Strapazen, die ein auffälliges Charakteristikum des Extrembergsteigens sind, für die Extremen eine Art von eigenständigem Befriedigungswert beinhalten.

»Ich weiß, daß ich mich sehr quälen kann, auch dann, wenn es gar nicht mehr geht.«[19] Diese ironisch-ernsthafte Formulierung von Reinhard Karl bekräftigt, was aus dem Erzählen großer Bergsteiger allenthalben deutlich wird: Extreme sind vermutlich mit der Tatsache des Leidens innerlich in einer besonderen Weise vertraut. Das Leiden scheint ihnen zu liegen. Wenn man diese Männer und Frauen als Helden bezeichnen will, dann sind es vor allem anderen Heroen im Erdulden von Qual (und sollten sie tausendmal ihr Treiben mit der Etikette »Spiel« versehen!).

Die alpine Leidensbereitschaft reicht häufig genug bis an die Grenzen der physischen Zerstörung. Offensichtlich haben die ganz passionierten Alpinisten ein besonderes Verhältnis nicht nur zum Leiden, sondern auch zum Tod, wobei beides miteinander verquickt ist.

Es ist einfach nicht wegzudiskutieren: Situationen des äußersten Leidens und der potentiellen Lebensgefahr sind wesentliche Bestandteile der seelischen Normallage von Extremalpinisten. Das Leiden stellt für

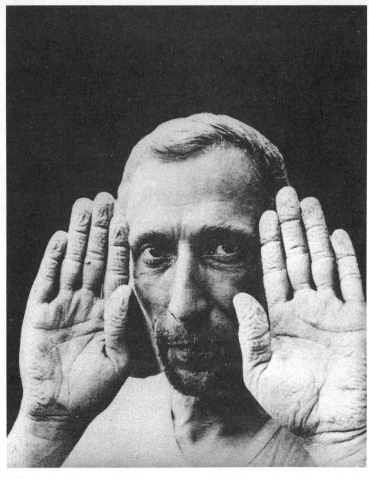

Abb. 10. *Der Extreme als Schmerzensmann. Felix Kuen zeigt seine zerschundenen Hände nach einer mehrtägigen Klettertour.*

sie nicht bloß ein ärgerliches Faktum dar, das bei besonders attraktiven Touren eben in Kauf genommen werden muß. Das körperliche Leiden ist ein seelisch hochbedeutsamer Bestandteil der Unternehmungen von Extremen. Das soll nicht heißen, daß die großen Kletterer Spaß am Sich-Quälen hätten. Sie leiden unter ihren Strapazen, unter ihren Entbehrungen, unter den Schneestürmen und den zerschundenen Händen. Doch trotz dieses Er-Leidens scheinen die Situationen äußerster und schmerzhafter Beanspruchung einer starken inneren Notwendigkeit der ganz Extremen zu entsprechen – das Leiden und die Bedrohtheit als Lebenselixier.

Warum sagen Extrembergsteiger auch nach Touren, die aus einer einzigen Kette unsäglicher Qualen, Strapazen und Bedrohungen bestanden haben: Das Unternehmen hat mich befriedigt? Warum tauchen sie immer wieder in eine Existenzform ein, die für den »normalen« Menschen die Verkörperung der ärgsten Alpträume darstellt?

Wenn es uns gelingt, auf diese Fragen eine stichhaltige Antwort zu geben, dann haben wir ein großes Stück vom seelischen Geheimnis des Extrembergsteigens gelüftet.

Besessenheit

Das eigentlich Befremdliche und »Unnormale« an der Extrembergsteigerei ist die radikale Hingabe, mit der Extremalpinisten ihrem gefahrvollen und leidensträchtigen Tun nachgehen. Es ist eine Hingabe, deren Macht und Ausschließlichkeit man alleine mit dem Wort »Besessenheit« einigermaßen zutreffend umschreiben kann.

Auch als gewöhnlicher Sterblicher verspürt man ab und an einmal Lust zu irgendwelchen Aktivitäten der Gefahr und der Plackerei. In geringer Dosierung sind solche Gelüste durchaus geläufig. Wo aber der Drang nach einer Tätigkeit der Strapaze und des Risikos ständig und mit der alleräußersten Intensität akut ist, wie bei vielen Extremen, da werden die Grenzen des normalen Denkens und Fühlens überschritten. Da fragt man sich verwundert: Was steckt hinter diesem Verfallensein an eine Existenzweise der Mühsal, des Leidens und der Gefahr?

Das Dasein der Extremen ist oftmals ein einziges Existieren auf das Gebirge hin. Da gibt es kaum Zwischenräume einer nicht-bergbezogenen Existenz. Reinhard Karl sinnierte einmal: »Es ist erstaunlich, wie kurz die Zeitspanne zwischen ›Nie wieder einen Berg‹ und einem neuen Bergziel ist.«[20] Reinhard Karl spricht aus reicher Erfahrung. Wie war es beispielsweise, als er von der dreimonatigen Expedition zum Everest zurückgekehrt war? Da war Deutschlands erster Everestbezwinger körperlich und seelisch arg mitgenommen. Er hatte vom Berg- und Lagerleben bis obenhin genug: »Das Warten, das Müde-Herumhängen in Lagern, das apathische Keuchen und die Leere in meinem Kopf in großer Höhe, der Streit mit den lieben Bergkameraden, die wie ich auch nur ein Ziel im Kopf haben, den Gipfel zu erreichen.«[21] Alles dies monatelang auszuhalten und mitzumachen, das hatte ihn, den Reinhard Karl, gründlich zermürbt. Was geschah dann, als Karl nicht lange nach seiner Rückkehr das Angebot zu einer neuen Achttausenderexpedition erhielt? Da war er hell entzückt. Nicht, daß er die Torturen vom Everest vergessen hätte. Er wußte, diese Martyrien würden sich mit aller Wahrscheinlichkeit wiederholen. Doch das zählte nach wenigen Wochen fern des Berges nicht mehr. Er mußte einfach mit.

Bergsteigen ist für die ganz Passionierten gleichbedeutend mit Leben, mit Lebendigsein, das hört und spürt man aus ihrem Erzählen allenthalben heraus. Fortwährend sind sie bei den Bergen, entweder in persona oder aber in Plänen und Gedanken. Wenn nicht berggestiegen wird, dann wird für die Berge trainiert, und es werden Tourenpläne geschmiedet. Die Zeit, die nicht irgendwie dem Bergsteigen gewidmet ist, die zählt nicht. Die Berge bilden die Mitte ihrer Person, oder, minder poesievoll, aber wahrscheinlich treffender gesagt, ihre Obsession. Die ganz Passionierten sind in diesem Sinne unglaublich einschichtige Menschen. Sie werden von ihrer Leidenschaft in einer Weise ausgefüllt, wie man es sonst nur von Fanatikern oder von schwer Süchtigen kennt. Oder – noch ein Zustand kommt mir in den Sinn, der mit der totalen Berghingabe der Extremen Ähnlichkeit besitzt: Verliebtheit in ihren höchsten Stadien.

Wie empfinden und artikulieren die Extremen selbst ihre Bergleidenschaft? Sie erfahren sie als ein Ausgeliefertsein an eine unwiderstehliche innere Gewalt. Manchmal hat dieses Hörigsein den Charakter eines »süßen« oder »wilden« Rausches (Ertl, Rebitsch), öfters aber wird es erfahren als ein Gezwungensein, als ein pures, unerbittliches Müssen.

In den Berichten von Extremen klingt es immer wieder durch, wie sehr sie ihren Drang zum Berg oftmals als einen nackten, tyrannischen Zwang empfinden. Befreit zu sein »von dem unmenschlichen Zwang, weiterzuklettern«, das war zunächst das vorherrschende Gefühl, das Peter Habeler und Reinhold Messner hatten, als sie den Gipfel des Mount Everest nach ihrem sensationellen Aufstieg ohne Sauerstoff erreichten.[22] Der italienische Bergsteiger Andrea Oggioni, der eine Reihe schwerster Anstiege in den Dolomiten eröffnete, hastete oft monatelang von einem schweren Unternehmen zum anderen. Seine »Bergwütigkeit« war ihm des öfteren selbst unheimlich. So schreibt er einmal über seine hektische Gipfelstürmerei: »Es ist, als hätten wir uns in Maschinen verwandelt: Marschieren und Klettern, Klettern und Marschieren.«[23] Oggioni konnte noch so viele große Touren hinter sich gebracht haben, sein Drang zum Berg blieb ungestillt. »Kaum bin ich wieder in der Ebene, schweifen meine Gedanken sofort zu den Bergen, und dabei habe ich doch wirklich eine schöne Reihe Aufstiege hinter mich gebracht!«[24] Der Franzose Lionel Terray kletterte in langen Schönwetterperioden bis zur völligen körperlichen Auszehrung. Er bemerkte hierzu: »Oft bin ich bis ans Ende meiner Kräfte gegangen und wurde schließlich vom schlechten Wetter gerettet wie der Boxer vom Gong.«[25] Der große Hermann von Barth nannte sich selbst den »nimmer ruhenden Irrgeist in den Bergen«[26], eine Charakterisierung, die sehr treffend das ruhelose Getriebensein dieses Mannes zum Ausdruck bringt. Von Francè Avčin stammt der Ausspruch: »Es gibt wohl kaum eine schwieriger erträgliche Bergkrankheit als Bergmangel.«[27] Mit diesem Satz kommentiert Avčin seinen Seelenzustand während eines Krankenhausaufenthaltes, der die Folge eines schweren Absturzes war. Noch in der Klinik heckte Avčin neue Tourenpläne aus.

Das Hingezogensein zum Berg hat für die ganz Passionierten die Dringlichkeit und Unabweisbarkeit eines körperlichen Hungergefühles. Die Berge sind für die Extremen genauso notwendige Nahrung wie das Brot. Als »Brot für unsere Zähne« apostrophierte Andrea Oggioni einmal die großen Wände und Berge, und dieses Bild ist ziemlich wörtlich zu nehmen. Brot und Berg – das liegt für Extreme auf ein und derselben Ebene vitaler Notwendigkeit.

Die ganz Passionierten unter den Bergsteigern stehen so sehr unter dem Diktat ihrer »Bergsüchtigkeit«, daß sie mitunter geradezu gegen ihren Willen und gegen die Stimme der Vernunft sich mit einem Berg einlassen. Ihr innerer Dämon knüppelt sie buchstäblich zum Berg. Hermann Buhl, die Verkörperung eines völlig Bergbesessenen, berichtet in seinen »Großen Bergfahrten« wiederholt von recht verdrossenen und problematischen Auftakten für seine Extremtouren. So brachte er beispielsweise die äußerst schwierige Winterbegehung der Nordostkante der Großen Ochsenwand hinter sich wie eine lästige Pflicht. Den Gang zum Einstieg schildert er so: »Die Sonne hat kein Gefallen an mir. Rasch verschwindet sie hinter der Kante. Im eisigen Schatten läßt sie uns zurück. Die Kälte bringt unseren Geist förmlich auf den Nullpunkt. Umständlich und mißmutig mache ich mich an die Kletterei. Viel Lust habe ich heute nicht, aber was man sich einmal eingebrockt

hat, muß man auch auslöffeln.«[28] Einen Sechseranstieg in beißender Winterkälte, muß man den wirklich um jeden Preis »auslöffeln«? Ein Hermann Buhl mußte es, sein unerbittlicher Bergdämon ließ ihm keine andere Wahl.
Einen Anstrich von Wahnsinn erhält die Bergleidenschaft in jenen gar nicht so seltenen Fällen, wo Bergsteiger mit dem höchsten Enthusiasmus in Wände einsteigen, von denen sie mit absoluter Sicherheit wissen, daß die Besteigung eine Hölle des Leidens, der Strapaze und der Gefahr sein wird. Zu Beginn dieses Kapitels habe ich zwei Beispiele für diesen Drang zum Inferno gebracht. Ruhmsucht? Auch das. Aber vor allem tiefe, unausweichliche innere Notwendigkeit.
So hat die Verbundenheit der großen Extremen mit dem Gebirge sehr oft den Charakter eines unentrinnbaren »du mußt!« Die intensivsten Worte für diesen Zustand fand Walter Bonatti: »Ich komme mir vor wie eine biblische Figur, die dazu verdammt ist, in alle Ewigkeit aufzusteigen, um sich von ihren Sünden zu befreien.«[29] Der Bergverfallene als ein zum Berg schicksalhaft Verdammter, das ist auch tatsächlich der Eindruck, den man bei der Lektüre der Bücher von Extremen oftmals bekommt.

Bergleidenschaft = Sucht?

Bei der Beschäftigung mit der Bergleidenschaft der Extremen drängt sich mit Macht die Frage auf: Handelt es sich hier am Ende nicht gar um eine Sucht?
Die Extrembergsteiger selber leisten dieser Vermutung in gelegentlichen Äußerungen Vorschub. Edward Whymper verglich seine Bergleidenschaft mit der Spielsucht eines Glücksspielers.[30] Hans Ertl schwärmte vom »süßen, tröstenden Rauschgift« der Berge.[31] Hans Habeler schreibt, der Everest sei ihm »im Blut gelegen wie eine Droge«.[32] Aldo Anghileri konstatierte in Sachen Bergsteigen kurz und bündig: »Wir brauchen diese Art Drogen.«[33] Vielfach wird die Bergleidenschaft als »Rausch« oder »Trunkenheit« apostrophiert.
Prüfen wir einmal nach, welche Übereinstimmungen zwischen der Bergleidenschaft der Extremen und dem Reagieren von Drogenabhängigen im einzelnen bestehen. Da zeigen sich in der Tat bedeutsame Gleichartigkeiten:
Das Denken der ganz passionierten Alpinisten kreist in ähnlicher Einseitigkeit und Ausschließlichkeit um das Bergsteigen wie das Denken des Rauschmittelabhängigen um die Droge. Für viele Extreme bedeutet

die Bergsteigerei *das* sinngebende Prinzip des Daseins, in der gleichen Weise, wie für einen Süchtigen aller Lebenssinn und -zweck in der Droge verkörpert ist. Wie ein Süchtiger alles tut, um zu seinem Rauschmittel zu gelangen, so ist für manchen Extremen keine Anstrengung und Entbehrung zuviel, um in die Berge zu kommen. Extreme, die aus irgendwelchen Gründen von der Möglichkeit des Bergsteigens abgeschnitten sind, zeigen nicht selten schwere seelische Beeinträchtigungen bis hin zur offenen Depression, ja bis zur Depersonalisation. Es ergeht ihnen damit wie einem Süchtigen, der gewaltsam auf Entzug gesetzt worden ist. Ohne Übertreibung kann man sagen: Manche Extreme sind von ihrer Bergsteigerei genauso abhängig wie der Trinker von der Flasche oder der Fixer vom Trip.

Es bestehen mithin unabweisbare und eindrucksvolle Parallelen zwischen den intensivsten Formen von Bergleidenschaft und dem Phänomen der Sucht. Trotzdem kann man meines Erachtens bei der Bergleidenschaft der Extremen nicht von einer Sucht sprechen. Den Übereinstimmungen stehen nämlich einige gewichtige Unterschiede gegenüber.

Beim Bergsteigen fehlt ein materielles Substrat, das man im genauen Sinn als Droge bezeichnen könnte. Auch sind die Suchtmerkmale der körperlichen Abhängigkeit und der gesundheitlichen Schädigung nicht stichhaltig nachweisbar. Im Gegensatz zur Drogenabhängigkeit nimmt der seelische Impetus der »Bergsüchtigkeit« im Laufe der Jahre tendenziell ab. Ja, es geschieht bisweilen, daß ein leidenschaftlicher Alpinist mit einemmal seinen glühenden Bergdrang verliert und ohne Reue von der Bergsteigerei Abschied nimmt. Besonders wichtig erscheint mir im vorliegenden Zusammenhang der folgende Unterschied zwischen Extrembergsteigen und Sucht: Drogen erzeugen einen Zustand der Euphorie, sie versetzen den Konsumenten in eine schöne, leidensfreie, angenehme Welt. Beim Bergsteigen der Extremen ist ein solches glückhaftes Entrücktsein eher die Ausnahme. Die Bergbesessenheit hat, wie ausführlich dargestellt worden ist, sehr oft eine mehr im neutralen oder negativen Empfindungsbereich liegende emotionale Grundfärbung. Extreme kämpfen sich auch ohne High-Zustand die Gipfel hinauf.

Der wichtigste gemeinsame Nenner zwischen Sucht und extremer Bergleidenschaft ist die seelische Befindlichkeit des unbedingten Müssens, des unverzichtbaren Bedürfnisses. Dies ist eine sehr wesentliche Gemeinsamkeit, sie reicht jedoch nicht hin, um die Bergleidenschaft der Extremen in den Formenkreis der Süchte einzuordnen.

Zwischenbetrachtung

Ich habe nun einige jener Merkmale der extremen Bergsteigerei herausgearbeitet, die für einen »normalen« Menschen schwer oder gar nicht begreiflich sind und die auch von den Extrembergsteigern selbst nicht stichhaltig begründet werden können. Ich habe meine Ausführungen über die Absonderlichkeiten und Ungereimtheiten des Extrembergsteigens den Oberbegriffen »Risiko«, »Qual« und »Besessenheit« zugeordnet. Unter Bezugnahme auf diese Begriffe kann man den abnormen Aspekt des Extremalpinismus folgendermaßen umschreiben: Extrembergsteiger sind Menschen, die mit Besessenheit eine Daseinsform kultivieren, die wesentlich gekennzeichnet ist durch Leiden und Risiko.

Mit Nachdruck möchte ich betonen: Mit meinen Ausführungen über die Anomalien des Extrembergsteigens verknüpfe ich nicht den Anspruch, so etwas wie die eigentliche oder die tiefere Wirklichkeit der Extrembergsteigerei darzustellen. Das Extrembergsteigen hat zwei gleichermaßen reale Seiten: eine normale, begreifliche und eine unverständliche. Ich befasse mich in diesem Teil des Buches ausschließlich mit der befremdlichen Seite, weil *sie* es ist, die am deutlichsten auf die verborgenen seelischen Wurzeln des Extrembergsteigens hinweist.

Die folgenden Kapitel sind der Durchleuchtung der untergründigen seelischen Antriebsmomente des Extrembergsteigens gewidmet. Ich möchte einige jener Kräfte benennen, die als Wirkfaktoren hinter den beschriebenen Un-Normalitäten von Extrembergsteigern stehen. Anders gesagt: Ich mache mich nunmehr auf die Suche nach dem verborgenen Sinn in der Exzentrik der Extremen.

Für mich als den Autor dieses Buches wie auch für Sie, den Leser, beginnt hiermit nun der schwierigere Teil meiner Ausführungen. Weil die seelischen Bedingungsmomente des extremen Bergsteigens tief ins Unbewußte hineinreichen, sind sie nicht so eingängig darstellbar wie die Beweggründe des einfachen Bergsteigens, die viel bewußtseinsnäher sind. Beim extremen Alpinismus kommt man mit dem »gesunden Menschenverstand« nicht weit. Manches, was ich ins Licht rücken werde, wird fremdartig erscheinen und bei jenen Lesern, die selber passionierte Kletterer sind, Empfindlichkeiten anrühren. Beim Weg durch die Seelenlandschaft des extremen Alpinisten (die ja weitgehend auch meine Seelenlandschaft ist) wird Ausdauer und Mut verlangt – geradeso wie bei einer großen und schweren Tour.

Lebendigkeitshunger

> Und so wogt ihr auf und nieder zwischen mächtigen Erschütterungen.
> *Eugen Guido Lammer*

An den Erlebnisberichten der großen Extremen fällt mir stets aufs neue auf, daß diese Schilderungen immer dann am farbigsten und am leidenschaftlichsten werden, wenn es um Situationen größter Gefahr und Strapaze geht. Da kommt dann eine Unmittelbarkeit und Lebendigkeit in die Schilderung, wie sie beim Erzählen der »schönen« Momente kaum einmal erreicht wird.

Die Emphase, mit der Extreme ihre vielfältigen Torturen und Beinahe-Katastrophen erzählen, hat etwas regelrecht Begeistertes an sich. Nicht, daß die Erzähler die Qualen und die Todesgefahr genossen hätten oder sich bewußt eine Wiederholung wünschten (sie sind keine Masochisten), trotzdem aber muß in diesen infernalischen Situationen so etwas wie tiefste Erfüllung enthalten gewesen sein.

Mich erinnert die Art und Weise, in der Extreme von der äußersten Bedrohung reden oder schreiben, ganz stark an die Kriegserzählungen meines Vaters und meiner Onkel. Diese Männer sind allesamt ungern Soldaten gewesen und hatten sich seinerzeit nichts sehnlicher gewünscht als ein Ende der Kämpfe. Trotzdem klingt aus ihrem Erzählen von dem grausamen Dasein an der Front eine ungeheure Lebendigkeit heraus, die manchmal in regelrechte Begeisterung übergeht. Man merkt: Die Schreckensepisoden an der Front müssen in irgendeiner Weise auch ungemein wertvolle Momente gewesen sein.

Nun sind sich die Situationen »Krieg« und »extremes Bergsteigen« vom psychologischen Gesichtspunkt her tatsächlich sehr ähnlich. Wie der Soldat an der Front, so befindet sich auch der Alpinist auf schwerer Tour in einer extremen Ausnahmelage, die gekennzeichnet ist durch radikale körperliche und emotionale Beanspruchung sowie durch das klare Gewahrsein der Todesnähe. Beides, Krieg und Extrembergsteigen, sind Situationen, in denen »Leben« gleichbedeutend ist mit dem alleräußersten Einsatz der Kräfte des Körpers und der Seele. Beide Daseinsformen sind brutal, und es geht in vielen Stunden schlichtweg um das Äußerste, ums Überleben. Möchte man den Sachverhalt psychologisch auf den Begriff bringen, kann man sagen: Extrembergsteigen ist, eine Situation der körperlich-seelischen Überstimulierung.

Die normale Reaktion auf Erlebnisse der völligen Verausgabung und der dramatisch empfundenen Todesgefahr lautet: »Niemals wieder!«

Extrembergsteiger haben diese Reaktion unmittelbar nach überstandener Todesgefahr meistens auch. Aber bald darauf, spätestens nach Ausheilung der erlittenen Verletzungen, kehren sie aus tiefstem innerem Bedürfnis an die »Front«, an den schweren Berg, zurück und harren freiwillig oft monatelang dort aus, so infernalisch und gefährlich es auch dabei zugehen mag. Überstandene Martyrien und Todesbegegnungen bringen die Extrembergsteiger nicht von ihrer Bergleidenschaft ab, eher im Gegenteil. »Deswegen die Bergsteigerei aufgeben, an den Nagel hängen? Nicht im Traum.«[34] Diese Bemerkung von Messner ist kennzeichnend für die Haltung der ganz Extremen.

Alles läuft hinaus auf die Schlußfolgerung: Extreme haben ein suchtartiges Bedürfnis nach einer Reizdosis, die für »normale« Menschen der absolute Horror und der seelische Untergang wäre. Diejenigen seelischen Stimulationen, die Extrembergsteiger brauchen, würden andere Menschen ganz einfach verrückt machen.

Zwei Fragen stellen sich nun:

Erstens: Aus welchen Gründen sind Extreme süchtig nach einer radikal überdimensionierten Stimulierung ihrer elementaren Gefühlswelt?

Und zweitens: Warum suchen Extreme innere Stimulation ausgerechnet in einer Tätigkeit, die ganz überwiegend aus härtesten Strapazen und Entbehrung besteht?

Einer Beantwortung dieser Fragen führt uns die folgende Beobachtung näher: Die großen Extremen sind sehr oft psychisch nicht auf der Höhe, nämlich immer dann, wenn sie sich für mehr als ein paar Wochen im sogenannten normalen Dasein, außerhalb der Berge also, befinden. Dann kommen sie sich in einer quälenden Weise unausgefüllt vor. Außerhalb der totalen leibseelischen Verausgabung im Gebirge fühlen sie sich nur halblebendig. Das nicht-extreme Dasein ist für viele passionierte Alpinisten eine Art von toter Zone. Da ist innere Flaute, drückender Mangel an gefühlter Lebendigkeit. Im Alltagsleben, das für sehr viele Menschen ein durchaus erfülltes und befriedigendes Leben darstellt, fühlen sich Extremalpinisten viel zuwenig lebendig. Aber auch in ihr Daseinsgefühl am Berg bricht bisweilen der Zustand bedrückenden Unlebendigseins ein. Ist es doch auffällig, wie häufig im Erzählen der großen Extremen das Wörtlein »Leere« vorkommt. Leere meint hierbei: In meiner Seele ist kein Widerhall. Das Innenleben gibt nichts mehr her. Es herrscht peinvolle Lebens-Entleertheit. So präsentiert sich das Dasein manches äußerlich hochaktiven Bergfexen von »innen« her gesehen als ein beständiges Ankämpfen gegen ein drohendes Erlebnis der Leere.

Häufig ereignet sich der Einbruch der inneren Leere ganz unvermittelt, wie eine Art von innerem Absturz. Mit besonderer Heftigkeit tritt dieses seelische Absturzerlebnis ausgerechnet auf den äußeren Höhepunkten des Daseins der Extremen ein, auf den großen Gipfeln (»groß« im Sinne der subjektiven Wichtigkeit). Das liest sich dann beispielsweise folgendermaßen in den Büchern der Extremen:

Nach dem Weinen und der Erlösung kamen die Leere, die Trauer, die Enttäuschung: Etwas war mir weggenommen worden, etwas, das mir sehr wichtig gewesen war. Etwas, das mich ausgefüllt hatte, war ausgeronnen, und ich war erschöpft und hohl. (Peter Habeler)[35]
Mit dem Abstieg beginnt sich für mich nicht selten eine Leere in mir aufzutun – eine verlorene Utopie – die auch durch das Erfolgsbewußtsein nicht ausgefüllt werden kann. (Reinhold Messner)[36]
Langsam kommen mir die Kälte, der Wind und meine Erschöpfung zu Bewußtsein. Langsam kommt nach der Freude die Traurigkeit, ein Gefühl der Leere: eine Utopie ist Wirklichkeit geworden. Ich ahne, daß auch der Everest nur ein Vorgipfel ist, den wirklichen Gipfel werde ich nie erreichen. (Reinhard Karl)[37]

Auffällig ist, wie sich die Formulierungen ähneln. Ins Auge fällt auch, daß die Begriffe »Leere« und »Utopie« einander als Polarität gegenübergestellt werden. Der eben erreichte Gipfel steht für die Utopie, das Leben jenseits des Gipfels, das »normale« Leben, ist mit der Leere verknüpft. Was meinen Karl und Messner mit »Utopie«? Das wird von ihnen nicht präzisiert. Eindeutig ist nur, daß es sich um einen inneren Zustand handelt, der das Gegenteil darstellt von innerer Leere – Erfülltheit also. Starke und beständige Lebens- und Sinnerfülltheit. Die wird mit ganzer Seele ersehnt und letztendlich doch immer aufs neue als Utopie erlebt, das heißt, als eine Erlösung, die keine Dauer hat.

Auf den großen Gipfeln spitzt sich für die Extremen der ständig aktuelle Gegensatz zwischen innerer Erfülltheit und innerer Leere aufs äußerste zu. Bei den letzten Schritten zum Gipfel hin: intensivste Lebens- und Sinngewißheit. Jenseits des Gipfels: der Schrecken des inneren Vakuums. Die Überschreitung des Gipfels macht in einer grellen Weise ein Grundproblem der Extremen sichtbar – die drohende innere Lähmung, die innere Leblosigkeit. Darum ist das Bedürfnis nach den wilden, den »überlauten« Gefühlen der harten alpinen Tat so stark. Und es ist dabei fast gleichgültig, ob es Gefühlsstürme des Leidens sind oder der Lust. Entscheidend ist, es sind überhaupt starke Gefühle da. Das heftig gefühlte Leiden erscheint immer noch unendlich viel besser, als ganz ohne inneren Widerhall zu sein.

Im radikalen Lebendigkeitshunger der Extremen vereinen sich ein tiefes Bedürfnis nach Sinn und ein ebenso drängendes Bedürfnis nach ge-

Abb. 11. »*Bei den letzten Schritten zum Gipfel hin: Intensivste Lebens- und Sinngewißheit*« *(auf der Parrotspitze des Monte Rosa).*

spürter Lebendigkeit. Die Heftigkeit des Gefühlshungers zeigt das Ausmaß des Mangels an, der dahintersteht: Die Gefühlswelt gibt unter normalen Lebensbedingungen zuwenig her.
Wie schrieb der geniale Eugen Guido Lammer über sein Gefühlsleben im Gebirge?

Da blühen wilde Freuden hervor, nie geahnte, markerschütternde, da schwirren die Leiden heran und reißen mit entsetzlicher Macht an den Nervensträngen – aber auch der Schmerz ist eine besonders fein schmeckende Art von Wollust. Und so wogt ihr auf und nieder zwischen mächtigen Erschütterungen.[38]

Diese »mächtigen Erschütterungen«, das ist es, was viele Extreme aus tiefster Notwendigkeit und Bedürftigkeit brauchen. Ob diese inneren Erschütterungen aus Qual oder aus Lust bestehen, das ist eine zweitrangige Frage, Hauptsache ist, die Seele tönt und schwingt. Vor dem Hintergrund einer ganz tiefen Gefühlsbedürftigkeit sind große Lust und große Qual weitgehend gleichwertig, sind doch beide absolut eindeutige Seinsbestätigungen. Der Schmerz und die brennende Entbehrung sagen mir vielleicht eindringlicher noch als die Lust: Ich habe Leben, ich existiere. Schmerzvolle und lustvolle Empfindungen der elementaren Daseinsebene strömen beim harten Bergsteigen zusammen in eine große Empfindungs- und Lebendigkeitssymphonie. Das innere Unerfülltsein ist damit für einige Stunden oder Tage außer Kraft gesetzt.

Die Zerbrechlichkeit des Lebendigkeitsempfindens bei manchen Extremen steht in einem ganz merkwürdigen Gegensatz zu dem vulkanischen Lebenspotential, das auf der Tatebene manifest wird. Auf der Tatebene sind Extrembergsteiger wahre Phänomene an Lebensenergie und Lebenskraft. Da ist eine immense Energie vorhanden, doch ist dieselbe eine unerlöste Kraft insofern, als sie keinen entsprechenden Widerschein wirft auf der Empfindungsebene. Die objektiv vorhandene Vitalenergie ist nicht zugleich auch als gefühlte Lebendigkeit zuhanden.

Die große Bedrohung, die beständig über so manchem Extremendasein schwebt, ist der Zustand des inneren Vakuums, der inneren Leere. Woher kommen diese »Löcher«, diese Schatten im Lebensempfinden?

Es gehört zu den klaren psychologischen Erfahrungstatsachen, daß das Empfinden des inneren Lebendigseins und Ausgefülltseins aufs engste zusammenhängt mit dem Ausmaß, in dem uns unsere Emotionalität zugänglich ist. Sobald wir starke Gefühle gleich welcher Art in uns haben, sind wir innerlich voll, fühlen wir uns in einer fraglosen Weise lebendig. Ob wir nun fröhlich sind oder verzweifelt, hassend oder glücklich, allemal haben wir, wenn unser Gefühlsleben voll ausschwingt, eine fraglose Lebendigkeitsgewißheit. Das berühmte Diktum des Philosophen Descartes »ich denke, also bin ich« ist psychologisch gesehen ein Irrtum. Im Hinblick auf das Gefühl subjektiver Seinsgewißheit muß es viel eher heißen: Ich fühle, also bin ich. Erlebte Emotionalität ist das ursprünglichste Material des Gefühles »ich bin lebenserfüllt«.

Möglichkeiten des Gefühlehabens können aus mehrerlei Gründen verschüttet und eingeengt sein. Die Trübungen unserer Gefühlsskala gehen zumeist auf die frühen Lebensjahre zurück. In nahezu jeder Kindheit gibt es Gefühle, die für das kleine Wesen unaushaltbar oder unakzeptierbar sind, weil sie in übermäßiger Weise mit Strafangst, Versagungserlebnissen oder Schuldempfindungen gekoppelt sind. Gefühle, die allzuviel seelische Not verursachen, kann sich ein Kind frühzeitig »abgewöhnen«, das heißt, sie aus seinem Gefühlsrepertoire verdrängen. Der Preis für einen derartigen seelischen Notwehrakt besteht in einem Weniger an emotionaler Klangfähigkeit und damit letztlich in einer Verminderung des grundlegenden Lebendigkeitsgefühls. Jeder Mensch hat seine speziellen Gefühlslücken und Gefühlsverschattungen. Wir alle sind in unserem Empfindungspotential irgendwo amputiert oder gedämpft.

Was nun im Hinblick auf diesen Sachverhalt bei Extrembergsteigern auffällt, ist das gehäufte Auftreten eines bestimmten Musters von Gefühlsverdrängungen. Bei Extremalpinisten scheinen bevorzugt die »weichen« Gefühle wie Trauer, Hilflosigkeit, Angst und Liebessehnsucht dem Bannstrahl der Verdrängung anheimgefallen zu sein. Auch Schwierigkeiten in bezug auf die vielfältigen Regungen der Lust und ein problematisches Verhältnis zum Affekt des Zornes gehören zu den typischen Gefühlsverengungen von leidenschaftlichen Bergsteigern. Wenn dergestalt eine größere Zahl von Gefühlsmöglichkeiten aus der Skala der Empfindungen »ausgeblendet« worden ist, dann hat die Seele Ähnlichkeit mit einem Instrument, bei dem viele einstmals vorhandene Töne nicht mehr anklingen. Damit ist die (Gefühls-)-Klangstärke der Seele, und das bedeutet auch: das Lebendigkeitsgefühl, vermindert. Die Gefühlslähmung drückt sich als quälende innere Leere aus.

Nun gibt es Möglichkeiten, die Defizite der inneren Schwingungsfähigkeit auszugleichen. Eine dieser Möglichkeiten besteht darin, die intakt gebliebenen Gefühlsbereiche besonders heftig zu stimulieren. Genau diesen Weg beschreiten wir beim harten Bergsteigen. Da werden die unversehrt gebliebenen Gefühlsmöglichkeiten gewaltsam in kräftige Schwingung versetzt. Unter den Empfindungen, die von der Verdrängung verschont geblieben sind, spielen bei den Extremen die elementaren Körperempfindungen wie Hunger, Durst, Kälte, Schmerz, Kraftgefühl und Bewegungslust eine zentrale Rolle. Hinzu kommen Affekte wie Kampfbegierde und Lebensangst. Diese Regungen sind bewußt verfügbar. Die sprechen weitgehend unbehindert an. Nun wird einsichtig, weshalb für uns passionierte Alpinisten gerade die herben kreatürlichen Empfindungen so wichtig sind: Einfach deshalb, weil diese Seite unserer Emotionalität uns ungeschmälert zur Verfügung steht. Das ist das »Material« unserer emotionalen Lebendigkeit. Darum bringen wir die herben und elementaren Empfindungen am Berg zur höchsten Resonanz. Aus dem Schmerz und aus der Muskelarbeit, aus der Entbehrung, der Kampfbegierde und der Todesangst holen wir bergsteigend jenes Maß an gespürter Lebendigkeit aus uns heraus, das uns die Leere unserer gelähmten Gefühle vergessen macht. Grimmige Kälte oder äußerste Muskelanspannung zu fühlen, das ist ja noch unvergleichlich besser, als seelisch regungslos zu sein. Vor dem Hintergrund einer existentiellen Gefühlsbedürftigkeit ist die Qual genausoviel wert wie die Lust.

Am Berg beginnen übrigens auch einige jener Gefühlsregungen, zu denen wir unter Normalbedingungen wenig Zugang haben, aufzubrechen und zu schwingen. Mancher von uns wird am Berg wieder fähig zu starken Gefühlen der mitmenschlichen Verbundenheit, der Wut, der Selbstzufriedenheit und der Fröhlichkeit. Am Berg lockert sich das mächtige innere Verbot, das vielfach über diesen Gefühlen liegt. Starke Empfindungen gedeihen am kräftigsten auf der Grenzlinie zwischen Leben und Tod. Deswegen bildet ein mehr oder minder großer Anteil an bewußter Todesnähe ein Hauptingredienz des Auflodern der Lebensgeister, welches wir beim schweren Bergsteigen verspüren. Qual und Todesnähe erweisen sich als wichtige Verstärker des Lebensfeuers vieler Extremer. Weil sich uns andere, normalere Möglichkeiten des Fühlens versperren, sind wir so sehr auf diese an sich recht problematische Nahrungsquelle für unsere Innenwelt angewiesen.

Eine lustbetontere Alternative zur Anregung der Emotionalität wäre die Droge. Dieser Weg scheidet indes für die Mehrzahl der Extremen von vornherein aus, ist er doch unvereinbar mit dem distanzierten Verhältnis der Extremen zu Genuß und Sich-Gehenlassen. Die tiefwurzelnde asketische Einstellung der meisten Extremen, die zugleich auch gekoppelt ist mit einem immensen Leistungsanspruch, verhindert solche Abkürzungen auf dem Wege zur lustvollen Erregung. Wir passionierten Alpinisten haben eine tyrannische Instanz in uns, die uns Selbstzufriedenheit und Genießen nur gestattet als (spärlich bemessene) Belohnung für gewaltige »Bewährungen«. Dazu werde ich an späterer Stelle noch Genaueres sagen.

In uns liegt eine wilde Lebensgier, eine radikale Lebens-Nachholsucht. Aus den Kammern unserer eingesperrten Lebendigkeit schießt am Berg die Lebensgier hervor mit vulkanischer Wucht. Unerfüllte Lebendigkeit: Das sind die Gefühle, die wir uns versagten und versagen, weil sie nicht sein durften, die Gefühle der vernichtenden Wut, der unsäglichen Ohnmacht, der schrillen Angst, der großen Traurigkeit, der Körperlust und der hingebenden Zärtlichkeit. Unerfüllte Lebendigkeit: Das sind auch die Bedürfnisse, die zukurzgekommen sind und die doch so mächtig waren in uns: Das Bedürfnis nach einer Liebe ohne Anfang und Ende, das Verlangen nach einem vollen, uneingeschränkten Lob, die Lust, sich aufzubäumen und sich zu widersetzen und auch das Rumoren der Geschlechtlichkeit. All dieses in uns eingesperrte Leben drückt gegen seine Gefängniswände und erfüllt unsere Seele mit einem übermächtigen Drang zu leben, zu sein.

Auf der Suche nach der Harmonie des Ich

Nunmehr möchte ich reden von einer besonderen Art von seelischen Bedürfnissen. Es handelt sich um Bedürfnisse, die uns kaum einmal klar zu Bewußtsein kommen, die aber dennoch eine ganz wichtige Rolle spielen für unser inneres Gleichgewicht. Gemeint sind die folgenden vier Ich-Bedürfnisse:

Erstens: Das Bedürfnis nach Selbstklarheit. Es ist dann erfüllt, wenn ich weitgehende Klarheit in bezug auf meine Gefühle, meine Interessen und meine Lebensziele habe.

Zweitens: Das Bedürfnis nach innerer Einheit. Es kommt zum Ausdruck in dem Wunsch, die eigene Person als ein geordnetes und widerspruchsfreies Ganzes zu erleben.

Drittens: Das Bedürfnis nach Sinnhaftigkeit des eigenen Daseins. Wir wollen, daß unser Dasein eingebettet ist in eine höhere Ordnung, die allem, was uns zustößt, einen Sinn verleiht.

Viertens: Das Bedürfnis nach Individualität und Einzigartigkeit. Es bezieht sich auf den Wunsch, ein unverwechselbares Wesen zu sein und sich wohl und sicher zu fühlen in der eigenen Art.

Diese vier Ich-Bedürfnisse bzw. Ich-Empfindungen werden in der Psychologie mit dem Oberbegriff »Ich-Identität« belegt.[39] Wenn die eben aufgeführten vier Ich-Erfahrungen in Frage gestellt sind, dann kommt die seelische Befindlichkeit des sicheren und glückhaften In-sich-selbst-Seins, durch die sich Identität subjektiv äußert, nicht zustande. Statt dessen wird das Ich-Erleben geprägt von der peinigenden Empfindung, das wirkliche Selbst nicht verwirklicht zu haben, nicht »bei sich angekommen« zu sein. Das Ich wird dann zum steten Problem. Das Selbstgefühl wird beherrscht von Empfindungen des Mangels: Mangel an Selbstklarheit, Mangel an Sinngewißheit, Mangel an Individualitätsgefühl und letztlich auch Mangel an gespürter Lebendigkeit.
Es spricht nun vieles dafür, daß eine tiefe Krise der unvollständigen Identität eine der prägenden seelischen Grundlagen des passionierten Bergsteigens bildet. Konkret gesprochen: Die vier Identitätsaspekte

der Selbstklarheit, des Ganzheitsgefühls, der Sinngewißheit und des sicheren Individualitätsempfindens bilden für viele Extreme ein chronisch akutes Problem. Das extreme Bergsteigen vermag dieses Leiden der unerfüllten Identität vorübergehend zum Schweigen zu bringen. Es mildert oder beseitigt Identitätsstörungen, wie sie sich äußern in Gefühlen der Selbstfremdheit, in Empfindungen der inneren Zerrissenheit, in qualvollen Sinndefiziten und in einem labilen Individualitätsbewußtsein. Damit sind nunmehr die Stichworte für die weitere Erörterung genannt.

Selbstfremdheit

Ich komme öfters mit Extrembergsteigern zusammen, und immer wieder mache ich dabei die Erfahrung, daß sie in ihren Mitmenschen das Gefühl hervorrufen: An diesen Mann kommt man nicht heran. Selbst ihren engen Freunden und Angehörigen erscheinen die Extremen oftmals unzugänglich und fremd. Diese Unzugänglichkeit belastet auch die Ehebeziehungen, manchmal bis zur Konsequenz der Trennung. Eine dieser Trennungen hat geradezu Geschichte gemacht: die Beendigung der Ehe zwischen Reinhold Messner und seiner Frau Uschi, wobei die Trennung, wie auch bei anderen Extremen-Scheidungen aus meinem eigenen Erfahrungskreis, von der Frau ausging.[40]
Alle Anzeichen deuten darauf hin, daß das Gefühl der Fremdheit und Undurchschaubarkeit, das viele Extreme erwecken, die zwischenmenschliche Ausdrucksform eines Problems darstellt, das diese Männer mit sich selber haben. Ich meine, sie sind sich selber teilweise Fremde. Dafür gibt es Indizien. Eines davon ist die Besessenheit, mit welcher manche Extreme wie Reinhard Karl und Reinhold Messner die Suche nach dem Selbst zu ihrem Lebensthema machen. »Es geht mir bei diesen Expeditionen darum, mir selbst näherzukommen. In mich selbst hineinzusehen. Wenn ich sehr hoch hinaufsteige, kann ich eben sehr tief in mich hineinsehen«.[41] Solche Bekenntnisse ziehen sich wie ein roter Faden durch die Veröffentlichungen von Messner und Karl. Ein dermaßen bohrendes und permanentes Interesse am »innersten« oder »wirklichen« Selbst ist nach aller psychologischer Erfahrung der Ausdruck einer schmerzlich empfundenen Selbstfremdheit. Im Regelfall bekunden indes Extrembergsteiger – ganz im Gegensatz zu Messner oder Karl – eine entschiedene Abneigung in bezug auf Selbstreflexion oder Selbstoffenbarung. So findet man beispielsweise in den Büchern von Whymper[42], Welzenbach[43], Buhl[44], Kuen[45] und Heckmair[46] nur

ganz spärliche und unverfängliche Aussagen über die Innenwelt der Autoren. Da ist ständig nur die Rede von Taten und von äußeren Ereignissen. Die Person des Erzählenden bleibt seltsam fremd und fern unter den beständigen und auf Dauer monoton wirkenden Aktionsschilderungen. Diese (sicherlich unbewußte) Selbstverhüllung im Erzählen zeigt, genauso wie die übermäßige Selbstbespiegelung, Selbstfremdheit an.

Man muß in den Erlebnisberichten der Extremen fast immer zwischen den Zeilen lesen, will man über das Befinden und die Beweggründe des Erzählers etwas erfahren. Mit einer Methodik der abstrahierenden Wachheit muß man diese Texte sehr hellhörig daraufhin abfragen, welche seelischen Grundthemen andeutungsweise darin durchschimmern und welche Themen in einer auffälligen Weise fehlen. Eines der stärksten psychologischen Motive, das in den Tatenberichten der Extremen fortwährend anklingt, heißt: »Macht besitzen.« Es geht fast ständig um Machterlebnisse: Macht über sportliche Schwierigkeiten, Macht über die Widrigkeiten der Natur, Macht über die Qualen des gemarterten Leibes, Macht über die Angst, Macht über die Regungen der Bequemlichkeit und der Lust, Macht über den hautnahen Tod; Macht, ganz alleine die härtesten Situationen zu meistern. Wo Macht und Stärke so sehr gesucht werden und offenkundig so existentiell notwendig sind, da müssen wir auf der anderen, der unbewußten Seite, eine ganz gewaltige Angst annehmen, nämlich ein traumatisch tiefes Grauen vor Gefühlszuständen der Schwäche und des Hilflosseins. Folgerichtig neigen Extreme sehr nachhaltig dazu, die »schwachen« oder »weichen« Seiten ihrer Persönlichkeit zu unterdrücken oder aus der Selbstwahrnehmung auszugrenzen.[47,48]

Bei der Nicht-Akzeptierung weicher Gefühle durch die Großzahl der leidenschaftlichen Alpinisten spielt auch das herkömmliche Stereotyp vom »richtigen« Bergsteiger eine Rolle. Das traditionelle Selbstbild des anspruchsvollen Alpinisten ist gekennzeichnet durch die Hauptattribute »willensstark«, »hart« und »mutig«. Diese Attribute stellen normative Forderungen dar, verankert in der bergsteigerischen Gruppentradition. Vor allem die Willensstärke bildet ein zentrales Moment des bergsteigerischen Selbstideals. So wird das Verarbeiten von Gefühlen der Schwäche, der Angst und der Weichheit gleich von zwei Seiten her abgeblockt: durch die Persönlichkeitsstruktur der Extremen und durch eine abwehrfördernde Gruppennorm.

Die obigen Darlegungen münden ein in die Schlußfolgerung: Vieles deutet darauf hin, daß bei einer größeren Zahl von Extremen bestimmte Bereiche des grundlegenden Gefühls- und Affektlebens nicht oder un-

genügend im bewußten Selbst integriert sind und infolgedessen eine chronische konfliktschaffende Eigendynamik entwickeln. Grundlegende Gefühle abzuspalten, das bedeutet aber nichts anderes, als von einem wichtigen Stück des eigenen Selbst abgeschnitten zu sein. Gefühlsentfremdung ist gleichbedeutend mit Selbstentfremdung[49].
Am Ende ganz großer Anstrengungen, im Zustand der vollkommenen leib-seelischen Zermürbung, da kann es einem Extrembergsteiger geschehen, daß die eiserne Gefühlsblockierung in seinem Innern aufbricht. Diese inneren Dammbrüche sind Momente von einer ungeheuren Dramatik. Wenn in solchen Augenblicken Männer, die sonst um keinen Preis schwach sein wollen, mit einemmal hemmungslos weinen, wenn ein Mann, der nichts so sehr fürchtet wie Ohnmacht und Schwäche, einfach zusammenbricht – dann wird die Gewalt des inneren Lebens offenbar, das da normalerweise niedergehalten wird. Einen solchen Moment des Zerbrechens ganz starker Gefühlsbarrieren erlebte Reinhold Messner nach seinem schier unglaublichen Alleingang auf den Everest:

Dann breche ich zusammen. Alle meine Verschlossenheit ist weg. Ich weine. Es ist, als seien alle Horizonte, alle Grenzen zerbrochen. Alles ist offen, alle Emotionen sind frei. Wie weit mußte ich gehen, bis ich endlich auseinandergebrochen bin?[50]

Ja, genau das ist die Frage, die sich angesichts der stählernen »Beherrschtheit« vieler Extremer stellt: Wie weit mußte ich gehen ... oder: Was alles muß passieren, daß der Panzer zerbirst, der die weichen Gefühlsregungen umklammert hält? Bei vielen Extremen bricht er nie. Das heißt aber, diese Männer bleiben immer abgeschnitten von einem Teil ihres inneren Lebens und kommen nie heraus aus dem Empfinden, sich selber fremd zu sein.
So wäre mithin eine Hauptursache der Selbstfremdheit der Extremen in einer spezifischen Gefühlsentfremdung zu suchen. Diese Selbstfremdheit wird subjektiv meist nur als ein diffuses Unruhig- und Unbefriedigtsein empfunden und wirkt als dauernder Antrieb einer leidensvollen Suche nach innerer Ruhe und dem wahren Selbst.
In einer nahezu allgegenwärtigen Weise gehört die Befindlichkeit des Fremdseins zu den existentiellen Grundtatsachen vieler Extremalpinisten. Fremd sind viele von ihnen in jener schlichten Wortbedeutung, als sie sich nirgends richtig zu Hause fühlen. Sie entbehren in einem tragischen Maße jener Grunderfahrung des selbstverständlichen Verwurzeltseins in einer Landschaft, einer Gruppe oder einer Weltanschauung.[51] Dieses schmerzliche Unbehaustsein gehört sicherlich mit zur

Symptomatik der vorausgehend geschilderten Selbstfremdheit. Denn: Wer sich über sich selber nicht im klaren ist, wie soll der wissen, wo sein Platz ist unter den Ländern, Gruppen und Traditionen dieser Erde? Viele Extreme sind aus diesem Grunde ständig unterwegs, im wörtlichen wie im übertragenen Sinn. Walter Bonatti, der seit über 30 Jahren die Einöden des Globus durchstreift, verglich sich einmal mit dem »ewigen Juden«, und Messner findet sich in der Figur des »fliegenden Holländer« wieder. Beide Charakterisierungen passen auf die Lebensweise und den Seelenzustand sehr vieler Extremer.

Was hat nun die Lebensform »Extrembergsteigen« mit der beschriebenen Selbstfremdheit zu tun? Gleich vorweg gesagt: Das harte und gefahrvolle Bergsteigen bringt die qualvollen Empfindungen der Selbstunklarheit, der inneren und äußeren Fremdheit, vorübergehend zum Erlöschen. Auf welche Weise kommt dieser Effekt zustande?

Im harten, todernsten Ringen mit dem Berg spüren wir uns sehr intensiv, aber wir »denken« uns nicht. Wir leben hochbewußt, aber es ist dies eine Bewußtheit außerhalb der Ebene des unruhig schweifenden Intellekts. Sie wurzelt im Vibrieren unserer hellwachen Sinne und in den starken Empfindungen des schwer arbeitenden Leibes. Wir tauchen ein in das intensive Momentbewußtsein der Kreatur, die mit allen Sinnen und Kräften lebt und fühlt, aber nicht »weiß«. Unser innerer Spiegel, das sich selbst reflektierende Bewußtsein, ist ausgeblendet und damit auch alles, was uns an uns selber unsicher macht. Welch archaischen Charakter das runde Identitätsgefühl am Berg besitzt, das geht aus den folgenden Worten von Lionel Terray hervor: »Wir waren zu einer Art wilder Almtiere geworden, einem Mittelding zwischen Affen und Steinbock.«[52] Und an anderer Stelle: »Der Panther war wieder los.« Wir fallen im Ringen am Berg ganz in den elementaren Kern der Identität, das Körper-Ich, zurück, und dieses ist am schweren Berg in jeder seiner Facetten unvergleichlich machtvoll und intakt. Regression könnte man das aus einer idealistischen Sichtweise nennen. Aber das hieße, die wilde Großartigkeit des »Panther-Gefühls« verkennen. Ganz aus den zuäußerst stimulierten Funktionen des Körpers heraus zu leben und – damit verbunden – in der radikalen Beschränkung auf den Augenblick, das enthebt uns leidenschaftliche Alpinisten der Wahrnehmung der fremden Seiten unseres unvollständigen Selbst.

Zerrissenheit und Einheit

Eng verbunden mit dem seelischen Kreuz der Selbstunklarheit ist das Empfinden innerer Zerstückelung und Disharmonie. Extreme wie Lammer, Karl und Messner haben dieses qualvolle Empfinden in ihren Schriften immer wieder zum Ausdruck gebracht.

In seinem Hauptwerk, dem *Jungborn* (1923), äußert Lammer einmal:

Aber weder in diesen Zeilen noch in all meinen kurzen alpinen Aufsätzen kann ich klarlegen, wie die ganze furchtbare Zerrissenheit der zweiten Hälfte des 19. Jahrhunderts mich erfaßte, ganz zu schweigen von manchen tiefwühlenden persönlichen Erlebnissen.[53]

Die Schrecken drohender innerer Zersplitterung quälten und verstörten Lammer zutiefst, manchmal bis an die Schwelle des Wahnsinns. Erlösung von dieser Not fand Lammer auf seinen schweren Bergfahrten. Hier fühlte er sich innerlich ganz heil:

Und so fand ich in den Bergen zum erstenmal und suche nunmehr dort zielbewußt: die unendliche Einheit und Harmonie aller Kräfte und Triebe und Seiten meines Innern wie auch aller Kräfte und Elemente der Außenwelt in sich sowie beider Gruppen untereinander.[54]

Die beiden Zitate spiegeln zwei polar entgegengesetzte seelische Befindlichkeiten wider: auf der einen Seite ein schmerzliches inneres Uneinssein und Aufgewühltsein, das dem alltäglichen Leben zugeordnet ist, und auf der anderen Seite ein beglückendes Erlebnis innerer Ganzheit, das im Gebirge zustande kommt. Die Berge, genauer gesagt, die harten Taten im Gebirge verhalfen Lammer zu einem inneren Ausgeglichensein, wie er es im Normaldasein schmerzlich entbehrte.

Einer, der oft in ähnlicher Weise wie Lammer gepeinigt war vom Gefühl der Ich-Zerstückelung, das war der jüngst zu Tode gekommene Reinhard Karl. In seinen schonungslosen Selbstreflexionen beklagt er immer wieder die »große Zersplitterung«, spricht er von der bedrückenden »Aufteilung meines Ich«.[55]

Geradezu psychoseähnliche Dissoziationserlebnisse hatte Reinhold Messner vor seiner Ersteigung des Nanga Parbat. Im Zelt liegend, erfaßt ihn plötzlich ein entsetzliches Gefühl:

Mein Körper ist auseinandergefallen. Es war, als sei ich ein Puzzle, das ich selbst zusammensetzen muß und nicht kann. Dabei erlebte ich alles, als sei ich Beteiligter und Beobachter zugleich.[56]

Diese Traumata der Zerstückelung und Zerrissenheit ereignen sich niemals während der harten Aktion am Berg. In der schwierigen Wand fühlen sich die Extremen ganz beieinander, aus einem Guß. »Harmonie« lautet das immer wiederkehrende Schlüsselwort. Wegen des Kontrastes zum qualvollen Normalzustand der inneren Zerrissenheit wird die seelische Balance beim schweren Steigen als ganz große Wohltat erlebt.

Woher rührt die »harmonisierende« Wirkung des schweren Bergsteigens? Da ist einmal die starke Erfahrung des vollkommenen Zusammenklanges von Bewegungstätigkeit, Sinnesleistung und Bewußtseinsaktivität beim schweren Steigen. Im schweren Fels, im steilen Eis sind alle unsere Kräfte und Fähigkeiten in vollständiger Konvergenz auf den augenblicklichen Handlungsvollzug ausgerichtet und greifen in einem perfekten, selbsttätigen Zusammenspiel ineinander.

Nach der ersten Seillänge scheint alles um mich zu versinken… Nichts auf der ganzen Welt ist jetzt bedeutender als dieser kleine Griff, den ich eben mit dem Pickel ins Eis hineinforme, oder diese kleinen Kerben, in die sich die Zacken meiner Steigeisen verkrallen. Jeder Muskel spannt sich, um die Schwerkraft zu überwinden.[57]

Das sind die Zustände, in denen alle innere Zerrissenheit verfliegt.
Die instinktmäßige Ganzheitlichkeit der totalen Anstrengung am Berg erzeugt ein unerhört starkes Gefühl der Ganzheit. Die existentielle Harmonie des Handelns, tief aus dem Körper heraus erlebt, bewirkt die Harmonie des Ich. Der »Harmonisierungseffekt« der alpinistischen Anstrengung ist noch näher zu erläutern. Im Falle solch hochintensiver und komplexer Körperleistungen wie beim schweren Bergsteigen mache ich ja nicht die Bewegung, so wie ich sonst etwas mache oder produziere, sondern da *bin* ich die Bewegung in einem ganz buchstäblichen Sinn. Mein Ich ist für den Moment ausschließlich identisch mit dem Arbeiten meines Körpers und meiner Sinne. Das andere, das reflektierende Ich, der Sitz von Zweifel und Disharmonie, hat solange nichts zu vermelden. Es verstummt im Feuerwerk der zusammenklingenden körperlichen Empfindungen und ist auch nachher noch überformt vom Nachhall des vitalen Ganzheitsempfindens. Aus dem Gesagten läßt sich das allgemeine Fazit ableiten: Schwerer und ganzheitlicher Sport vermag Ich Spaltungen vorübergehend auszugleichen.

Abb. 12. »*Zustände, in denen alle innere Zerrissenheit verfliegt*« *(am Piz Badile im Bergell)*.

Die Sinnfrage

Wo Ich-Identität in Frage gestellt ist, da ist auch das Problem des Daseinssinns in einer ständigen und beunruhigenden Weise akut. Auch dieses Symptom einer verschärften Identitätskrisis beobachten wir bei zahlreichen prominenten Extrembergsteigern. Wenn Sinngewißheit fehlt, taucht immer wieder die Frage auf: Wo gehöre ich hin? Wo ist mein Platz im Dasein? Zeiten niederdrückender Orientierungslosigkeit stellen sich ein. Der Verlauf des Daseins steht immer wieder zur Debatte, das Leben läuft nicht »von selbst«. Allzuoft entbehrt das Lebensempfinden des grundsätzlichen Modus der Selbstverständlichkeit. Sinnlücken, erlebt als qualvolle innere Leere, unterbrechen häufig den Fluß der Existenz.

Alle die aufgeführten Symptome einer unzulänglichen Sinngewißheit kommen im Erleben und im Erzählen von bekannten Extremen immer wieder zum Ausdruck. Auffällig ist beispielsweise, wie häufig Extreme von Zuständen der qualvollen inneren Leere sprechen. »Dieses Kennenlernenwollen von mir selbst und diese ewige Leere, die ich in mir finde«, so bricht es einmal aus Reinhard Karl[58] heraus, und er steht mit diesem Empfinden unter Extremen nicht allein. In unmittelbarer Beziehung zu den Leere-Empfindungen steht der permanente Aktionsdrang der Extremen. Die ganz auffallende Unrast, die den Charakter nahezu aller großer Extremer kennzeichnet, scheint zum nicht geringen Teil eine Form des Fliehens vor dem ständig drohenden inneren Vakuum zu sein. So kommentiert beispielsweise Reinhold Messner einmal das Packen seines Rucksacks mit der Bemerkung: »Dieses Hantieren, das die Sinnlosigkeit aufhebt.«[59] Da liegt die Schlußfolgerung sehr nahe, ob nicht das gesamte unruhvolle Unterwegssein der leidenschaftlichen Alpinisten eine Art von »Hantieren gegen die Sinnlosigkeit« darstellt.

Sinngewißheit bildet nun aber ein Hauptkriterium von intakter Identität. Das fundamentale und unreflektierte Sinnempfinden der gelungenen Identität nährt sich aus verschiedenen Quellen. Im normalen Falle verfügt unsere Existenz über eine Vielzahl von Sinnbezügen, die zusammen ein stabiles Fundament der Sinngewißheit ergeben. Vergegenwärtigt man sich einmal im einzelnen diese Sinnquellen des Alltagslebens, so stellt man fest, daß Extrembergsteiger an manchen von ihnen wenig oder überhaupt nicht teilhaben. Viele Extrembergsteiger sind in geringerem Maße eingebunden in die üblichen Sinnbezüge des Daseins, und gleichzeitig spielt die Bergsteigerei für sie eine zentrale Rolle als Sinnspender. Diese Aussage möchte ich im nachfolgenden näher belegen. Nehmen wir also die Beziehung der Extremen zu den wesentlichen Sinnmomenten unserer Gesellschaft in Augenschein: Ein fundamentales Gefühl von Orientierung und Sinnhaftigkeit gewinnen wir im Normalfall zunächst dadurch, daß wir jenen Lebenspfad beschreiten, der in unserer Gesellschaft als der »richtige« Lebensablauf gilt. Jede Gesellschaft kennt so etwas wie einen Norm-Lebenslauf, und der sieht für den Mann bei uns folgendermaßen aus: Eine gute und nützliche Ausbildung anstreben und absolvieren, einen anerkannten und auch einträglichen Beruf ergreifen, sich mit aller Kraft dem beruflichen Fortkommen und dem Besitzerwerb widmen, heiraten und ein geordnetes Familienleben führen, eine gesicherte Existenz aufbauen, fürs Alter vorsorgen und schließlich in Ruhe die Früchte der Lebensarbeit genießen. Wer mit diesem Normallebenslauf innerlich einig ist, der ist damit der Frage des Sinnentwurfs für sein Dasein weitgehend enthoben. Extreme Alpinisten nun stehen bemerkenswert häufig außerhalb dieses »Daseins nach Maß«. Sie sind, wie man in der Soziologie sagt, Marginalpersönlichkeiten, Personen also, die am Rande der gesellschaftlichen Daseinsnorm stehen, ohne indes ausdrücklich dagegen zu rebellieren. Konkret: Vielen Extremen bedeuten die drei großen Pfeiler der Normal-Lebensbahn – berufliche Karriere, Besitzerwerb und Familie – herzlich wenig.

Einem Broterwerb gehen sie oftmals nur so lange nach, als es unumgänglich notwendig ist. Wenn sie die Mittel für eine längere Tour beisammen haben, geben sie Arbeit und Sicherheit ohne Bedenken wieder auf. Sie tun im Leben recht vieles, so, wie es der Zufall eben bringt, und sie sind nirgends richtig seßhaft. Sie planen nicht auf die Länge und lieben die stete Improvisation, wobei sie voll in Kauf nehmen, daß es ihnen immer wieder auch schlecht geht. »Ich kann mir nichts Schrecklicheres vorstellen als einen Alltag, wie er im bürgerlichen Leben stattfindet«[60], so sagte Reinhold Messner einmal zu seiner Mutter, als diese ihm seine unstete Lebensweise vorhielt. Und Walter Bonatti berichtet – wie viele andere Extreme – von seinem Berufs-Ausstieg als von einem entscheidenden Daseinsschritt: »Das Jahr 1953 war für mich außerordentlich reich an Ereignissen. Vor allem tat ich in diesem Jahr den entscheidenden Schritt, mein Leben ganz den Bergen zu widmen. Ich gab eine sichere Beschäftigung in der Stadt für dieses Wagnis auf, was viele meiner Bekannten als unsinnig bezeichneten. Mir aber war es jeden Preis wert.«[61] Ähnlich äußern sich Anderl Heckmair und Kurt Diemberger über das Aufgeben des Berufes. Beide hatten übrigens sehr gute Berufe (Gartenbauingenieur und Handelslehrer).

Viele Extreme leben ganz bewußt und aus tiefstem Bedürfnis heraus

außerhalb der Norm. Diese nonkonformistische Daseinsweise hat freilich den Preis, daß Sinn und Richtung des Lebens immer wieder in Frage stehen und immer wieder neu errungen werden müssen.
Für viele Extreme kommen somit die gesellschaftlichen Daseinsentwürfe nicht als eine Sinngrundlage der Existenz in Betracht.
Wie stellen sich Extreme zu anderen Möglichkeiten des Sinnbezuges?
Eine Art von fundamentaler und fragloser Daseinsgewißheit erwächst uns aus der Fähigkeit zu Genuß und Freude. Wer imstande ist, im alltäglichen Leben die kleinen und großen Gelegenheiten zu Genuß und Lust auszukosten, der verfügt über eine nie versiegende Quelle von Sinn. Hierbei ist der Hinweis wichtig, daß das Maß an Lebensgenuß, das wir empfinden, weniger von objektiven Gegebenheiten bestimmt wird als vielmehr von unserem persönlichen Vermögen zu Lust und Genuß. Wie verhält es sich nun in diesem Punkt mit den Extrembergsteigern? Da stellen wir fest, daß sie in der Mehrzahl eine eher kümmerliche Begabung zu Lust und Genuß besitzen. Ihr Tun setzt ein ganz besonderes Einverständnis mit den Zuständen der Qual und Entbehrung voraus. Das Extrembergsteigen trägt in viel höherem Maße das Signum des Schmerzes als jenes der Lust. Die Askese dominiert ganz eindeutig über die Sinnenlust. Das lockere Sich-gehen-Lassen, das die Voraussetzung ist für Körperlust, wird von vielen Extremen als schlimme Schwäche betrachtet. Der Leib wird als ein widerspenstiges, niedriges Objekt angesehen, dem der stählerne Wille als das »edle« Prinzip gegenübergestellt wird. Es herrscht die Vorstellung eines Kriegszustandes zwischen Körper und Wille vor, wobei auch stets von »Unterwerfen«, »Überwinden«, »Besiegen« die Rede ist. Nein, in den lustvollen Dimensionen des Daseins sind die Extremen nicht zu Hause. Sie passen viel eher in die radikalen Büßerorden des Mittelalters hinein. Gelegentliche bacchanalische Exzesse nach langen Zeiten der alpinen Qual und Entbehrung ändern daran nichts, sie unterstreichen vielmehr das Problem. Das Verhältnis zu Körperlust und Sinnenfreude ist stark gebrochen und vielfältig verschattet. Mithin entfällt für viele Extreme jenes elementare Sinnerleben, das im freien und vorbehaltlosen Erfahren von Körperlust und Sinnenfreude enthalten ist.
Wenn die Frage des Daseinssinns angesprochen wird, dann gehört zu den ersten Assoziationen gewöhnlich der Gedanke an eine Religion oder eine Ideologie. Wer intensiv an eine religiöse oder ideologische Daseinsinterpretation glaubt, ist weitgehend gefeit gegen Sinnprobleme. Für den wahrhaft Gläubigen hat alles, was geschieht, seinen Sinn und seine Ordnung. Etablierte Glaubenssysteme sind sehr univer-

selle und sehr stabile Sinngeber. Stellen wir nun die Gretchenfrage in bezug auf die Extrembergsteiger: Sind Extreme besonders gläubig? Fühlen sie sich tief verwurzelt in einer allgemeinen Religion oder Ideologie? Sehen wir uns die Biographien der großen Extremen daraufhin an, so ist die Antwort ein nahezu eindeutiges Nein. In derselben Weise, wie die großen Extremalpinisten überwiegend in einer inneren Distanz zur gesellschaftlichen Normenwelt stehen, so befinden sie sich auch deutlich in Distanz zu den Religionen und Ideologien ihrer Gesellschaft. Bisweilen kultivieren sie eine Art von »Privatreligion« (und dies manchmal sehr entschieden, siehe Lammer oder Messner). Sie fühlen sich jedoch nicht einem kollektiven Ritus verbunden, wodurch wiederum eine wesentliche Sinnquelle des Alltagslebens entfällt.

Sinn erfahren wir im normalen Leben auch durch die tiefe Verbundenheit mit einem oder mit mehreren Mitmenschen. Inwieweit haben Extrembergsteiger an dieser Sinnquelle teil? Mit zwischenmenschlichen Beziehungen haben Extrembergsteiger oft Schwierigkeiten. Häufig sind sie ausgesprochen bindungsscheu und einzelgängerisch. Von wenigen wird man sagen können, daß sie sich durch eine tiefe und beständige Beziehung getragen und geborgen fühlen bzw. fühlten. Die Ehen der großen Extremen sind und waren dementsprechend durchweg problematisch.[62] Viele Extreme bleiben überhaupt unverheiratet.

Die bisherigen Betrachtungen führen immer wieder zur selben Schlußfolgerung: Extremalpinisten haben oftmals eine schwächere Beziehung zu den normalen Sinnquellen des Alltagslebens als »gewöhnliche« Menschen. *Ein* Sinnmoment gibt es indes, an dem Extreme sehr intensiv teilhaben: Extreme besitzen in einem ganz besonderen Maße das, was man eine »Aufgabe« nennt. Mit dem Wort »Aufgabe« meint man eine Tätigkeit, die einem sehr wichtig ist und die einen Großteil des Daseins ausfüllt. Wie die Aufgabe der Extremen heißt, liegt auf der Hand. Es ist der schwere Berg, die neue Tour, die neue Route. Der innere Stellenwert dieser ihrer »Aufgabe« ist für Extreme so immens, daß man besondere Ausdrücke des Engagiertseins dafür verwenden muß. »Berufung« wäre eine positiv gefärbte Bezeichnung, »Besessenheit« eine radikalere und zutreffendere. Der Berg als der große Sinngeber hat im Dasein der Extremen offenkundige Stellvertreterfunktion für die fehlenden anderen und »normaleren« Sinnbezüge. Stützt sich die fraglose Sinngewißheit der gelungenen Identität gewöhnlich auf mehrere Bezugspunkte von der Art, wie sie oben besprochen worden sind, so konzentriert sich das Sinnerleben bei vielen Extremen in einer radikalen Einseitigkeit auf den Berg. Ausgerechnet solch ein »sinnloses« Tun wie das schwere, gefahrvolle Klettern zum Angelpunkt des subjektiven Sinnerlebens zu machen, das ist, aus der durchschnittlichen gesellschaftlichen Warte gesehen, höchst unnormal. Auch in dieser Abseitigkeit der Extreme kommt wieder die soziale Entfremdung dieser Männer zum Ausdruck, eine Entfremdung, die ihrerseits wiederum Symptom einer tiefen Identitätskrisis ist.

Worauf beruht nun eigentlich die sinnvermittelnde Wirkung des schweren Bergsteigens? Diese Frage ist nicht in wenigen Worten zu beantworten. Mehrere Faktoren spielen eine Rolle: Von Bedeutung ist zunächst die klare »Logik der Tat« beim schweren Bergsteigen. Ich habe ein absolut eindeutiges und konkretes Ziel vor Augen – den Gipfel – und der Weg dorthin, die Route, ist klar und konsequent. Extrembergsteigen ist logische Bewegung auf eindeutige Ziele hin. Auf klarem Weg auf ein sichtbares Ziel zustreben, diesem Vorgang wohnt ein ganz urtümliches Sinnmoment inne. Nicht nur das Ziel und sein Zugang stehen beim schweren Bergsteigen fest, in jedem einzelnen Augenblick waltet darüber hinaus eine ganz klare Logik. Ohne bewußt zu reflektieren, in einer Art instinktmäßiger Automatik, handle ich »richtig«. Diese großartige Erfahrung des schweren Bergsteigens: So ganz von selbst, ohne reflexiven Aufwand, richtig zu handeln, rührt daher, daß meine Existenz im schweren Anstieg sich ausschließlich zwischen drei ganz konkreten Koordinaten vollzieht, die da heißen: die Route, die äußeren Verhältnisse, mein körperlich-seelisches Befinden. Wo sonst im Leben bewegen wir uns in einem so einfachen und eindeutig-zwingenden Bezugsrahmen?

Ein weiterer sinnschaffender Faktor beim schweren Bergsteigen liegt in den starken und elementaren Empfindungen, die die harte alpine Tat begleiten. Zwar sind es überwiegend die herben Empfindungen der Qual und der Entbehrung, doch ob wir nun erfüllt sind von Gefühlen der Lust oder der Qual – in jedem Falle beschert starkes Empfinden eine Art von grundlegender Seinsgewißheit. In den Momenten ganz starker emotionaler Lebendigkeit ist Daseinssinn von selbst vorhanden.

Von einer ganz speziellen Bedeutung für das Sinnerlebnis des extremen Bergsteigens ist schließlich dessen ausgeprägtes Gefahrenmoment. Die Todesnähe erweist sich als sinnschaffendes Moment ersten Ranges. Indem sich Extrembergsteiger im Gebirge ganz nahe und bewußt an der Todesgrenze bewegen, versehen sie ihre Existenz vorübergehend mit dem elementarsten Sinnmoment, das es überhaupt gibt: mit dem Sinn, das blanke leibliche Fortexistieren zu gewährleisten. Am Leben zu sein – das wird hier zur ganz bewußten und virtuosen Leistung. In gefahrvoller Wand, wo die kleinste Unachtsamkeit den Tod bedeuten kann,

Abb. 13. »*Extrembergsteigen ist logische Bewegung auf eindeutige Ziele hin*« (an der Gehrenspitze in den Allgäuer Alpen).

steht jede Handlung direkt im Dienste des machtvollsten Daseinszweckes, der da lautet: physisch weiterleben. Damit verblaßt für einige Stunden oder Tage jedes intellektuelle Sinnproblem. Angesichts des Todes fragt man nicht mehr, wozu man lebt oder leben will. Die so gewonnene Daseinsgewißheit hat freilich einen hohen Preis. Wo der Tod als Möglichkeit sehr nahe ist, gibt es auch Todesangst und die reale Gefahr des Lebensverlustes. Von den Männern, die sich in der Geschichte des Alpinismus einen Namen gemacht haben, starb jeder zweite am Berg. Doch die Empfindung vollkommener Existenzgewißheit kann eben manchmal ein stärkeres Bedürfnis sein als physische Sicherheit. Todesnähe stiftet primären Sinn und ist deswegen ein wesentliches Moment der Identitätsgewißheit, die das schwere Bergsteigen zu geben vermag.

Während der »Arbeit« am Berg sind die Extremen befreit vom Sinnproblem. Doch der Berg als Aufgabe ist nur ein provisorisches Sinnprinzip. Der Berg garantiert keine dauerhaft tragende Sinnerfahrung. Die Daseinsgewißheit, die das schwere Bergsteigen gewährt, muß ständig neu errungen werden. Nach jedem Gipfelsieg droht ein Sinnvakuum, wenn nicht sogleich die Idee für den nächsten Gipfel geboren ist. Der

Berg überbrückt die Sinn-Not der unvollständigen Identität zwar sehr wirksam, aber nicht dauerhaft.
Die peinvolle Bewußtheit der Sinnfrage stellt nach meiner Ansicht den herausstechenden und auch faktisch bedeutsamsten Aspekt der Identitätsproblematik von Extrembergsteigern dar. Deshalb wurde diesem Thema hier eine ausführliche Darstellung gewidmet. Nunmehr ist noch zu reden von jenem Aspekt von Ich-Identität, den man mit »Individualitätsgewißheit« umschreiben kann. Auch in Beziehung auf dieses Identitätselement manifestieren viele Extrembergsteiger offenkundige Probleme, die als Motivation in ihre Bergaktivität mit eingehen.

Individualitätsbedürfnis

Die großen Bergsteiger, das ist nun schon mehrmals angeklungen, benehmen sich oftmals sehr eigenwillig. Sie haben ein offenkundiges und starkes Bedürfnis, *nicht* so zu sein wie die anderen Menschen, wie die »breite Masse«. Dieses Anderssein wird manchmal sehr demonstrativ und gewollt zum Ausdruck gebracht.
Das Thema des Individualismus besitzt in der Geschichte des extremen Alpinismus schon seit jeher eine ganz besondere Bedeutsamkeit, die darauf schließen läßt, daß hier eine typische und chronische Problematik zugrunde liegt. Ein radikaler und vielfach aggressiv getönter Individualitätskultus zieht sich als markante Strömung durch die vielen Generationen von Extrembergsteigern hindurch. Herausragende Vertreter dieser Strömung sind Hermann von Barth, Eugen G. Lammer, Georg Winkler und, in unseren Tagen, Reinhold Messner und Chris Bonington. Diese Männer suchten und suchen durch spektakuläres Einzelgängertum am Berg (und auch im Leben) zu einem Höchstmaß an Ich-Bewußtsein zu gelangen. Sie gehen weit weg von den Menschen, hinein in die äußerste Einsamkeit, um sich so ein starkes Individualitätserleben zu schaffen. »Individualitätsgefühl durch Menschenferne«, so lautet das Rezept. Da schleicht sich der Verdacht ein, daß Individualität als ein sehr zerbrechliches Besitztum empfunden wird. Für viele Extreme gibt es nur diese – unechte – Alternative: entweder einsam sein und individualitätsgewiß oder in der Gruppe eingebunden sein und dafür individualitätslos. Das Eingebundensein in eine Gruppe erscheint als Widerspruch zur Individualität. So entsteht aus Individualitätsbedürftigkeit letztlich Asozialität. Eben dies wurde dem alternden Lammer angesichts des blühenden Gruppenlebens der Wandervögel grausam bewußt. Er schreibt: »... da fing mein Trauern an. Ich sehe das

hehre Gemeinschaftsideal emporstrahlen am Himmel der Zukunft, mich selbst jedoch fühle ich unfähig dazu: Ein langes Jünglings- und Mannesleben hindurch habe ich nur die Individualität verehrt, an meiner Persönlichkeit gemeißelt; mich einfühlen in andere... ich kann es wohl kaum.«[63] Die Individualitätssuche durch äußere und innere Menschenferne ist, wie gesagt, ein Zeichen von Individualitätsnot,[64] obwohl es von den Betreffenden und ihrer Umgebung meist genau anders gesehen wird.

Im Falle der Individualitätsnot der Extreme kommt zweierlei zusammen: ein besonders hoher Anspruch im Hinblick auf Individualität auf der einen Seite und ein tatsächliches Defizit an Individualitätsgewißheit auf der anderen Seite.

Das extreme Bergsteigen vermag einen Mangel an Individualitätsempfinden vorübergehend zu beheben. Erlebt sich doch das Ich in der Anspannung und Schwerarbeit der alpinen Tat in der allerprägnantesten Weise als Zentrum und Verursachungsprinzip des Handelns. Alle Aktionen sind absolut spürbar und sichtbar auf das Ich dessen zurückbezogen, der sie vollbringt. Die klare Erfahrung, Ausgangspunkt und Verursacher gewichtiger Handlungen zu sein, vermittelt ein starkes Individualitätsgefühl. Jede meiner Bewegungen hat eine ungeheuerliche Bedeutung: Mit jeder gelungenen Bewegung banne ich den Tod. So gesellt sich zum Empfinden der Eindeutigkeit und Präsenz des Ich noch das Erlebnis einer riesigen Macht dieses einzelnen Ich. Das wohltuend klare Individualitätsempfinden beim schweren Bergsteigen bleibt auch dann bestehen, wenn ich mit einem Seilpartner zusammenarbeite. Denn ungeachtet der Verknüpfung durch das Seil steht jederzeit unangefochten fest, daß ich ein eigenständiges Handlungszentrum darstelle. Mein Eigensein wird bei der schweren alpinen Aktion durch das Zusammensein mit dem anderen nicht beeinträchtigt. Im Gegenteil, mein Ich erhält nun in gewisser Weise doppeltes Gewicht, entscheidet doch nun mein Handeln gleich für zwei Menschen über Leben und Tod, über Scheitern oder Sieg.

Noch ein weiteres Moment erweist sich als bedeutsam: Das Zusammenwirken von Kletterpartnern am Berg ist zwar eng, aber zugleich stark ritualisiert und durch die vielfältigen technischen Erfordernisse des Zusammenkletterns klar strukturiert. In einer solch ritualisierten Form des Zusammenseins brauche ich nicht zu befürchten, daß mir der andere innerlich zu nahetritt, wenn ich es nicht will (oder es nicht ertrage). Man kann sich in der Seilpartnerschaft stets auf die sachbezogenen Rituale der Interaktion zurückziehen und dadurch die Ich-Grenzen schützen. Das ist wie mit Arbeitskollegen: Auch eine Seilpartner-

schaft kann als reines Arbeitsbündnis funktionieren, bei dem trotz größter äußerer Nähe eine sichere innere Distanz gewahrt werden kann. Die Ich-Grenzen können, auch wenn sie sehr zerbrechlich sind, auf diese Weise selbst bei engem Kontakt aufrechterhalten werden.
So erlebe ich beim gemeinsamen schweren Klettern beides: klar gefühltes Ich-Sein und zugleich Nähe zu einem anderen Menschen. Das Verhältnis zwischen Ich und Du, das bei passionierten Alpinisten so oft ungeklärt ist, kommt in den Tagen des Zusammenseins am Berg ins Lot. Weil ich hier meines Einzel-Ich vollkommen sicher sein kann, gelingt dann bisweilen auch tiefe und angstfreie Öffnung zum Du.
Von einer zusätzlichen Seite her erhält das Individualitätsgefühl beim schweren Bergsteigen wertvolle Stärkung: Auf schwerer Tour bin ich in der Einöde der hohen Gebirge oft auf weite Strecken das einzige Lebewesen. Die Weite des Raumes, der im Gebirge mir allein »gehört«, gibt meinem Ich Gewicht. Da hat mein einzelnes Dasein ganz besonderen Wert, anders als unter den großen Menschenscharen der Städte. Schließlich, auf den Gipfeln, kommt noch die eigentümliche Wirkung des Obenseins auf das Ichgefühl hinzu. Das eindrucksvolle räumliche Emporgehobensein weckt eine Empfindung des bedeutungsmäßigen Erhabenseins über die vielen Menschen unten. Wie eng Obensein und Ichsein seelisch miteinander verknüpft sind, das illustrieren die folgenden Worte von Eugen Guido Lammer: »Da unten will ich fest gegründet sein und wesenseins mit der breiten, ungeformten Masse, verschmolzen mit meinem Volk, mit der Menschheit; daraus hervor aber soll mein Ich dem Berge gleich erwachsen als ein durchaus Eigener, ohne Andersgleichen, empor zur scharfgezackten Persönlichkeit.«[65]
Der Berg erscheint hier als Metapher einer klaren und wertvollen Einzigartigkeit. Nicht zuletzt dieser Bedeutung wegen ist das hohe Gebirge die Pilgerstätte der Individualitätshungrigen.

Eine kritische Überlegung zu dem Identitätserlebnis des schweren Bergsteigens soll hier nicht verschwiegen werden:
Das Identitätserlebnis des Extrembergsteigers in Aktion ist sicherlich ein außerordentlich intensives, aber es ist kein vollständiges, beruht doch sein Zustandekommen wesentlich auf Vorgängen der Ich-Einschränkung. So blende ich beim schweren Bergsteigen mein Wissen um mich selbst weitgehend aus. Ich denke bloß noch an das momentan absolut Lebensnotwendige, und ich denke von mir weg, nach außen. Ich vergesse, was ich jenseits der Bergsituation bin und sein werde. Ich vergesse meine im Bewußtsein aufgezeichnete persönliche Geschichte und damit auch meine Leidensgeschichte.

Abb. 14. *Der Berg als Metapher klarer und wertvoller Einzigartigkeit (das Matterhorn).*

Im Hinblick auf die Ich-Problematik bedeutet das: Meine inneren »Verknotungen« und Schmerzzentren werden im Gebirge nicht aufgelöst, sondern nur aus dem Blickfeld geschoben oder kleingemacht. Die Ich-Erlösung ist keine beständige, sie ist zum Teil nur *ein Akt des Vergessens*. Zwar erlange ich momentan ein schmerzfreies und kraftvolles Ich, aber keines, in dem all das, was zu mir gehört, in Durchsichtigkeit geordnet und aufgehoben ist. Darum auch fordert das Bergerlebnis des Extremalpinisten mit suchtartiger Unerbittlichkeit die ständige Wiederholung.
Pointiert gesagt: Das automatisch beim extremen Bergsteigen sich einstellende Identitätserlebnis ist eine Identitätserfahrung ohne Selbsterkenntnis.

Exkurs: Der Dichter und die Extremen

Bei dem Dichter Lord Byron (1788–1824) bin ich auf Worte gestoßen, die in einer ganz verblüffenden Weise zusammenstimmen mit den Ausführungen, wie ich sie in den beiden vorausgegangenen Abschnitten »Lebendigkeitshunger« und »Auf der Suche nach der Harmonie des Ich« gemacht habe. Ich möchte noch hinzufügen, daß mein Buchmanuskript bereits fertig war, als ich meine Entdeckung bei Byron machte. So konnte und kann ich Byrons Worte als eine machtvolle Bestätigung meiner Gedankengänge auffassen. Byron schrieb einmal:

Das große Ziel des Lebens ist Empfindung – zu spüren, daß wir da sind, wenn auch mit Schmerzen. Es ist diese »verlangende Leere«, die uns antreibt zu spielen – zu kämpfen – zu reisen – zu unmäßigen, aber scharf empfundenen Unternehmungen aller Art, deren hauptsächlicher Reiz die Erregung ist, die sich untrennbar mit ihrer Ausführung verbündet.[66]

Hier ist in einem fast zweihundert Jahre alten Text mit einer frappierenden Deutlichkeit jener Zusammenhang zwischen innerer Leere einerseits und Schmerz, Risiko und seelischer Stimulierung andererseits ausformuliert, wie er im Verhalten von Extrembergsteigern erkennbar wird.

Wer war Lord Byron? Der Erinnerung der Nachwelt hat er sich eingeprägt als der Verfasser des Versepos »Childe Harold« und als ein Mann mit vielen Amouren. Mit der Bergsteigerei hat Byron nichts zu tun gehabt. Es verbindet ihn indes eine tiefe innere und auch äußerliche Verwandtschaft mit den Extrembergsteigern: Byron tat sich zu seiner Zeit hervor als ein unerhört wagemutiger Abenteurer und Expeditionsreisender. Er war beständig unterwegs und plante immer neue spektakuläre und gefahrvolle Unternehmungen. Das letzte große Abenteuer dieses zutiefst unruhvollen und tatengierigen Menschen war die Beteiligung am Freiheitskampf der Griechen, wobei Byron sein Leben verlor. Unter den Zeitgenossen war Byron seiner wilden und ausgefallenen Taten wegen ähnlich berühmt und umstritten, wie es heutzutage ein Reinhold Messner ist. Byron war ein Extremer, und er war aus demselben Holz wie die Extrembergsteiger, unserer Zeit. Darum auch treffen seine oben wiedergegebenen Worte so exakt auf das Erleben und Handeln der Extrembergsteiger zu. Byron empfand und erlitt in einem ganz tragischen Maße jenes Bedürfnis nach »scharfen Taten« und starken Empfindungen, das aus einer grausam empfundenen Leere entspringt. »Zu spüren daß wir da sind, wenn auch mit Schmerzen« – dieser Satz könnte als Motto über dem Dasein so manches Berg-Extremen stehen.

Es verwundert nicht, daß bei Byron noch andere Gemeinsamkeiten mit Extrembergsteigern erkennbar werden: Wie viele große Extremalpinisten, so war auch Byron äußerlich und innerlich ein Heimatloser, und er litt daran. Unstet zog er sein Leben lang von Land zu Land, von Ort zu Ort (und auch von Frau zu Frau). Nirgends wurde er seßhaft. Nirgends fühlte er sich daheim. Und nie gelangte er zu einer ruhigen Ausgeglichenheit in sich selbst. Er fand nicht jenes Gefühl des selbstverständlichen In-sich-selber-Seins, welches ein Zeichen ist für eine gelungene Identität. »Ich kann nicht sagen, was aus mir werden wird«[67], so klagte er, dreißigjährig, aus tiefster Seelennot. Es war ihm nicht beschieden, Klarheit und Ruhe in sich selber zu finden. So trieb es ihn denn lebenslang in stetig wacher und drängender Unrast durch die Welt – wie einen Whymper, einen v. Barth, einen Buhl, einen Bonatti, einen Messner... Eine kleine und zugleich bedeutungsvolle Präzisierung muß ich hier anfügen: Am Ende seines Daseins, während der letzten und sehr bewußten Stunden seines Sterbens, da gelangte Byron ganz offenkundig zu jener Ruhe und Gelassenheit, die er ein Leben lang hatte entbehren müssen. Angesichts der Gewißheit des Todes wich die lebenslange Spannung und Unrast aus seiner Seele.[68] An diesem Punkt scheint eine tiefbedeutsame Parallele auf zum Erleben von Extrembergsteigern, die den Tod bereits vor Augen gehabt hatten. Diese »Zurückgekehrten« berichten häufig von einem glückseligen Zustand der Ruhe und Erlösung, der sie überkam, als der Tod unabwendbar erschien. Ich deute mir dieses Erlösungserlebnis so: Für einen lebenslang Umhergetriebenen bedeutet der Tod eine Art von endgültigem Angekommensein. Er bedeutet das Ende schmerzvollen Suchens, und das ist gewiß etwas unendlich Schönes für einen nie Behausten. Was die Unbehaustheit anbelangt und die Sehnsucht nach der Ruhe in uns selbst, da haben wir leidenschaftlichen Alpinisten viele Seelenverwandte bis tief hinein in die Geschichte des Abendlandes. So verschiedene Männer wie Alexander der Große oder Augustinus oder Martin Luther fallen mir da ein. Sie alle waren Extreme, Leidenschaftliche, Getriebene und Suchende.

Über die seelische Bedeutung des Risikos

Nervenkitzel

Das extreme Bergsteigen enthält ein ziemlich hohes objektives Gefahrenmoment, das habe ich an früherer Stelle ausführlich belegt. Nun kann man dazu anmerken – und das wird von Kletterern auch oft getan –, daß ja auch manche Tätigkeiten des alltäglichen Lebens, wie zum Beispiel das Autofahren, mit einer deutlichen und statistisch bewiesenen Gefahr verbunden sind. Möglicherweise sterben im Straßenverkehr, anteilsmäßig gesehen, vielleicht sogar mehr Menschen, als Kletterer am Berg verunglücken. Darum, so lautet dann in der Regel die weitere Argumentation, sei es überhaupt nicht sinnvoll und gerechtfertigt, dem Gefahrenmoment beim Bergsteigen besondere Beachtung zu schenken.
Diese Logik erscheint überzeugend. Sie bleibt es indessen nur so lange, als man sich auf der Ebene der Statistik, der äußeren Faktizitäten bewegt. Was die äußere, die meßbare Seite des Gefahrenmoments betrifft, da mag wirklich kein erheblicher Unterschied bestehen zwischen dem Lebensrisiko im Straßenverkehr und jenem am schwierigen Berg. Wendet man sich jedoch der »Innenseite« des Risikos zu, der Art und Weise, wie die Gefahr erlebt wird, dann wird ein entscheidender Unterschied erkennbar zwischen den normalen Gefahren des Alltags und der Gefahr in steiler Wand. Am Berg, auf einem schwierigen Anstieg, da habe ich fortwährend ein sehr hautnahes und intensives Gefahrenempfinden. Der tiefe Abgrund unter mir gemahnt mich andauernd an die Möglichkeit des todbringenden Sturzes. Die vielen dramatischen Begleiterscheinungen und Episoden des schweren Bergsteigens, wie etwa der Steinschlag, der donnernd niederkracht, die Spalte im Eis, die sich unvermittelt auftut, die Elektrizität des nahenden Gewitters, die in den Felsen und den Haaren knistert, die Lawine, die sich in der Nähe löst – all das erinnert mich beständig und unübersehbar an die Möglichkeit des Ausgelöschtwerdens. Sehr groß, sehr klar und sehr spürbar teilt sich uns beim Bergsteigen die Todesmöglichkeit mit. Auch wenn ich mir meiner selbst sehr sicher bin und mir daher objektiv gesehen kaum etwas zustoßen kann, so erfüllen mich dennoch die drastischen Wahrnehmungen der Gefahr mit einem intensiven Risikobewußtsein

und -empfinden. Dieses nachhaltige und ganz konkrete Gefahrenerlebnis meinen wir, wenn wir vom »Nervenkitzel« einer schweren Bergtour sprechen. Den Gefahren des alltäglichen Lebens fehlt dieser Nervenkitzel, dieses intensive Empfinden des Risikos weitgehend.
Nun ist die Frage: Weshalb finden Extrembergsteiger einen ausgeprägten Gefallen an dem starken Gefahrenempfinden, das mit dem schweren Bergsteigen einhergeht? Warum suchen und brauchen sie den »Nervenkitzel« in einem ungleich höheren Maße als andere Menschen? Eine teilweise Beantwortung hat diese Frage bereits in den Abschnitten »Lebendigkeitshunger« und »Auf der Suche nach der Harmonie des Ich« erfahren, wo das Empfinden des Todesrisikos in Verbindung gebracht wurde mit den Bedürfnissen nach emotionaler Stimulierung und nach Erlösung von Selbstunklarheit und innerer Zerrissenheit.
Es folgt nun zunächst ein Abschnitt, in welchem ich persönliches Erleben schildere. Ich möchte ein paar Bilder und Empfindungen beschreiben, wie sie in mir aufsteigen, wenn ich mich in Gedanken in Bergbesteigungen versetze, die für mich mit einem besonders lustvollen und starken Nervenkitzel verbunden sind. Diese persönlichen Zeilen illustrieren noch einmal, was an früheren Stellen über die Bedeutung der Todesnähe für uns Kletterer gesagt wurde, und sie leiten zugleich über in eine längere Betrachtung zum Thema »Stürzen«.

Starke Stunden

Ein paarmal im Jahr, wenn ich bergsteigerisch besonders gut in Form bin, gelüstet es mich mit Macht nach einem Alleingang an der Grenze meines Könnens. Das sind dann unglaublich starke Stunden, Festtage des Lebendigseins.
Da bin ich ganz allein an einem großen Berg. Mit Lust, mit Angst und mit vollkommener Wachheit klettere ich empor. Die Angst verschwindet nach einiger Zeit, nur ein kleiner und guter Rest bleibt davon noch zurück. Unbändige Zuversicht füllt mich aus. Die Wand wird steil. Ich stehe auf einer schmalen Leiste, nur mit den Schuhspitzen. Ich stehe in der riesigen Senkrechten, auf winzigem Tritt. Ich bin ruhig. Ich habe ja Kraft. Ich kann was. Kein Hecheln. Keine Eile. Meine Zehenspitzen und meine Waden, die halten mich gut und lang. Ich fühle und genieße eine herrliche Selbstverläßlichkeit. Vor mir liegt ein glattes und luftiges Stück. Ich mustere die Stelle mit Wachheit und mit Gelassenheit. Die Wand wird Teil von mir selbst. Ich präge mir die Abfolge der Kletterzüge ein. Ich weiß, daß ich keinen Fehler machen darf, denn dann ist es

aus. Dieses Wissen ist da, aber es hemmt mich nicht. Es macht mich nur absolut klar und stark. Nein, ich mache keinen Fehler. Ich beherrsche den Abgrund mit meinem Können und mit der Gelassenheit meiner Kraft. Ich spüre den Abgrund. Er fließt in jede meiner Bewegungen und Entscheidungen ein. Er macht mich blitzlebendig und stark.
Dieses stundenlange Widerspiel von bewußter Bedrohung und intensiv erlebtem Können schafft in mir eine ungeheure Spannung – eine unglaublich gute Spannung: Ich fühle mich stark und mächtig wie niemals sonst. Alles, was ich tue, besitzt eine gewaltige Bedeutung: leben oder untergehen. Und meine Bewegungen stimmen!
Für ein paar Stunden lebe ich auf einer höheren Ebene der Existenz. Auf einer viel stärkeren, leuchtenderen und wilderen als sonst. Da merke ich dann mit Glückseligkeit, was in mir ist an Leben und Herrlichkeit.

Vom Stürzen

In welcher Gestalt tritt der Tod am Berg vornehmlich an uns heran? Auf welche Weise droht er uns? Das typische Gefahrenmoment des Bergsteigens ist das Stürzen, das Fallen in große Tiefen. Wir werden auf schwerer Tour beständig an die Möglichkeit des tödlichen Fallens erinnert. Leidenschaftliche Kletterer wissen auch sehr wohl, daß sie einmal tödlich abstürzen können. Viele haben schon dramatische Sturzerlebnisse hinter sich. Derlei Erfahrungen bringen uns aber in der Regel in keiner Weise von unserer Kletterleidenschaft ab. Ich glaube, wir haben einen tiefen und untergründigen Bezug zum Thema »Fallen«. Das will ich im folgenden zu verdeutlichen suchen.
Wenn tödliches Stürzen das hervorstechende Gefahrenmoment des schweren Bergsteigens darstellt, dann kann man sagen: Schweres Bergsteigen ist, unter anderem, auch ein steter Kampf gegen die Möglichkeit des tödlichen Fallens. Im Grunde ist eine schwierige Klettertour ein beständiges Sich-Wehren und Sich-Vorsehen gegen das Stürzen. Kletterer sind Spezialisten in der Bewältigung sturzträchtiger Situationen, als da sind glatte Wände, scharfe Grate, jähe Eisfluchten und lawinenbedrohte Schneeflanken. Nahezu alles, was wir in schwerer Wand an Handgriffen ausführen, steht mehr oder minder im Zeichen der Bemühung, ein tödliches Stürzen zu verhindern. Wenn wir sagen, wir wollen eine Wand sicher hinaufkommen, dann ist das ja gleichbedeutend mit der Aussage: Wir wollen uns vor dem Fallen schützen. Dazu bedienen wir uns vielfältiger und raffinierter Hilfsmittel. Wir klettern mit Gur-

ten und Seilen, wir sichern uns mit Haken, Klemmkeilen und Eisschrauben verschiedenster Formen, wir tragen Schuhe mit speziellen Reibungssohlen, und wir haben besonders geformte Rucksäcke. Außerdem beherrschen und praktizieren wir ausgeklügelte Techniken des »fallsicheren« Hinaufbewegens: Das Dreipunktsystem, die flexible Gewichtsverlagerung, das Stemmen, das Spreizen, das Piazen, die Untergrifftechnik und vieles andere mehr. Alle diese Mittel setzen wir ein, um hinaufzukommen und um dabei nicht zu fallen.

Welche Bedeutung hat für uns der Kampf gegen das tödliche Fallen, der beim schweren Bergsteigen beständig vor sich geht? Eines halte ich zunächst für gewiß: Das Sich-Behauptenkönnen gegen eine tödliche Sturzgefahr ist für uns ein Thema von ganz großem seelischem Gewicht. Um die Bedeutung, die die Auseinandersetzung mit der Sturzgefahr für uns hat, zu ergründen, können wir uns fragen, welche Gefühle und Gedanken sich für uns mit der Vorstellung des freien Stürzens verbinden. Da werden sicher vielerlei Assoziationen wach. Für mich spielen die folgenden drei Bedeutungen eine besondere Rolle: Zu stürzen heißt für mich: Ich bin völlig hilflos. Ich habe keinen Halt mehr. Ich werde wohl sterben. Auf dem Wege des Umkehrschlusses kann ich nun ableiten, was es für mich heißt, *nicht* zu stürzen im schwierigen Fels. Nicht zu stürzen bei objektiver Sturzgefahr, das heißt dann für mich: Mächtig und stark sein. Festen Halt haben und spüren. Dem Tod überlegen sein. Jetzt kann ich mir die folgenden Fragen stellen:
Warum ist es mir so wichtig, nicht hilflos zu sein, sondern machtvoll und stark?
Warum ist es mir so wichtig, Halt zu haben und zu spüren?
Warum bedeutet es mir so viel, eine konkrete Todesgefahr zu beherrschen?
Wenn ich diese drei Fragen zu beantworten vermag, dann, so glaube ich, habe ich die Bedeutung entschlüsselt, die die tödliche Fallgefahr im Gebirge und ihre stete Bewältigung für mich – und wohl auch für andere Kletterer – besitzt.
Ich werde mir die soeben formulierten drei Fragen nun einzeln vornehmen und niederschreiben, was dazu an Gedanken, Bildern und Empfindungen jeweils in mir angerührt wird.

Erstens: Warum ist es für mich und für andere Kletterer so wichtig, nicht hilflos zu sein, sondern machtvoll und stark?
Ich kann diese Frage auch so stellen: Warum ist es mir ein ganz starkes

Bedürfnis, die Bedingungen meines Daseins sicher »im Griff« zu haben, so, wie ich beim guten Klettern den Fels souverän mit meinen Händen im Griff habe?
Ja, warum? Ich weiß, daß in mir eine große Angst vor Hilflosigkeit steckt. Ich bin in meinem frühen Dasein manchmal zu sehr hilflos gewesen, so sehr, daß ein Entsetzen vor diesem Zustand in mir zurückgeblieben ist. Es gab Zeiten, da war ich zu sehr allein und Zeiten, da wurde ich von Fürsorge überrollt – Wechselbäder von einer Hilflosigkeit in die andere. Klein und schmerzvoll abhängig zu sein, das war gewiß bei vielen von uns eine formende Erfahrung der frühen Zeit. Die Bitternis des Ohnmächtigseins und des Ausgeliefertseins nährte den Drang, stark zu sein, völlige und alleinige Macht zu haben über die Bedingungen der eigenen Existenz. Beim Klettern in schwerer Wand, da finden wir in geballter Weise das Erlebnis souverän gestaltender Macht:
Wir besitzen und wir genießen die Macht, grimmige Fels- und Eiswände, in denen jeder andere Mensch vollkommen hilflos wäre, sicher zu durchsteigen. Wir haben das Können, sprich: die Macht, durch völlig unwegsam erscheinende Felswüsteneien und Eislabyrinthe hindurchzufinden. Wir verfügen über die Fähigkeit und die Stärke, tobende Unwetter und grimmige Biwaknächte droben am Berg ohne Schaden durchzustehen. Wir sind in der Lage, uns in lebensfeindlicher Wildnis lange Zeit mit den einfachsten Mitteln selbst zu erhalten. In allen diesen Erlebnissen des Starkseins ist auch mitenthalten eines der größten Machterlebnisse, die dem Menschen zuteil werden können, nämlich die klar empfundene Macht über den nahe erlebten Tod. Über diese Todes-Macht und ihre Bedeutung für uns werde ich noch gesondert sprechen.
Es ist schwierig, die hohen und steilen Berge heil hinauf und wieder hinunter zu kommen. Wir brauchen und wir lieben diese Schwierigkeiten. Denn im Umgang mit den großen und handgreiflichen Schwierigkeiten und Gefahren der Berge gelangen wir zu einem urtümlichen Gefühl von Stärke und Macht. Wir kämpfen so gern mit dem großen und greifbaren »Gegner Berg«, weil der erfolgreich bestandene Kampf uns bis in die Knochen und bis in jede Muskelfaser hinein die Gewißheit gibt: Wir waren stark. Wir waren *nicht* ohnmächtig. Wir waren *nicht* hilflos. Insbesondere bei schweren Alleingängen ist dieses Erlebnis der Ich-Macht ganz immens.
Wir leidenschaftlichen Kletterer holen uns Machterlebnisse am Berg und beschwichtigen damit den tief in unserer Seele sitzenden Schmerz des Ohnmächtigseins. Einstmals hatten wir ein Hilflossein erlebt, das

schauerlich war wie der Sturz in einen tiefen Abgrund. Als Kletterer schauen wir ebenfalls in grausige Abgründe hinab, aber nunmehr bleiben wir dank unserer eigenen Kraft und Geschicklichkeit oben. Früher schluckte uns der Abgrund verzweiflungsvoller Ohnmacht, und nun, da wir erwachsen sind, triumphieren wir über die riesigen Abgründe im Gebirge. Wir sind auf der Ebene des äußeren Lebens zu erfolgreichen Abgrund-Bewältigern geworden. Freilich, den inneren Abgrund schütten wir damit nicht dauerhaft zu.

Nun möchte ich mich mit der *zweiten* Frage befassen, die ich in bezug auf die gefühlsmäßige Bedeutung des Fallens (bzw. des Nicht-Fallens) formuliert habe:
Warum ist es für mich so wichtig, einen festen Halt zu spüren?
Ein Kletterer, festgekrallt an den Rauhigkeiten einer hohen Wand – dieser Anblick erweckt in mir den Gedanken an ein Kind, das sich festklammert an Mutters Rock. Diese Gedankenverbindung mag gewagt erscheinen, aber ich glaube, sie hat etwas für sich. Beide, der Kletterer wie das Zweijährige oder das Dreijährige, erleben eine Katastrophe, wenn der Halt abreißt: Der Kletterer stürzt in die Tiefe des Felsabgrunds, das Kleine stürzt ebenfalls in einen Abgrund: in die Trostlosigkeit des Getrenntseins von der Mutter. Wenn ein kleines Kind sich sehr an die Mutter anklammert, dann zeigt es damit ja, daß es die gespürte Nähe der Mutter ganz notwendig braucht. Nun regt sich in mir eine Frage, die hochsteigt aus meinem eigenen Dreijährigenschicksal: Ist mein Anklammern an die Mutter allzu oft unterbrochen oder überhaupt verhindert worden? Bin ich zu wenig an die Mutter hingekommen, im direkten wie im seelischen Sinn? Hatte ich Mangel an Halt in beiderlei Weise? War mir damals die Mutter unzugänglich, so, wie für gewöhnliche Menschen die steilen Fels- und Eiswände der Berge unzugänglich sind? Ich glaube, da besteht ein Zusammenhang. Die großen Berge, zu denen wir Bergsteiger mit magischer Gewalt hingezogen werden, sie sind riesige Monumente der Unzugänglichkeit und der Abweisung. Aber gerade weil sie so abweisend sind, weil Halt an ihnen so schwer zu finden ist, gerade deshalb locken sie uns an. Wir suchen mit Verbissenheit genau dort nach einem festen Halt, wo er ganz schwer zu bekommen ist, in glatter Wand, im jähen Eis. Wiederholen wir da nicht eine Situation, die uns früher vielleicht begegnet ist und die uns viele Schmerzen zugefügt hat – Halt suchen bei ständiger Gefahr des Abgewiesenwerdens? Halt suchen dort, wo viel Unnahbarkeit war? Wenn dem so ist, dann hat die Haltsuche am Berg wenigstens *einen* großen Vorzug gegenüber dem frühen und vergeblichen Halt-Habenwollen.

Der Berg läßt uns an sich heran. Zwar macht er's uns schwer, aber wir kommen hin, wenn wir unbedingt wollen. Früher hatten wir trotz heißestem Wunsch und Bemühen keine Garantie, den erhofften Halt zu bekommen. Am Berg hat unser Bemühen Erfolg. Da entwickeln wir auch eine regelrechte Virtuosität im Festhalten und Dranbleiben. Da können wir uns als besonders »festhalte-erfolgreich« erfahren. Auf schwerer Tour bewegen wir uns ständig im Spannungsfeld zwischen Haltsuchen und Haltfinden. Hundertmal bangen und ringen wir auf schwerer Tour um den haltgewährenden Griff, und hundertmal erfüllt es uns mit tiefem Glück, solchen Griff, zu finden. Der hart erarbeitete sichere Griff ist auf schwerer Tour der Inbegriff von Erlösung und Glück. Beim Klettern sind wir darüber hinaus auch ganz nah am Fels, am Fels-Körper dran. Wir haben intensivsten Kontakt mit ihm, mit den Händen, den Füßen und oft mit dem ganzen Leib. Wie ein Kleinkind, das getragen wird, totalen Kontakt zur Mutter hat. So holen wir am Berg etwas nach von einer Erfahrung des Halt-Spürens und des Kontakt-Habens, die wir wohl zu anderer Zeit und in anderer Hinsicht zu wenig hatten erleben dürfen. Das Schöne am Berg ist, daß er uns immer zur Verfügung steht und daß er uns, gerade weil er schwierig ist, unsere Halte-Fähigkeit besonders intensiv und genußreich erfahren läßt.

Und nun zur *dritten* Frage, die im Gedanken an das Stürzen für mich aktuell wird:
Warum bedeutet es mir so viel, eine konkrete Todesgefahr zu beherrschen? Beim Reden von Tod und Todesgefahr denken wir an das körperliche Ausgelöschtwerden. Tritt die Gefahr des leiblichen Vernichtetwerdens allzu nahe an uns heran, empfinden wir Entsetzen, grausame Todesangst. Nun behaupte ich, im Einklang mit den Erfahrungen der Tiefenpsychologie, daß nahezu jeder Mensch die Erfahrung »tödlichen« Entsetzens schon sehr früh erlebt hat. Eine Ahnung vom seelischen Schrecken des Todes haben wir schon lange in uns, ohne es mit Bewußtsein wahrzunehmen. Gelegentliche Alpträume lassen uns das tödliche Entsetzen, das Bestandteil unseres Seelengrundes ist, noch in Annäherung erfahrbar werden. Wann machten wir diese frühen »Todeserfahrungen«? Es gibt in den ersten Lebensjahren manche Situationen, die für das Kind wie ein Vernichtetwerden, ein Zu-Nichts-Werden sind. Alleingelassensein, wenn die Mutter ganz stark herbeigesehnt wird, ist solch ein Stück Vernichtetwerden. Auch die irrsinnige Angst, wie sie bei allzu grausamer Bestrafung die Seele erschüttert, gleicht dem Entsetzen des Todes. Heftige Beschämung kann schlimm sein wie der Tod. Das Nicht-Geltenlassen von Wünschen und Gefühlen, die ganz

Abb. 15. »*Ein Kletterer an den Rauhigkeiten einer Felswand festgekrallt…*« *(an der Kleinen Fermeda in den Dolomiten).*

mächtig waren in uns, kann für ein Dreijähriges tödlich schmerzhaft sein. In mancher Kindheit häufen sich derartige seelische Todeserlebnisse. Das Grauen des Zunichtegemachtwerdens, das damit verbunden ist, wird mit aller Macht vergessen, verdrängt. Es lebt indes in der Tiefe weiter. Es verlangt dann, unerledigt, wie es ist, beständig nach Beschwichtigung. Es kann zur Quelle eines ganz starken Bestrebens werden, sich in vernichtungsträchtige Situationen zu begeben, um dann immer wieder die Meisterung der tödlichen Bedrohung auszukosten. Eben das ist bei vielen von uns der Fall. Waren wir früher vielfältigen »inneren« Toden macht- und hilflos ausgeliefert, können wir uns angesichts der äußeren Vernichtungsbedrohungen der schweren Berge als todes-überlegen empfinden. Die Akrobatik der äußeren Todesbeherrschung schenkt uns einen Ausgleich gegen die tiefe Todes-Hilflosigkeit, die von früh an in uns steckt und die noch nicht verwunden ist.

Das Wissen um alle die vorab benannten Zusammenhänge macht auch eine Tatsache verständlich, die Nicht-Bergsteiger oftmals mit Befremden erfüllt: Ich meine die Erfahrung, daß es wirkungslos ist, wenn man uns die Gefahren des schweren Bergsteigens drastisch vor Augen führt. Wir lassen in aller Regel selbst dann nicht vom Klettern ab, wenn wir selber einen Bergunfall hatten oder wenn Kameraden verunglückt sind. Wir gehen eben an die schwierigen Berge heran, nicht *obwohl* sie gefährlich sind, sondern *weil* sie gefährlich sind. Dort begegnen wir sichtbar und spürbar der vernichtenden Gefahr, und dort können wir sichtbar und spürbar über sie triumphieren. Das ist es, was wir brauchen.

Wir sind nicht todessüchtig, wie es uns von verständnisunfähigen Leuten gern unterstellt wird. Kein Extremkletterer, der in die Berge geht, um dort zu sterben. Wir wollen am Berg leben, unbedingt leben und unseren Triumph über die unmittelbar gefühlte Gefahr genießen. Um dieses sieghafte Der-Vernichtung-Standhalten geht es, und nicht ums Sterben. Letzteres ist für uns eine Katastrophe wie für jeden anderen auch.[69]

Ich habe nun aufgezeigt, weshalb das Thema »Fallen« für viele von uns eine ganz tiefe Bedeutung hat: Angesichts der Möglichkeit des tödlichen Fallens, die im Gebirge ja immer gegeben ist, können wir uns als sehr mächtig erleben; wir können uns beweisen, daß wir auch unter den schwierigsten Umständen noch sicheren Halt erringen können, und wir genießen den sichtbaren Triumph über den Tod. Alles dieses ist für uns so wichtig und so kostbar, weil wir damit Schmerzen beschwichtigen, die tief in unsere Seele eingebrannt sind.

Ein Kind stürzt ab

Nun will ich von einem Jungen berichten, der in einem Heim für seelisch schwer gestörte Kinder lebte. Das Heim wurde von dem bekannten Kinderpsychologen Bruno Bettelheim geleitet. Dieser Mann hat das Kinderschicksal und den Therapieverlauf des kleinen Paul aufgezeichnet.[70]

Der Knabe Paul weist im Hinblick auf sein Verhalten, sein Erleben und seine prägenden Kindheitserfahrungen sehr viele Bezüge zum biographischen und seelischen Hintergrund von Extremalpinisten und von anderen vergleichbaren »Risiko-Suchern« auf. Die Therapieprotokolle des kleinen Paul sind geeignet, die weiter oben gemachten Andeutungen zu den Stichworten »Ohnmacht«, »Abweisung« und »frühe Verzweiflung« in einer eindringlichen Weise zu illustrieren.

Vorweg ist ausdrücklich klarzustellen: Paul ist ein ganz besonders krasser Fall. Ich meine nicht, daß bei uns leidenschaftlichen Bergsteigern die Dinge ebenso kraß gelagert sind. Ich bin auch nicht der Meinung, Extrembergsteiger seien therapiebedürftig. Was im Falle des offensichtlich verwirrten und gestörten Paul sehr dramatisch zutage tritt, das spielte und spielt sich bei uns risikobedürftigen Bergsteigern sehr viel leiser und gedämpfter ab. Gleichwohl, die Tendenzen des inneren Geschehens sind in vielen Aspekten die gleichen. Ich weiß es von mir selbst.

Zunächst sei in groben Zügen die Lebensgeschichte von Paul beschrieben:

Pauls Eltern hatten von Beginn ihrer Ehe an in Zwietracht gelebt. Sie hatten sich bereits voneinander getrennt, als Paul zur Welt kam. Pauls Mutter war seit jeher eine zutiefst unglückliche Frau gewesen. Sie hatte schon mit 13 Jahren für ihren Lebensunterhalt sorgen müssen und fühlte sich, zu Recht, vom Leben stiefmütterlich behandelt. Paul wurde von seiner Mutter gleich nach der Geburt in ein Säuglingsheim gegeben. Die Mutter besuchte ihn oft, jedoch ohne einen liebevollen Bezug zu ihrem Sohn zu entwickeln. Der kleine Paul hatte zu seinen Kinderpflegerinnen dementsprechend eine viel engere Bindung als zur Mutter. Mit vier Jahren wurde Paul von der Mutter unvermittelt aus dem vertrauten Heim herausgeholt und in wechselnde Pflegestellen gegeben. Immer, wenn Paul gerade begonnen hatte, sich an einen Pflegeplatz zu gewöhnen, riß ihn die Mutter wieder heraus. Schließlich verlor Paul jedes Interesse an den Menschen. In dem Waisenheim, in dem er sich vor der Überweisung in das therapeutische Kinderheim von Bruno Bettelheim aufgehalten hatte, merkte Paul sich nicht einmal mehr die

Namen seiner Betreuerinnen, geschweige denn die der anderen Kinder. In diesem Waisenheim herrschte ein vollkommen starres Reglement. Der Zeitablauf des Tages und alles, was zu tun war, waren genauestens festgelegt. Es gab nicht den geringsten Spielraum für individuelle Wünsche und Eigenheiten. Da man Paul wegen seiner zunehmenden Verhaltensstörungen nicht mehr in diesem Heim behalten wollte, kam er mit zehn Jahren in das therapeutische Heim der Universitätsklinik von Chicago. Bei seinem Eintritt ins therapeutische Heim war Paul gänzlich in sich zurückgezogen. Er war nahezu unansprechbar und unlenkbar und er hatte verheerende Wutanfälle. Er hatte auch schon ernsthafte Selbstmordversuche unternommen.

Zur Zeit seines Eintritts in das therapeutische Heim war Paul bereits ein ausgeprägter »Risikosucher«: In seinen Zornanfällen griff er Kinder an, die viel größer und kräftiger waren als er und die sich dementsprechend zur Wehr setzten. Auch Erwachsene attackierte Paul, ohne Rücksicht auf Verluste. Paul entwickelte verschiedene gefährliche Spiele: Er zündelte gern und ohne jegliche Vorsicht. So kam man einmal gerade noch rechtzeitig dazu, als er seine eigene Kleidung (die er auf dem Leib trug) angezündet hatte. Eine andere Lieblingsbeschäftigung von Paul hieß »wildes Tier«. Er rannte dabei wie entfesselt durchs Haus, sich selber und andere hochgradig gefährdend. Es konnte nicht ausbleiben, daß Paul sich und andere oft verletzte.

Nunmehr sei ein Auszug aus einer Therapiestunde wiedergegeben, die Paul mit seiner Lieblingsbetreuerin hatte. Diese Betreuerin war der einzige Mensch, dem Paul ein zaghaftes Vertrauen entgegenbrachte. Die Therapiestunde, auf die Bezug genommen wird, markiert einen ganz wichtigen Punkt in Pauls Therapieverlauf. Hier gewährte der ansonsten völlig verschlossene Junge erstmalig einen kurzen und tiefen Einblick in sein Inneres.

Das Protokoll:
Paul begann mit Fingerfarben zu malen. Ganz deutlich sagte Paul: »Er ist auf einem Hügel und geht hinunter; geht weg..., kein Paul mehr.« Pauls Betreuerin beruhigte ihn; sie werde ihn nicht verschwinden lassen; sie würde auf ihn aufpassen und dafür sorgen, daß ihm an der Schule nichts Böses geschehe. Aber er wiederholte mit sehr menschlicher, trauriger Stimme: »Da ist kein Paul mehr.« Dann zeichnete Paul noch deutlicher einen kleinen Hügel mit seinen Fingern und sagte noch einmal: »Er ist auf einem Hügel und geht hinunter; geht weg... Paul ist nicht mehr da.« Aber jetzt war es kein Selbstgespräch mehr; es war eindeutig eine Kommunikation. Da sie dies erkannte, fragte die Betreuerin Paul, warum er

das sage, und fügte hinzu, wir wollten, daß er bei uns bliebe, und wir wollten ihn gut versorgen. Paul antwortete: »O. K., sag dir, wie's ist. Du und Paul, sie gehen über den Hügel; (sie) fallen von einer Klippe; (sind) tot. Nein, er geht allein, bis zum Ende. (Dann) kommt Gayle, gerade noch rechtzeitig, als er gerade vor dem Herunterfallen ist, und zieht ihn zurück. (Er) hat keinen guten Halt... rutscht wieder ab. Gayle sieht, was passiert, packt ihn schnell, zieht ihn rauf.«
Während er diese Geschichte erzählte, bahnte er mit den Fingern einen Weg durch die Farbe, um zu zeigen, wie er abwärts ging; dann, gerade als er nahe daran war, von der Klippe hinunterzufallen, wurde er von der anderen Hand zurückgezogen, die seine Betreuerin darstellte. Er spielte diese Situation, in der er, weil er keinen guten Halt hatte, abrutschte und von ihr gerettet werden mußte, mehrmals hintereinander durch.[71]

In dieser Geschichte des kleinen Paul sind Bilder enthalten, die mich ganz tief anrühren:

Das erste Bild: über einen Hügel gehen, weit weggehen, verlorengehen.

Das zweite Bild: über einen Hügel gehen und über einen Abbruch in die Tiefe stürzen.

Das dritte Bild: auf einen tödlichen Abgrund hinrutschen und im letzten Moment festgehalten werden von einer liebenden Hand.

Alles dies sind ausgesprochen »alpinistische« Szenen. Dabei hatte aber Paul nie mit Bergen und Bergbesteigungen etwas zu tun gehabt. Diese Berg-Szenen bilden Metaphern der seelischen Grundsituation des kleinen Paul. Es sind sehr aussagestarke Metaphern.

Zwei von Pauls Bildgeschichten enden katastrophal: Er geht verloren, er stürzt tödlich ab. Die dritte Geschichte endet gut: Er wird von einem anderen Menschen gerade noch rechtzeitig gehalten und vor dem tödlichen Sturz bewahrt. Die Rettung kommt durch den einzigen Menschen, den er liebt, durch seine Betreuerin.

Mit Gewißheit kann man die beiden ersten Geschichten als die symbolische Verdichtung der prägenden Vergangenheitserfahrungen des kleinen Paul auffassen. Das zentrale Thema dieser ersten Geschichten lautet: Vernichtung. Zunichtewerden. Noch zwei weitere Themen klingen ebenfalls deutlich an: Einsamkeit und Hilflosigkeit. Im ersten Bild steht Paul einsam auf einem Hügel, um dann im Nichts zu verschwinden. Im zweiten Bild steuert Paul hilflos und schicksalhaft auf einen tiefen Felsabbruch zu, um durch einen tödlichen Sturz vernichtet zu werden.

Wo überall waren in Pauls zehnjährigem Lebenslauf Erfahrungen des Zunichtewerdens, der völligen Einsamkeit und der unsäglichen Ohnmacht enthalten?

Paul war von seiner Mutter, wie bereits erwähnt wurde, gleich nach der Geburt weggegeben worden. Dies geschah ohne einen zwingenden Grund. Die Mutter empfand das Kind einfach als eine Last. Das klingt tragisch. Für den Säugling hätte indessen die Zukunft dennoch gut verlaufen können. Das eigentlich Tragische und Grausame war, daß die Mutter den kleinen Jungen mehrmals und in einer völlig willkürlichen Weise aus seinen Pflegestellen herausriß. Dadurch wurde jedesmal die seelische Lebensbasis des kleinen Jungen – die emotionale Beziehung zu seinen Ersatzmüttern – ganz brutal zerstört. Das waren vernichtende Katastrophen. Das Schlimme daran war: Paul war dem Zerstörungswerk seiner Mutter gänzlich ohnmächtig ausgeliefert. Er hatte keinerlei Einfluß auf das Handeln der Mutter. Auch kam das Eingreifen der Mutter völlig unberechenbar. Es kam, wie die Bomben im Krieg.

Ein weiteres vernichtendes Erlebnis hatte Paul, als seine Mutter nochmals ein Kind bekam, ein Mädchen. Paul mußte erleben, daß dieses Kind bei der Mutter bleiben durfte und von ihr verhätschelt wurde. Durch diese ungeheuerliche Ungleichbehandlung fühlte Paul sich von der Mutter erst wahrhaftig und grausam verstoßen. Er wurde zum Nichts angesichts des Glückes der kleinen Schwester. Paul fühlte sich dadurch auch zutiefst alleingelassen.

Eine tägliche, verzweiflungsvolle Ohnmacht war die beherrschende Erfahrung Pauls, als er im Waisenhaus war. In diesem Haus verlief der Tageslauf mit einer grausamen Exaktheit nach einem festen Schema. Die Eigenregungen von Paul gingen dabei vollkommen unter. Darüber hinaus wurde Paul von den älteren Kindern fortwährend gequält. Niemand bemühte sich, diese Quälereien abzustellen. Paul war ausgeliefert – wie früher schon.

So hatte Paul im Laufe seines zehnjährigen Daseins mehrere tiefe Kränkungen erleiden müssen; einige davon waren angetan, seine seelische Existenz im Kern zu erschüttern. Die grausamsten Verletzungen waren von der Mutter ausgegangen. Alle die großen Kränkungen waren mit einem Gefühl des Zunichtewerdens verbunden. Immer wieder war Paul hineingeworfen worden in das Grauen, ausgelöscht zu sein. Begleitet war diese Katastrophenerfahrung von einem Erlebnis der grenzenlosen Ohnmacht, manchmal auch von einem Gefühl der äußersten Einsamkeit.

In der Folge dieser übermächtigen Schreckenserfahrungen versank

Paul oftmals in einen Zustand der lähmenden Verzweiflung. Er verfiel in die tiefste Depression. Zuweilen aber reagierte Paul auch mit Wut, mit einer Wut, die ohne Grenzen war. Diese zwei begründeten Reaktionen auf die seelischen Martyrien – die Verzweiflung und die Wut – verselbständigten sich mit der Zeit in einer fatalen Weise. Die Wut und die Depression brachen ganz unberechenbar über Paul herein, ohne erkennbaren Anlaß.

Damit war Paul zuletzt mit zwei Arten von schwersten Bedrohungen konfrontiert: mit den Kränkungen, die ihm durch Menschen zugefügt wurden und mit der unkontrollierbaren Wut und der Lähmung, die aus seinem eigenen Inneren entsprangen. Beide Arten von Bedrohungen wurden erlebt als vernichtende Gewalten.

Um zur alpinistischen Metaphorik zurückzukehren: Man kann sagen, Pauls Existenz war durchrissen von schrecklichen und tückischen Abgründen. Sie taten sich immer wieder unvermittelt auf, und Paul stürzte ohnmächtig hinein.

Paul war ein vitaler Junge. Er war ein Kämpfer. Er wehrte sich mit allen Kräften gegen das vollständige Zerbrechen. Er wehrte sich beispielsweise, indem er den unausweichlichen Schreckenserlebnissen seines Daseins eine Phantasiewelt entgegensetzte, in der er unglaublich mächtig war. Paul schuf sich die Phantasierolle des »großen Diktators«, der die ganze Welt beherrschte. Eine andere Form der Gegenwehr gegen die übermächtigen Vernichtungserfahrungen bestand darin, daß Paul sich selber in große Gefahren hineinmanövrierte. Wie an früherer Stelle schon geschildert worden war, neigte Paul immer wieder zu Handlungen, die zur Selbstverstümmelung, ja zum Tode hätten führen können. Diese selbstgeschaffenen physischen Bedrohungen hatten einen entscheidenden Vorteil gegenüber den seelischen Schreckenserfahrungen: Hier war Paul derjenige, der das Eintreten bestimmte. Auch wenn diese Situationen hätten tödlich enden können, so enthielten sie doch, weil selbstverursacht, ein Moment von Ich-Autonomie und von Berechenbarkeit. Dank glücklicher Zufälle hatten Pauls selbstgefährdende Handlungen keine ernstlichen Folgen. Dieses erfolgreiche Überleben vermittelte Paul ein zusätzliches Gefühl der Macht. Er konnte sich nunmehr sagen: Größte physische Gefahren können mir nichts anhaben! Die selbstverursachte leibliche Gefahr wurde für Paul auf diese Weise zum wertvollen Gegenmittel gegen die schreckliche Ohnmacht, die den seelischen Vernichtungserlebnissen anhaftete. Selbst wenn Paul durch seine hochgefährlichen Handlungen den Tod gefunden hätte – es wäre zumindest ein selbstgemachter Tod gewesen. Das extreme und für andere Menschen so erschreckende Risikoverhalten des kleinen Paul hatte, so betrachtet, einen ganz wichtigen Sinn für das seelische Überleben dieses Jungen.

Das Kinderschicksal des kleinen Paul legt in einer drastischen Weise den Zusammenhang offen, der zwischen Beziehungskatastrophen in der Kinderzeit und selbstgewählten Risiko-Handlungen im späteren Lebensalter besteht. Pauls innere Leidensgeschichte ist mit Gewißheit in einem hohen Maße exemplarisch für das frühe seelische Schicksal von betonten Risikosuchern und hier wiederum speziell für Extremalpinisten. Viele von uns leidenschaftlichen Alpinisten hatten sich in den ersten Lebensjahren in einer heillosen Weise als vernichtungsgefährdet erlebt. Die Grundbedingungen des Gefühles von Daseinssicherheit, als da sind: Die verläßliche Liebe eines erwachsenen Menschen, die Vorhersehbarkeit der Handlungen und Ereignisse, ein Freiraum für eigenes Wollen und Experimentieren – diese Grundlagen der Selbst- und Daseinsgewißheit waren bei vielen von uns in Frage gestellt. Es herrschte viel Ungewißheit im Fundamentalen, eine Art von anhaltender Katastrophenstimmung. Von außen besehen merkte man davon häufig nichts. Die äußeren Verhältnisse waren zumeist durchaus »normal«.

Einige von uns hatten eine besondere Empfindsamkeit auf den Lebensweg mitbekommen. Diese trug dazu bei, daß wir den frühen Enttäuschungen und Erschütterungen besonders hart und schutzlos ausgeliefert waren. Auch Paul war ein hochsensibles Kind gewesen. Sonst hätte er nicht so entsetzlich gelitten.

Abgründe kennzeichneten unser frühes Leben. Diese Abgründe waren besonders schwarz und tief, weil wir so leicht und so tief zu erschrekken waren.

Manche von uns stürzen irgendwann leibhaftig ab in den Abgründen der Gebirge. Das weckt Entsetzen bei den Mitmenschen, und zu Recht. Doch vor diesem spektakulären letzten Fall haben wir allemal schon viele andere vernichtende Stürze getan, von denen niemand weiß. Manchmal wissen davon nicht einmal mehr wir selbst. Allein unser suchtartiges Hingezogensein zu todeshaltigen Abgründen im Gebirge kündet dann noch von der frühen Abgrundbezogenheit.

Kehren wir für einen Augenblick noch einmal zurück zu dem kleinen Paul.

Der Junge war durch sein frühes Lebensschicksal dazu prädestiniert, ein extremer Gefahrensucher und Gefahrenbeherrscher zu werden. Paul wird indes diesen Lebensweg nicht einschlagen, dessen bin ich mir fast völlig gewiß. Worauf gründet sich diese Überzeugung? Paul hat die Vernichtungsschrecken seiner ersten zehn Lebensjahre im Rahmen einer ganz stabilen und liebevollen Beziehung mitteilen und äußern dürfen, wieder und wieder, so wie in den Zeichnungen und Worten des Therapieprotokolls, das im Mittelpunkt dieses Kapitels stand. Paul durfte die inneren Schrecken nach außen wenden. Er durfte sie weitergeben an eine liebende Betreuerin. In den Jahren seiner Therapie lebte Paul die todesschlimmen Stürze der frühen Jahre immer wieder einmal durch. Er war fähig, diese Schrecken heilend nachzuerleben, weil er sich nunmehr ganz tief verstanden und geborgen fühlen durfte. Wie hieß es doch am Ende des zitierten Therapieprotokolls? »Paul spielte diese Situation, in der er, weil er keinen guten Halt hatte, abrutschte und von der Betreuerin gerettet werden mußte, mehrmals hintereinander durch.« Die Erfahrung des Gehaltenwerdens war stärker geworden als die Erfahrung der Vernichtung. Paul brauchte fortan nicht mehr einsam nach Halt zu suchen. Er lernte, zu vertrauen und sich halten zu lassen von anderen. Er brauchte fortan nicht mehr beständig äußere Gefahren aufzusuchen, um sich seine Überlebenskraft selber zu beweisen. Die alten Katastrophen verloren ihre Macht. Nun waren keine Gegenbeweise mehr nötig. Im schützenden Raum einer außerordentlich starken Liebe hatte Paul seine frühen Schrecken loswerden dürfen. Er hatte Glück gehabt, viel Glück.

Sport und Risiko: Eine allgemeine Betrachtung

Jede »extreme« Sportart besitzt ein bestimmtes Risikomoment, das für sie charakteristisch ist. Beim schweren Bergsteigen liegt die Hauptgefahr, wie dargestellt, in der Möglichkeit des tödlichen Stürzens. Beim Wildwasserfahren drohen das Zermalmtwerden durch die übermächtige Gewalt des tobenden Wassers und das Ersticken. Das Ersticken ist auch beim extremen Tauchsport als Möglichkeit gegeben, außerdem kann man sich im Tiefenrausch verlieren in der lichtlosen Unendlichkeit der Wassertiefen. Beim Drachenfliegen wiederum setze ich mich, ähnlich wie beim Klettern, dem Risiko des haltlosen Fallens aus.
Jeder, der mit Leidenschaft einer risikonahen Sportart nachgeht, kann sich die Frage stellen: Was bedeutet das spezielle Risikomoment meines Tuns für mich? Für den Kletterer lautet die Fragestellung: Was bedeutet es für mich, der Möglichkeit des tödlichen Stürzens ausgesetzt zu sein und mich dagegen zu behaupten? Für den Wildwasserfahrer heißt die Frage: Was bedeutet es für mich, um die Risiken des Zermalmtwerdens und des Erstickens zu wissen und diese Gefahren zu beherrschen? Der Taucher mag sich fragen: Was bedeutet es mir, mit

den Gefahren des Erstickens und des Mich-Verlierens umzugehen und damit fertigzuwerden?

Immer, so behaupte ich, steht das Hauptgefahrenmoment einer extremen Aktivität in einem engen Zusammenhang zu den untergründigen Leitmotiven dessen, der diese Aktivität mit Leidenschaft ausübt. Die Art des Todesrisikos, das in einem Tun enthalten ist – Stürzen, Zermalmtwerden, Ersticken, Verlorengehen – verweist auf die Art der seelischen Bedrohungen, welchen wir einstmals gar zu hilflos ausgeliefert gewesen sind. Für das extreme Bergsteigen habe ich diesen Zusammenhang zwischen dem typischen Risikofaktor (Fallen) und früher seelischer Verwundung genauer aufgezeigt. In bezug auf andere Risikosportarten ließe sich das in analoger Weise tun.

Sexualität

Sexualität – dieses Stichwort mag in einer Abhandlung über das extreme Bergsteigen ziemlich deplaziert erscheinen. Gelten doch die hohen Berge, die »lichten« und »reinen« Höhen schon immer als eine Sphäre, die fernab liegt von den »Niederungen« und Anfechtungen der Sexualität. Nun, ich möchte auch gleich vorwegschicken, daß ich nicht die Absicht habe, das sexuelle Element zu einem Hauptmotiv des schweren Bergsteigens zu erklären. Immerhin aber scheint mir das sexuelle Moment ein nicht ganz nebensächliches Ingredienz unserer Bergleidenschaft zu sein.

Ein erstes und sehr gewichtiges Indiz für das Vorhandensein erotischer Empfindungen beim Bergsteigen liefern uns die Extremen selbst in ihren schriftstellerischen Hervorbringungen. Manche Texte von Extremen lesen sich wie Passagen aus einem erotischen Roman. Vom Berg wird geschrieben wie von einer heiß verehrten Frau. Manchmal tauchen sehr direkte sexuelle Bilder und Anklänge auf. Hier einige Beispiele für Texte mit deutlichem erotischem oder sexuellem Unterton:

Und wie wohl uns wird, wenn wir den nackten Fels mit der nackten Faust packen... (Lammer)[72]
Toter Fels: daß er das Blut erregen kann, daß er umworben und geliebt werden kann wie eine Frau. (Maduschka)[73]
Wir waren in diesen Jahren so an die Berge hingegeben, daß wir – fast wie balzende Auerhähne – für nichts anderes Ohr und Sinn und Blick hatten. (Ertl)[74]
Unser Berg entschleierte sich zuweilen für einen Augenblick, als ob er eine gefallsüchtige Schöne wäre, und sah oben reizend, unten aber sehr geheimnisvoll aus. (Whymper)[75]
Auch unser Ziel, die Giuglia, hat sich in spröder Abwehr mit Schleiern verhängt und geizt mit ihrem Anblick, als wollte sie uns durch allerhand Geheimnisse schrecken. Doch nicht lange währt dieses Gaukelspiel. Bald zerreißen die Sonnenpfeile das trügerische Gespinst, und in glühend roter Nacktheit reckt sie den wundervoll schlanken Leib gen Himmel. (Hübel)[76]
Zur Wildspitze aber drang ich vor als der Prinz, der Dornröschens Bann zerbrach. (Lammer)[77]

Der erste Berg, den ich sah, ebenso wie die erste bewußt gesehene nackte Frau, waren auf einem Foto. (Karl)[78]
Schauer ziehen durch meinen Körper, obwohl ich den Berg jetzt nicht als Schrecken empfinde. Ich stehe vor einer ehemaligen Geliebten, deren Anziehungskraft mir noch immer ein Rätsel ist. (Messner)[79]

Genug nun der Anbetungs-, Lust- und Liebesworte. Die meisten dieser glutvollen Sätze sind sicherlich in voller Naivität und ohne Hintergedanken niedergeschrieben worden. Es floß den Schreibern einfach so aus der Feder, ohne Nebengedanken. Das widerlegt indessen nicht den erotischen Charakter der Texte. Es zeigt höchstens, wie unbemerkt-allgegenwärtig erotische Tönungen im Erleben von leidenschaftlichen Bergsteigern sind. Pikant ist in diesem Zusammenhang die Beobachtung, daß die vollmundigsten erotischen Anspielungen von Männern hervorgebracht werden, die ausgesprochene Hagestolznaturen gewesen waren (siehe Whymper, Hübel und Lammer). Da blitzt in der schriftstellerischen Betätigung ein erotisches Feuer auf, das im tatsächlichen Leben nicht zu erkennen gewesen war.

Ein Berg und eine Frau sind auf der materiellen Ebene zweifellos etwas sehr Verschiedenartiges. Das hindert indessen nicht, daß im Bereich des männlichen erotischen Erlebens enge Verwandtschaften zwischen Berg und Weib bestehen, die bis zur seelischen Austauschbarkeit gehen können.

Dementsprechend kommen viele Sprachwendungen der Bergliteratur aus dem Wortschatz der Erotik. Gipfel »locken« und »reizen« uns. Sie werden »umworben« und glücklich »erobert«. Manchmal auch »weisen« sie uns spröde »ab«. Wir belegen die Berge, die es uns besonders angetan haben, mit weiblichen Verehrungstiteln: Die Schöne, die Erhabene, die Königin, die Jungfräuliche. Diese sprachlichen Gemeinsamkeiten zwischen bergsteigerischer und erotischer Literatur sind Ausdruck einer tatsächlichen gefühlsmäßigen Ähnlichkeit beider Bereiche.

Jeder leidenschaftliche Alpinist weiß aus der eigenen Erfahrung, daß uns ein großer Berg genauso packen und betroffen machen kann wie eine schöne Frau. Und die Art, wie wir uns einem Berg zuweilen entgegensehnen, ist kaum zu unterscheiden von der Sehnsucht nach einer Geliebten. So berichtet Hans Ertl von sich und seinen Gefährten, sie seien ganz verrückt gewesen nach der Nordwand des Matterhorns, nachdem sie diese Wand erstmals auf einem Bild gesehen hatten: »Seitdem trugen wir das Photo der Wand ständig bei uns und vertieften uns darin wie in das Bild der Geliebten, bis wir jede Einzelheit auswendig wußten.«[80] Welcher leidenschaftliche Alpinist kennt es nicht, dieses fiebrig-wollüstige Hindenken an einen »Traumberg« und dieses gierige Einschlürfen jedes Bildes und jeder erreichbaren Beschreibung! Manche junge Braut würde es sich wünschen, so sehr begehrt und umschwärmt zu sein. Bleibt noch zu nennen das Eroberungsglück des Alpinisten, das dem Glücksgefühl über eine Fraueneroberung verdächtig ähnlich ist.

Beim Klettern konkretisiert sich der erotische Beigeschmack des Bergsteigens auf eine ganz handfeste Art und Weise. Anfassen, Zugreifen, Eindringen und Vordringen sind wesentliche und lustgefärbte Verhaltenselemente des Kletterns. Welche Wonne ist es, die Hand auf kompakten, sonnenwarmen Fels zu legen, sich anzuschmiegen an eine pralle Wand, einen festen, handfüllenden Griff zu packen! Welches Lustgefühl geht durch uns hindurch, wenn die Steigeisen im harten Firn so richtig eindringen und knirschend greifen! Welch gutes Gefühl, wenn wir den Pickel in eine solide Schneedecke hineinstoßen. Gewiß, man denkt sich nichts dabei, doch wenn man sich diese Lustempfindungen bewußtmacht, dann reichen sie schon ein gutes Stück in die erotische Sphäre hinein. Bei der körperlich empfundenen Kletterlust spielt sich vieles über die Finger ab, über das Berühren, das sensibel tastende und horchende Erspüren. Es gibt Fels, der ist eine wahre Fingerlust. Von unseren Fingerspitzen her strömt herrliches Wohlbehagen durch den ganzen Körper hindurch. Mit Wonne bewegen wir uns über den Fels-Körper hin.

Einen Berg zu ersteigen, zumal einen einsamen und widerspenstigen Berg, das ist ein Tun, das stark mit den Gefühlen des Besitzergreifens und des Unterwerfens eingefärbt ist. Besonders lustvoll ist dieses Berg-Aneignen, wenn ich weiß und sehe, ich bin der erste Eroberer. Wenn ich meine Fußspur in unberührten Steilfirn lege, dann sagt mir diese Spur ganz intensiv: das ist mein Hang, mein Berg. Bekanntermaßen trägt auch die sexuelle Zuwendung zu einer Frau die gefühlsmäßige Konnotation des In-Besitz-Nehmens und Unterwerfens. Und wie am Berg, so ist es auch bei einer Frau besonders schön zu wissen, daß man der erste und einzige ist. Wie sagte noch einmal Eugen Guido Lammer? »Zur Wildspitze aber drang ich vor als der Prinz, der Dornröschens Bann zerbrach...« Im Straßenjargon wird eine sexuell anziehende Frau als »steiler Zahn« bezeichnet. Ist es da bloß ein perfider Zufall, daß es gerade die steilen (Felsen-)Zähne sind, auf die wir Kletterer besonders »scharf« sind?

In den besten Momenten kann das Klettern zu einer wahren Ekstase werden. Der Kletterer verfällt in einen Zustand der vollkommenen

Abb. 16. *Die steilen Zähne, auf die wir scharf sind (der Spiehlerturm in den Lechtaler Alpen).*

Verzückung und Selbstvergessenheit. Auf diesen Höhepunkten sind sich Kletterlust und sexuelle Lust sehr ähnlich.

So gibt es also zwischen dem schweren Bergsteigen und der erotischen Erlebnissphäre vielfältige Ähnlichkeiten. Unerkannt und in aller Unschuld klingen beim Bergsteigen Empfindungen an, wie sie auch für den erotischen Bereich kennzeichnend sind. Beide Gefühlssphären liegen offenkundig nahe beieinander, und die Grenzen sind fließend. Das Bergsteigen vermag allem Anschein nach ein hohes Maß an Impulsen und Empfindungen, die dem sexuellen Bereich angehören, an sich zu binden, und zwar – dies ist wichtig – ohne daß anstrengende Sublimierungen vonnöten sind. Bergsteigen und Sexualität sind über einen weiten Bereich äquivalent, austauschbar. Darum auch ist das Verhältnis zwischen Bergleidenschaft und Frauenliebe in der großen Tendenz durch ein Verhältnis der Reziprozität gekennzeichnet.

Im Lebenslauf großer Extrembergsteiger erkennen wir einen ersten und zugleich sehr augenfälligen Zusammenhang zwischen Bergsteigen und Sexualität im Alter von etwa 16 Jahren. Die meisten unter den namhaften Extremalpinisten waren schon seit den frühen Kinderjahren mit den Bergen vertraut, doch als ein überwältigendes und unwidersteliches Bedürfnis überkam sie der Drang zum Berg erst in der Pubertätszeit. Mit sechzehn oder siebzehn erfuhr das Interesse am Berg eine sprunghafte Intensivierung. Aus einer Neigung wurde Besessenheit. Auf einmal begannen die Jungen, ihre ganze Energie aufs Bergsteigen zu verlegen, ungestüm stürzten sie sich erstmals in schwere Unternehmungen, und die großen Pläne schossen auf wie das Gras im Frühjahrsregen.[81] Die Gleichzeitigkeit zwischen sexueller Reifung und totaler Hinwendung zum schweren Alpinismus läßt auf einen ursächlichen Zusammenhang schließen. Der Zusammenhang erscheint mir so gut wie sicher: Den biographischen Materialien zufolge war für viele leidenschaftliche Bergsteiger die Sexualität im Jugendalter in hohem Maße angstbeladen. Da bot sich dann offenkundig das schwere Klettern als eine günstige, weil gut sexualisierbare und gleichzeitig »saubere« Alternative zu den normalen sexuellen Interessen an. Ja, es ist wohl so: Mächtige Ströme abgebogener Sexualität bilden gerade in jungen Jahren einen Hauptbrennstoff für die reine Flamme der Bergleidenschaft. Bei der Verkoppelung von Sexualität und Bergleidenschaft spielen auch bestimmte Gruppentraditionen eine Rolle. Das schwere Bergsteigen wurde von seinen Exponenten von Anfang an sehr eng mit der Vorstellung von Männlichkeit und Mannestum verknüpft, etwa so, wie es in früheren Zeiten mit dem Kriegshandwerk gewesen war. Dieser männlichmachende Effekt der Zugehörigkeit zur extremen Bergsteigergilde kann für manchen Alpinisten von großer seelischer Bedeutung sein, dann nämlich, wenn der natürlichste Beweis des Mann-Seins, das sexuelle Interesse, aus irgendwelchen Gründen wenig ausgeprägt oder gehemmt ist. Dann bietet sich das harte Bergsteigen als eine probate Möglichkeit an, das Prädikat »ein toller Mann« unter Umgehung des natürlichen Männlichkeitsbeweises zu erringen.

Der sexuelle Empfindungs- und Erlebnisbereich schwingt in jeder Sportart irgendwo mit. Kaum ein Sport aber, so meine ich, kann in so umfassender Weise erotisch-sexuelle Antriebe in sich integrieren wie das Bergsteigen in seinen härteren Spielarten. Das eigentlich Besondere dabei ist, daß das sexuelle Element gleichzeitig hervorragend kaschiert ist. Überspitzt kann man sagen: Bergsteigen ist eine wunderbar saubere Form der Erotik. Sie ist so unverfänglich, daß sie sogar im Mönchsgewand noch völlig honett wäre. Und viele große Alpinisten sind ja in der Tat von mönchischer Art.

Leistungsbedürftigkeit

Wir passionierten Bergsteiger, die wir uns so gerne als Nonkonformisten verstehen, wir haben mit den Hauptvertretern unseres Wirtschafts- und Staatslebens eine zentrale und »system-spezifische« Eigenschaft gemeinsam: Wir sind in einem oftmals grenzenlosen Maße leistungsbedürftig und leistungsversessen. Würden wir unseren alpinistischen Leistungseifer im beruflichen Bereich betätigen, ich glaube, die meisten von uns säßen irgendwo ganz oben und ganz vorne in den Chefetagen. Leistung, und zwar in der Form der außergewöhnlichen und perfekten Vollbringung, ist für sehr viele von uns der seelische Lebensnektar. Das wird in unserem Verhalten an vielerlei Punkten offenkundig.

Die Leistungsspirale

Eine beliebte Lesebuchgeschichte ist die Story vom mächtigen Wirtschaftsmagnaten, der einmal ganz klein angefangen hat. Zuerst war der Held vielleicht Gehilfe in einem Handwerksbetrieb. Dann hat er selber eine Werkstatt übernommen. Er hat geschuftet, sinniert und gespart. Er hat angebaut und Arbeiter eingestellt. Aus der Werkstatt wurde eine Fabrik. Die Fabrik gedieh zur großen Firma. Doch der kleine Gehilfe von damals hatte in keiner Weise genug. Rastlos schuftete er weiter, als ginge es immer noch um die bloße Existenz. Mit der Unbeirrbarkeit eines Geschosses, das einmal auf seine Bahn geschickt wurde, lebte er der Devise: Immer größer, immer mehr.
Genau analog liest sich die bergsteigerische Karriere der großen Alpinisten. Irgendwann einmal haben sie mit selbständigen Touren angefangen. Die Anfänge waren zumeist bescheiden, wie bei »normalen« Bergsteigern auch. Sehr bald jedoch genügten die leichteren Touren nicht mehr. Man machte sich an die großen klassischen Alpenfahrten heran. Auch hier stellte sich sehr bald Sättigung und der Drang nach noch Schwererem, nach Außergewöhnlichem ein. Von da an begann ein ständiges Überbieten des Alleräußersten. In diesen Bergsteigerkarrieren war und ist jede vollbrachte Tat nur ein Schritt auf noch größere Taten hin. Da gibt es kein Verweilen, kein Zufriedensein. Nicht weiter-

zukommen wäre Versagen – wie es ehedem bei einem Alfred Krupp, einem Gottlieb Daimler oder einem John Rockefeller war.
Die Extremen sind sich ihres Dranges zur ständigen Selbstüberbietung oft deutlich bewußt. So beschreibt Reinhold Messner jenen unerbittlichen Vorwärts- und Aufwärtsdrang, der als eine innere Leitlinie fast sein ganzes bisheriges Dasein beherrschte, mit den folgenden Sätzen:

Anfangs waren es leichte Klettertouren gewesen. Der Sass Rigais, mein erster Dreitausender – damals war ich fünf Jahre alt – lachende Almwiesen und sonniger Dolomitfels. Später kletterte ich durch die schwierigsten Wände der Alpen, durch bedrohliche Schluchten, um dann die steilsten Wände der höchsten Berge der Welt anzugehen: Nanga-Parbat-Rupalflanke, Manasulu-Südwand, Makalu-Südwand und jetzt die Lhotse-Südwand. Immer steiler, immer schwieriger...[82]

Einer, der jahrzehntelang mit einer unglaublichen Energie jene Devise des »immer steiler, immer schwieriger« in die Tat umsetzte, war Gaston Rébuffat. Lionel Terray schreibt über ihn:

Schlicht, ruhig und zurückhaltend im täglichen Leben, mangelte es ihm dem Berg gegenüber an jeglicher Bescheidenheit. Jede Tour war ihm nur Training für eine größere. Um immer furchtbarere Wände anzugehen, fehlte ihm lediglich der Kamerad, der imstande war, ihm zu folgen.[83]

Was Terray, der Schreiber dieser Zeilen an einer anderen Stelle über seine eigene Lebensführung sagt, das zeugt ebenfalls von einem ungeheuerlichen Aktivismus, einem ständigen Drang nach noch mehr:

In kleinen sieben Jahren hatte ich an sieben Expeditionen teilgenommen, hatte fast 27 Monate in Übersee zugebracht, rund 180 Ersteigungen in den Alpen durchgeführt, siebenhundert Vorträge gehalten und auf mehr als 150000 km geführt.[84]

So klettern und rackern sie jahrzehntelang wie die Besessenen, und dennoch gelangen sie nur für ganz seltene Momente zum Gefühl der Zufriedenheit mit sich selbst. Der riesige Leistungsanspruch führt zur großen Lebenskrise in dem Moment, wo die Höhe der Leistungskraft überschritten ist und die Kräfte spürbar nachlassen. Dann ist die ganze Existenz von Grund auf in Frage gestellt, und das Ichbewußtsein braucht ein völlig neues Fundament. Nicht allen gelingt dieser innere Umbau, und viele gehen den Weg in die Bitterkeit – wenn nicht der Bergtod vorher dazwischenkommt.

Seelische Katastrophen

Noch einmal: Der Drang, Außergewöhnliches und Vollkommenes zu leisten, ist bei vielen passionierten Alpinisten ungeheuerlich stark und lebenszentral. Wie immens das Leistungs- bzw. Erfolgsbedürfnis ist, das erkennt man am deutlichsten an den Reaktionen von Extremen auf das Erlebnis des Mißerfolgs. Zwei Versagenssituationen sind typisch: Entweder muß eine Besteigung aus irgendwelchen Gründen abgebrochen werden, oder: Ein Konkurrent hat eine vorgesehene Neutour weggeschnappt. Beide Ereignisse stellen für manchen Passionierten eine regelrechte seelische Katastrophe dar, mit abgrundtiefer Niedergeschlagenheit, mit grausamen, oft lebenslangen Versagensgefühlen, mit brennendem Haß auf die Umstände oder die erfolgreichen Konkurrenten. Ein Beispiel hierfür: Zu den Teilnehmern einer Expedition, die in den siebziger Jahren die berüchtigte Rupalflanke des Nanga Parbat erstmals bezwang, gehörte auch der österreichische Kletterer Felix Kuen. Man wußte eine Zeitlang nicht ganz genau, ob nun die Seilschaft von Felix Kuen oder die seines Teamkameraden Messner als erste am Gipfel war. Für Kuen wurde dies zur Existenzfrage. Der Alpinist Toni Hiebeler führte nach der Tour das folgende Gespräch mit Kuen:

Felix fragte mich: »Jetzt möcht' ich wissen, wie du das siehst: gehör' ich jetzt zu den Erstbegehern der Rupalflanke oder...?« Weil ich diesen ruhigen Mann, der es nicht verstand, aus sich etwas zu machen, immer bewundert und gemocht hatte, hätte ich zu gerne gesagt, was er hören wollte. Aber es war einfach nicht so. »Felix«, sagte ich schonend, »es ist doch vollkommen egal, auch wenn die Erstbegehung der Flanke einen Tag vor deiner Begehung erfolgte – freu' dich. Du lebst, hast keine Erfrierungen, und pfundig war es doch auch, oder?« »Dann bin ich also nur zweiter?« vergewisserte sich Felix. Ich sagte nichts, machte nur eine Handbewegung, daß es vollkommen unwichtig sei. Aber Felix' Gesicht hatte einen Ausdruck, als wäre eine Welt in ihm eingestürzt.[85]

Erster gewesen sein oder Zweiter, ganz oben gewesen sein oder nicht ganz oben gewesen sein – daran hängt für viele von uns die Welt. Ganz schmal ist für uns die Grenze zwischen innerem Triumph und innerer Vernichtung.

Konkurrenz

In den mittleren und oberen Rängen eines Industrieunternehmens herrscht bekanntermaßen häufig eine grimmige Konkurrenz unter den Mitarbeitern. Eine ähnlich erbitterte Rivalität kann man auch in alpinistischen »Arbeitsteams« beobachten. Es ist eine allgemeine Erfahrung, daß Bergsteigermannschaften, die kurz vor einem großen Gipfelsturm stehen, zu einem brodelnden Gemisch der Ichsucht, des Neides und der Verbitterung werden. Alle, die sich da zusammengetan haben, mögen gewöhnlich friedfertige und kameradschaftliche Menschen sein – wo es um die Zuteilung von hochkarätigen Erfolgschancen geht, da kippen vielfach die besten Kameradschaftsbeziehungen um in die giftigste Mißgunst und Rivalität. Da heißt das ungeschriebene Gesetz des Handelns: Hauptsache, *ich* war droben. Die größten Tragödien auf Alpinexpeditionen geschehen nicht im Kampf mit dem Berg. Sie spielen sich mehr oder minder lautlos in den Seelen der Gipfelaspiranten ab. Da setzt es Verwundungen und Qualen, die ärger und länger schmerzen als erfrorene Finger und Zehen.

In seinem Bericht von der Everestexpedition 1978 beschreibt Reinhold Messner die Stimmungslage, wie sie im Expeditionsteam herrschte, nachdem die erste Seilschaft den Gipfel erreicht hatte:

Um die Mittagszeit des 3. Mai hat die Spitzengruppe, Robert Schauer mit Ang Phu und Wolfgang Nairz mit Horst Bergmann den Everestgipfel erreicht. Die Stimmung in der übrigen Mannschaft ist nicht euphorisch, obwohl sich jeder freut. Man sieht sich um die eigenen Gipfelchancen betrogen (...) Es mag schwer zu verstehen sein, aber wer oben steht hat immer Neider, zumindest jene, die auch gerne hinaufgingen. (...) »Das Ganze hat eine unerfreuliche Wendung genommen«, sage ich zu Josl. »Ja, es ist schon eine Schweinerei, wie sich jetzt alle vordrängen«, stellt Peter fest.[86]

Reinhard Karl formuliert in seiner lakonisch-treffsicheren Weise: »Eine Expedition ist nur dann erfolgreich, wenn *ich* oben war.«[87]

Wer nicht zu jenen gehörte, die »oben waren« ist manchmal sein Leben lang verbittert und verwundet, wie etwa Walter Bonatti, der seinerzeit bei der Erstbesteigung des zweithöchsten Berges der Welt, des K 2, von den »Kameraden« um seine Gipfelchancen gebracht worden war.

Die verbissene Rivalität unter den Top-Leuten des Alpinismus kostet auch immer wieder Todesopfer. Hierfür ist beispielhaft die folgende Episode: In den dreißiger Jahren hatten sich zur gleichen Zeit mehrere deutsche Spitzenseilschaften die Erstdurchsteigung der Matterhorn-

Nordwand zum Ziel gesetzt. Die ersten, denen das Vorhaben gelang, waren die Gebrüder Schmid. Die Münchener Alpinisten Rittler und Brehm, die sich ebenfalls Hoffnungen auf die Wand gemacht hatten, waren vom Erfolg der Schmidbrüder vollkommen niedergeschmettert (obwohl alle vier Vereinskameraden waren!). Was weiter geschah, lesen wir bei Hans Ertl:

Die Nachricht vom Fall der Nordwand hatte sie so betroffen, daß sie nicht mehr Herren ihrer Gefühle waren; man erzählt uns, sie seien, vor Enttäuschung weinend, nach Zermatt gekommen. Eine Stunde später waren sie allen guten Warnungen zum Trotz verschwunden. Wir kannten ihr Ziel. Die Nordwand der Grandes Jorasses drüben im Bannkreis des Montblanc – das ›allerletzte‹, das allerschwerste Problem. Damit wollten sie wettmachen was ihnen hier entgangen war...[88]

Eine Eislawine brachte den beiden bei ihrem kopflosen Versuch, die »Niederlage« wettzumachen, den Tod. Bei nahezu allen großen Alpenwänden ist die Besteigungsgeschichte gekennzeichnet und verdunkelt durch den Tod von Männern, die zu viel riskierten aus dem brennenden Ehrgeiz heraus, die ersten zu sein. Im Wirtschaftsleben sterben die allzu Ehrgeizigen am Herzinfarkt, im Gebirge stürzen sie tödlich ab. Anders gesagt: Rivalität und Ehrgeiz gehen hier wie dort bis zur Selbstvernichtung. Der Erfolg ist so wichtig wie das Leben – er ist im wahrsten Sinne lebenswichtig.

Berg = Problem

In bezug auf Unternehmungen, die ihnen besonders wichtig sind, reden die Extremen oft von »Problemen«: das große Problem in dieser Wand..., das letzte Problem an jenem Berg... Die Etikette »Problem« ist im Bergsteigerischen mehr als nur eine prägnante Redensart. Hier geht es nicht nur um die Überwindung rein sportlich-spielerischer Schwierigkeiten. Das Wort »Problem« steht für einen ganz wesentlichen, unterschwelligen Aspekt unseres Bezuges zum Berg. Es ist ein Hinweis darauf, wie wir das Bergsteigen empfinden: als eine permanente, todernste Prüfungssituation. Wie sagte der Extrembergsteiger Toni Schmid? »Uns lockt der Weg, dessen Abenteuer die Prüfungen sind, die man entweder besteht, oder vor denen man jämmerlich versagt.«[89] Wenn wir die »Prüfungsaufgabe Berg« einmal nicht bestehen, dann ist das für nicht wenige von uns eine ebensolche Tragödie, als wären sie im Abitur oder in der Meisterprüfung kläglich durchgefallen.

Bemerkenswert und vielsagend ist in diesem Zusammenhang eine Beobachtung von Reinhold Messner. Messner berichtet, daß er in der Gipfelsturmphase einer Expedition immer wieder einmal von Alpträumen über Prüfungserinnerungen heimgesucht wird. Er träumt dann in verzerrter und bedrückender Form von seinem ersten, nicht bestandenen Abitur. Dieses Aufflackern angstbeladener Prüfungserlebnisse beleuchtet schlaglichtartig, wie Messner in tiefster Seele seine Bergsteigerei erlebt: Als eine existentiell entscheidende Prüfungssituation.[90]
Wir leidenschaftlichen, wir leistungsbedürftigen Bergsteiger machen tausendmal im Leben das Abitur, und wir stehen tausendmal unter dem drückenden Joch existentieller Versagensangst. Unser bergsteigerisches Tun ist für uns unmittelbar verknüpft mit der Frage nach dem Wert oder Unwert unserer Person.

Perfektionismus

Ein besonderes Kapitel unseres Leistungsbedürfnisses ist dessen Perfektionismus. Auf dem Weg zu einem großen Gipfel werden zehntausend schwere und schwerste Schritte gemacht, aber nur ein einziger Schritt davon ist wirklich wichtig: Der eine Schritt zum allerhöchsten Punkt. Fehlt dieser eine Schritt, dann ist uns das ganze Unternehmen nichts wert. Das ist wie mit der blauen Mauritius, wenn ihr eine Zacke fehlt. Unglaubliche Tragödien spielten sich schon ab wegen dieses einen letzten Schrittes auf den höchsten Stein. Genauso ist es mit den Kletterregeln der ganz Extremen: Nur ein einziges Mal an einen Haken hingefaßt, und die ganze Tour durch die direkte Nordwand der Großen Zinne ist für den Freikletterer »versaut«, wie der spezifische Terminus technicus lautet. Unsere Erfolgskriterien sind unglaublich rigoros. Wir machen es uns so schwer wie nur möglich. Und wohl gemerkt: Nicht perfekt sein ist Versagen.

Leistung und Lust

Das Diktat des Leistenmüssens, das andere Menschen eher als etwas Fremdes und Ärgerliches empfinden, ist gleichsam in uns hineingewachsen. Es ist ein Hauptbestandteil unserer Person. Mehr noch: Wir haben auch noch die Zuchtrute, die uns unerbittlich bei der Stange hält, zu einem Bestandteil unseres Selbst gemacht: Es ist der zum Daseinsprinzip erhobene Wille. Der »eiserne« oder »unbeugsame« Wille,

Abb. 17. *Der entscheidende Schritt: Der letzte Schritt zum allerhöchsten Punkt (auf dem Pizol, Bündner Berge).*

auf den wir uns soviel zugute halten, sowie sein Zwillingsbruder, der Asketizismus, verhindern ein Ausbrechen aus der Leistungsspur in die Gefilde der bedingungsfreien und selbstgenügsamen Lust. Sich einfach gehenlassen, ohne wenn und aber genießen, dazu sind viele von uns nicht in der Lage. Dazu haben wir wenig Talent. Lustgefühle kennen wir nur als Anhängsel schwerster Leistungen. Lust ohne Leistung ist für uns im zwiefachen Wortsinn unmögliche Lust. In der Sprache des Alltags: »Erst die Arbeit und dann das Vergnügen.« Wobei für unsereiner »Arbeit« identisch ist mit riesenhafter Anstrengung und außergewöhnlicher Vollbringung. Bei uns muß etwas laufen, damit wir unsere Seele dem Wärmehauch der Lust auftun können.

Notwendige Illusion

Wir passionierten Bergsteiger bringen es im Gebirge im Vergleich zu den »einfachen« oder »normalen« Berggehern zu überdurchschnittlichen und manchmal außergewöhnlichen Leistungen. Unter unseresgleichen, den Freunden der Berge, gehören wir zu den Vorderen, den

Besseren. Da liegt die Versuchung für uns nahe, daß wir die Tatsache unseres besonderen Leistungsvermögens im Gebirge ausweiten zu der allgemeinen Schlußfolgerung: »Ich bin (überhaupt) ein ganz besonderer Mensch.« Ich glaube, manche von uns hängen insgeheim dieser schmeichelhaft-unkorrekten Schlußfolgerung an. Das bergsteigerische Können wird als Beweis der Leistungskraft im ganzen genommen. Im Hintergrund steht dabei aber oftmals ein tatsächliches, uneingestandenes Nicht-genug-Leistenkönnen im Bereich des normalen Lebens. Der Alltag ist für manche von uns viel schwerer zu meistern als das harte Leben am Berg. Dieser heikle Sachverhalt wird deutlich aus den folgenden Zeilen von Lionel Terray, wo der Franzose die Rückkehr von der erfolgreichen Expedition zum Makalu beschreibt:

Der Traum, den wir gelebt, verweht nach und nach. In einer grausamen Mischung von Schmerz und Freude, Heldenmut und Niedertracht, Sonne und Schmutz, Größe und Kleinlichkeit, kehrten wir langsam zur Erde zurück. Eines Tages war dann der erste Weg wieder da und das erste Lastauto. Von Traurigkeit erfüllt, begriff ich, daß im Buch des Lebens eine neue Seite aufgeschlagen wurde. Es galt wieder, der Welt die Stirn zu bieten. Das große Abenteuer war zu Ende.[91]

Aus diesen Worten des großen französischen Alpinisten klingt heraus: Das normale Leben (»die Welt«) ist für mich eigentlich viel schwieriger zu bestehen als das harte Dasein am Berg.

Die seelische Absturzgefahr

Eine der großen Wunden in unserer Seele ist es, daß wir uns unseres Wertes nicht richtig sicher sind. Durch Taten, die weit über dem Maß des Normalen liegen, versuchen wir, die Wertungewißheit auszumerzen. Doch die Sicherheit reicht nicht weit. Die Angst »ich bin nichts wert« verschwindet nicht. Sie treibt uns zu ständigen Gegenbeweisen in Form von allergrößten Anstrengungen. Wir ehrgeizigen Bergsteiger leben so gesehen in einer fortwährenden seelischen Absturzgefahr. Wir fürchten den inneren Sturz ins Versagensgefühl vielleicht noch mehr als den realen Sturz aus der Wand. Auf der Ebene unseres bewußten Strebens leben wir nach der Devise: Ich muß das Äußerste aus mir herausholen. In unser Unterbewußtsein aber ist uns die Überzeugung eingebrannt: So richtig schaffe ich es wohl nie. Vor der Kulisse dieser Angst ist auch die größte Leistung immer zu gering.

Die nutzlose Leistung

Wir sind von einem gewaltigen Leistungsehrgeiz erfüllt. In dieser Hinsicht verhalten wir uns konform zum Wertesystem unserer Gesellschaft. Unser rigoroser Leistungsdrang hat aber auch eine unnormale Seite: Unser Leisten im Gebirge bringt nichts ein. Es ist von nutzloser Art. Bei unserer Schwerstarbeit im Gebirge kommt, materiell betrachtet, nichts heraus. Im Gegenteil, unser alpiner Leistungseifer verschlingt Geld und Kapital. Wir gehen mit einem ungeheuren Einsatz einer Tätigkeit nach, die rein gar nichts einbringt. Als die »Eroberer des Nutzlosen« hat daher Lionel Terray einmal sich und seinesgleichen bezeichnet.[92] Und bei Leo Maduschka heißt es: »Sie wandern ein ganzes Leben lang für die Ferne, zwecklos, nutzlos – und sie wissen darum.«[93]
Wie kam es dazu, daß wir unseren starken Leistungsimpuls in einem nutzlosen Bereich ausleben? Die meisten von uns leidenschaftlichen Bergsteigern hatten von klein an einen besonders starken Bewegungsdrang. Für die Eltern waren wir in unserer unbezähmbaren Bewegungslust unbequem; es gab zu Hause deswegen viele Reibereien. Allein darum schon fühlten wir uns von früh an am wohlsten weit weg von den Menschen, in der Natur. Dort konnten wir streunen, herumtollen und herumwerkeln, ohne ständig Ärger zu erwecken. Bei einigen von uns kam als weiteres noch hinzu, daß die Atmosphäre daheim mit bedrückenden Konflikten und Spannungen belastet war. So vereinten sich verschiedene Motive zu einem mächtigen Drang zum Draußensein, zum Herumzigeunern fernab der Menschen und der Familie. Draußensein wurde für uns am Ende gleichbedeutend mit ungestörtem Selbstsein. Immerhin aber war es unseren Eltern doch gelungen, einen starken Ehrgeiz in uns einzupflanzen, den Willen, besonders »gut« zu sein. Wenn unsere Erziehung irgendwo erfolgreich war, dann ganz gewiß in diesem Punkt. Auf diese Weise entstand jene seltsame Verbindung zwischen einer nutzlosen Freiluftbetätigung und einem immensen Leistungsbedürfnis, die für unser Bergsteigen kennzeichnend ist. Darüber hinaus spielt für manchen von uns die Tatsache eine Rolle, daß der Bereich sportlicher Tüchtigkeit derjenige war, wo es am ehesten Lorbeeren zu verdienen gab. Das ergab einen mächtigen Ansporn, gerade auf sportlichem Gebiet Überlegenheit über die andern zu suchen und zu kultivieren. In einigen Fällen bildete auch der Wille, eine körperliche Schwäche auszugleichen – wie Kleinheit oder Kränklichkeit – ein Motiv zu einem besonderen körperlich-sportlichen Leistungsehrgeiz.[94]
In unserem »unnützen« Leistungsimpuls steckt, so meine ich, in vielen

Fällen auch so etwas wie Rebellion. Wir hatten es schwer, als Kinder unser Selbst zur Entfaltung zu bringen. Wir mußten uns vielerlei Unerbittlichkeiten beugen, wohl oder übel, auch wenn es gegen unsere Seele ging. Mancher Persönlichkeitszug wurde mit Gewalt in uns hineingemeißelt – wie zum Beispiel das radikale Leistungsgebot. Doch aus der Gewalt, die unsere Seele erlitt, entstand auch, unterschwellig, Auflehnung und Rebellion. Ein Impuls zur Sabotage und zum Widerstand gegen das, was uns aufgezwungen worden war, wurde in uns mächtig. Einerseits war es uns nicht möglich, uns der formenden Wirkung jener harten Gewalten, die da an uns hobelten, zu entziehen, andererseits aber regte sich die geheime Neigung zum Protest. Unser Leistungszwang spiegelt in seiner Ambivalenz sehr deutlich dieses Widerspiel von Anpassung und Auflehnung: Wir sind zwar außerordentlich leistungswütig (wie es der Wille der Eltern gewesen war), aber wir sind es auf einem »unbürgerlichen« Terrain (wie es die Eltern sich nicht vorgestellt hatten). Unser heftiger bergsteigerischer Leistungsimpuls ist der Ausdruck des großen Zwiespalts in unserer Seele: daß wir einerseits gefesselt sind an die früh in uns hineingebrannten Gebote, daß wir uns andererseits aber auch dagegen auflehnen. Es ist der tragische Konflikt zwischen der drastisch durchgesetzten elterlichen Willensmacht und dem Selbstbehauptungswillen des bedrängten Ich.
Was den Ehrgeiz in unserem alpinistischen Leistungsstreben anbetrifft, sind wir die gehorsamen Kinder unserer Eltern. Im Hinblick auf die unnütze Richtung, in die wir am Berg unsere Leistungsbesessenheit lenken, sind wir Rebellen. Gehorsam und Protest, Elternmacht und der Wille zum eigenen Selbst liegen in unserer Seele im Streit, auch Jahrzehnte nach der Kinderzeit noch.

Aggression

Kriegerisches Tun

Als Junge habe ich mit Hingabe Geschichten von Kriegshelden und von Kämpfen aus früherer Zeit gelesen, wie zum Beispiel die Sagengeschichten der Ilias, der Odyssee oder die deutschen Heldensagen. Vergleiche ich diese kriegerische Lektüre meiner Jugendzeit mit den Berichten von Extrembergsteigern, dann erkenne ich vielzählige und starke Parallelen.
Insbesondere Berichte aus der Expeditionsbergsteigerei sind nahezu identisch mit den Kriegsgeschichten aus früheren Epochen. Der einzige wirkliche Unterschied besteht darin, daß im einen Falle Menschen die Gegner sind, im anderen Falle der Berg. Die Strukturen des Verhaltens sind dieselben: Da wird ein Gegner, der unbedingt bekämpft und besiegt werden muß, ausgemacht (ein unbestiegener Sieben- oder Achttausender). Ein besonders kriegserprobter Held (Expeditionsleiter) sammelt nun eine Schar kampfesgewaltiger Recken um sich. Jetzt werden Erkundigungen über den Gegner eingeholt: Wie wehrhaft ist er? Besteht überhaupt eine reelle Siegeschance? Man bricht auf zur Stadt oder Burg des Feindes (zum Berg). Aus sicherer Entfernung wird die gegnerische Stellung in Augenschein genommen. Es werden Schwachstellen erkundet. Erste Aufklärungstrupps werden ausgeschickt. Oft werden sie grimmig zurückgeworfen (Lawinen, Wetterumsturz). Es treten erste Dezimierungen ein (Höhenerkrankungen, Spaltenstürze). Die Widersetzlichkeit des Gegners stachelt die Kämpfer an. Man arbeitet sich nun systematisch und unter Ausnützung aller sich bietenden Vorteile an die Bastion des Feindes heran. Vorgeschobene Stellungen werden ausgebaut, manchmal werden sie vom Gegner wieder vernichtet (Hochlager). Um so verbissener werden die Vorbereitungen zur großen Attacke weiter vorangetrieben. Endlich rückt der Zeitpunkt des entscheidenden Angriffs heran (Gipfelsturm). Die Zeit drängt. Die Kräfte der Recken reichen nicht mehr allzu weit, und die Vorräte gehen allmählich aus. Auch besteht die Gefahr, daß der Feind Unterstützung erhält und übermächtig wird (Monsunstürme). Alle Kräfte werden nun auf einen schnellen, entscheidenden Schlag konzentriert. Mit großer Ungeduld wird eine halbwegs günstige Situation abgepaßt. Dann stürzt

sich ein Trupp, gebildet aus den zähesten Helden, in den entscheidenden Kampf. Sie fechten wie die Löwen, und sie geben ihr Äußerstes. Manche empfangen schwere Wunden (Erfrierungen). Der Feind wird in einem wahrhaft gewaltigen Ringen besiegt. Oft ist es die Großtat einer einzelnen, überragenden Heldengestalt, die den glücklichen Ausgang des Feldzuges herbeiführt. Die Siegeskunde verbreitet sich in Windeseile. Die Kämpfer erhalten bei der Heimkehr einen großen Empfang. Sie gönnen sich nun eine Zeitlang Ruhe, bis sie aufs neue von der Kampfeslust gepackt werden und abermals nach einem respektierlichen Gegner Ausschau halten. Das ganze geht nun wieder von vorne los, wie in den alten Rittergeschichten.

Und wie in Kriegsberichten, so ist auch in alpinen Besteigungsschilderungen immer wieder die Rede von belagern, angreifen, erstürmen, ringen, raufen, überlisten, bezwingen, besiegen, geschlagen werden und so fort. Mit der größten Selbstverständlichkeit werden diese Vokabeln verwendet und akzeptiert. Die unreflektierte Geläufigkeit des kriegerischen Wortschatzes im bergsteigerischen Bereich unterstreicht die erlebnismäßigen Ähnlichkeiten zwischen den beiden Sphären.

Das Bergsteigen in seinen extremeren Varianten ist ganz offenkundig ein modernes Gegenstück zu den Mann-gegen-Mann Feldzügen der Anfangszeit unserer Kultur. Der gesamte Charakter des extremeren alpinen Bergsteigens wird von jenem kriegerischen Element geprägt. Das Bergsteigen steht dabei zu den frühen Kampfweisen nicht bloß in einem Verhältnis des verharmlosenden Nachfolgerituals. Hier wird Kampf nicht bloß gespielt. Hier wird genauso ernsthaft, genauso wild und verbissen gekämpft, gesiegt oder verloren wie in jener Zeit, als der kriegerische Kampf noch zum Alltag der Menschen gehörte. Das schwere Bergsteigen bildet erlebnismäßig eine volle Entsprechung zum Männerkampf der früheren Zeiten. Aus vielzähligen Äußerungen von Extrembergsteigern wird deutlich, wie zentral das Erlebnis des Kampfes für das schwere Bergsteigen ist:

Ich habe die Betätigung des Bergsteigens, soweit größere Ziele vor mir lagen, immer als einen Kampf aufgefaßt... (Paul Hübel)[95]
Denn auch uns jungen Bergsteigern von heute gilt als höchstes in den Bergen das Erlebnis des Kampfes. (Leo Maduschka)[96]

Hermann Buhl vor einer schweren Tour:

Wir bereiteten uns innerlich auf einen erbitterten Kampf im Fels vor, und wir taten gut daran.[97]

Mit dem Wort »Kampf« ist in diesen Zitaten ein ganz handfestes und handgreifliches Ringen gemeint und nicht irgendeine abstrakte Form von Auseinandersetzung. Man sucht das körperliche Raufen und Ringen mit dem Gegner Berg. Dieser wird dabei wie ein menschliches Gegenüber erlebt. Folgende Texte mögen dies verdeutlichen:

Das Matterhorn war ein hartnäckiger Feind, wehrte sich lange, teilte manchen schweren Schlag aus, und als es endlich mit einer Leichtigkeit, die niemand für möglich gehalten hatte, besiegt wurde, da nahm es als heimtückischer Gegner, der überwunden aber nicht zermalmt ist, eine fürchterliche Rache. (Edward Whymper) [98]

Dann kam das große Fragezeichen des letzten, den Kamin abschließenden Überhanges. Fast hätte es mich zurückgeworfen, aber ingrimmig verbissen klammerte ich mich an den Fels. Ich rang und kämpfte mit der scheinbar unüberwindlichen Stelle. Aus meinem Munde lösten sich abgerissene Worte. (Paul Hübel) [99]

Geblendet schweift mein Blick aufwärts zu den Gipfeln: ›Und den Thurwieser habe ich doch!‹ Meine Lippen sagen es laut zur Einöde, mein Erstes ist ein Trutzwort zu dem besiegten furchtbaren Gegner. (Eugen Guido Lammer) [100]

In Rissen muß man mit dem ganzen Körper klettern. Man verklemmt die Schulter und dreht die Schuhe so, daß man auch ohne Tritte stehen kann. Man ballt die Hand in dem Spalt zur Faust und hat sich damit einen soliden Privatgriff gebaut. Man rauft mit dem Fels. Das tut gut. Jedes Mannsbild rauft hie und da gerne. (Karl Lukan) [101]

Als Hermann von Barth sich einmal in eine gefährliche Lage hineinmanövriert hatte: »Aber zurück? – Jetzt hatte ich mich in meinen Gegner verbissen.« [102]

Diese letzten paar Worte haben Gewicht: »Jetzt hatte ich mich in meinen Gegner verbissen.« Dieses ingrimmige Sich-Verbeißen in den Berg, wenn es plötzlich ganz schwierig und todernst wird, das kennen wir leidenschaftlichen Bergsteiger alle. In den hitzigsten Kampfmomenten vergessen wir dann auch, daß wir es mit unbelebtem Stein zu tun haben. Wir kämpfen wie mit einem menschlichen Feind. Der Berg erzürnt uns, und er bringt uns in Wut wie ein menschlicher Gegner. Die Schleusen des Zornes brechen auf, und wir toben unsere Kampfeswut in all ihrer elementaren Heftigkeit aus. Und keine Gewissensbisse hemmen uns dabei. Denn zum Glück ist der Kampfgegner Berg letztlich doch nur empfindungsloser Fels. So können wir mit aller Wildheit und ohne Reue dreinfahren und dreinhauen. Wir kämpfen mit dem äußersten Ernst wie im Menschen-Kampf, und zugleich bleiben wir vor den mo-

Abb. 18. *Sieg! (Auf dem Mont Brulé in den Walliser Alpen).*

ralischen Folgen todernsten Kämpfens bewahrt. Die wilde Wut, die beim Kampf mit einem »widerspenstigen« Berg manchmal in uns aufwallt, verleiht uns riesige Kräfte. Dann kommen wir über Stellen und Situationen hinweg, die wir im »zahmen« Zustand nie bewältigen würden. Der Zorn ist am schweren Berg eine wichtige Kraft. Immer wieder berichten Extrembergsteiger davon, wie sie erst im Zustand des wilden Zornes über schwerste Passagen hinwegkamen. Die Wut war dabei meist angefacht worden durch einen glimpflich verlaufenen Sturz. Der Sturz machte die Betreffenden dabei regelmäßig so wütend, daß sie die schwere Stelle in einem rasenden Aufbäumen nochmals angingen und überwanden.[103] Das ist geradeso, wie wenn in einem todernsten Duell ein Fechter erstmals eine Wunde abbekommt. Dann wird er wild und furchtbar vor Wut. Beim schweren Bergsteigen kann man auf ganz direkte und zugleich auf unschädliche Weise Zorn loslassen und ausleben. Zorn wird direkt umgesetzt in befreiende Motorik. Keine Hemmungen des Bewußtseins und des Gewissens treten dazwischen. Die Verhaltensweisen, aus denen das schwere Bergsteigen besteht, sind ja auch ideal geeignet zur Abfuhr aggressiver Impulse: Man krallt sich in Griffe ein, stemmt sich Kamine hinauf, verkeilt die Faust oder den

Schuh in engen Rissen, schlägt Haken ins Gestein, haut mit dem Pikkel Stufen ins Eis, stampft Tritte in den Firn, drückt die Steigeisen in die Steilflanke und so fort. Da fließt unbewußt und unbedacht fortwährend ein gehöriger Schuß Aggression ins Handeln mit ein.

Die Wut am Berg

Ich glaube, wir leidenschaftlichen Bergsteiger tragen in uns viel ungelebten Zorn. Dazu möchte ich ein paar Beobachtungen anführen:
Da ist zum Beispiel unsere Verbissenheit. Zwar gefallen sich derzeit einige berühmte Extrembergsteiger darin, ihr Tun als ein Spiel zu apostrophieren, doch in Wahrheit sind fröhlich-lockere Spieler unter den passionierten Alpinisten eine ähnliche Seltenheit wie Heilige unterm normalen Christenvolk. Wie ist die Normalverfassung des passionierten Alpinisten in Aktion? Er ist innerlich unter Hochspannung. Der Atem kommt gepreßt und in gewaltsamen Stößen. Die Backenmuskulatur ist zum Zerspringen hart. Die Zähne sind entblößt. Der ganze Körper ist krampfartig angespannt. Es ist, als wappneten wir uns gegen einen vernichtenden Schlag oder als seien wir im Begriff, einen solchen auszuteilen. Verbissensein hat mit Beißen zu tun. Tatsächlich kann man es von seiner Entstehung her als ein verunglücktes Beißen, als eine krampfhaft einbehaltene Aggressionsentladung auffassen. Das Gegenteil von Verbissenheit ist Gelöstheit. Die Geschwister der Gelöstheit sind Gelassenheit und Fröhlichkeit. Wie viele von den ganz passionierten Alpinisten besitzen diese Eigenschaft in herausragendem Maße? Der Eingeweihte mag sich diese Frage selber beantworten.
Daß Zusammenhänge bestehen zwischen der Aktivitätsform des Bergsteigens und einem unterschwelligen Zornpotential, das zeigt sich auch recht deutlich darin, daß wir beim Bergsteigen bisweilen ohne jeglichen äußeren Anlaß in zornige Stimmungen und Gedanken verfallen. Die Erinnerung an irgendwelche Situationen der Kränkung steigt in uns auf, und wir werden zornig, viel zorniger manchmal, als wir zur Zeit des Vorfalls gewesen waren. Verspäteter Grimm macht sich in uns breit. Es ist, als wäre der Zorn bisher eingesperrt gewesen und als hätte ihm erst das Steigen die Bahnen freigemacht. Das Steigen wirkt offenbar wie eine Art von Geburtshilfe für eingeklemmte und nicht voll zum Ausdruck gelangte Wutempfindungen. Eine Erklärung dieses Phänomens ermöglichen die Erkenntnisse der körperorientierten Psychotherapie: Wut und Wutverdrängung sind Vorgänge, die

sich nicht auf die rein seelische Ebene beschränken. Verdrängter, festgehaltener Zorn wird in typischen muskulären Verhärtungen gleichsam konserviert. Die körperliche Verkrampfung ist das leibliche Gegenstück zum seelischen Unterdrückungsvorgang.[104] Beim fortgesetzten strammen Steigen nun werden einige unserer körperlichen »Wutverkrampfungen« gelockert, insbesondere jene, die in der Bein- und in der Bauchmuskulatur sitzen. Dadurch wird auch die seelische Abwehr vermindert, und die festgehaltene Emotion kann ins Bewußtsein aufsteigen.

Beim schweren Bergsteigen hat nicht nur unser Umgang mit der Außenwelt, mit dem Berg, eine aggressive Tönung, auch die Art und Weise, wie wir mit uns selbst umgehen, trägt aggressive Züge. Wir leidenschaftlichen Alpinisten kämpfen nicht nur gegen den Berg, sondern auch gegen uns selbst. Wieviel halten wir uns doch seit jeher darauf zugute, uns, wie wir es auszudrücken pflegen, »selbst zu bezwingen« oder »Siege über das eigene Ich« davonzutragen. In der alpinen Literatur finden sich immer wieder wohltönende Formulierungen zu diesem Sachverhalt: »Nur der unbeirrbare Wille, die zähe Überlegenheit des Geistes können den dienenden Gliedern den Weg zur Höhe weisen!«[105] So lesen wir beispielsweise bei Paul Hübel.

Alte Rechnungen

Ich habe nunmehr einige Erscheinungen umrissen, die als Hinweise auf das Vorhandensein eines starken untergründigen Zornpotentials in der Psyche leidenschaftlicher Alpinisten aufgefaßt werden können. Bedeutsam erschienen mir im einzelnen der Hang zur Verbissenheit, die gelegentlich unmotivierten Zornaufwallungen während des Steigens und die Verherrlichung von Askese und Selbstüberwindung.

Die Frage ist nun: Wie kommt eine untergründige Zornneigung, die von den Kanälen eines offenen und bewußten Gefühlsausdrucks ausgeschlossen ist, in einen Menschen, in einen Bergsteiger hinein?

Eine Episode aus dem Bergsteigerleben des Hermann von Barth vermag uns die Spur zu den Entstehungsbedingungen des abgespaltenen inneren Zornes zu weisen:

Hermann von Barth, dieser sittenstrenge Alpenpionier, gebärdete sich einmal mit einem Begleiter zusammen auf dem Gipfel eines Berges wie ein entfesselter Wilder. Das geschah anläßlich der Erstbesteigung des Hochblassen. Dieser Wettersteingipfel stand ehemals im Rufe höchster Gefährlichkeit und Schwierigkeit. Hermann von Barth und sein Begleiter waren die ersten, die ihren Fuß auf den Gipfel des gefürchteten Berges setzten. Bei dieser ersten Besteigung wüteten sie auf dem Gipfel herum wie die Tobsüchtigen. In wilder Rage stürzten sie nach allen Seiten Felsblöcke ins Tal hinab, daß es spritzte und donnerte. Hermann von Barth beschließt die Schilderung dieses »Tobsuchtsanfalles« mit den Worten: »Es dröhnen die Kare, es zittert die Mauer, auf deren First wir stehen, in weitem Umkreise brüllt das Gebirg. *Solchen* Schimpf hat keines seiner Häupter noch erfahren, *so* schwer mußte keins noch seine Niederlage büßen.«[106]

Es fällt an diesen Worten auf, daß der Berg personifiziert wird. Er wird als ein beseelter Gegner angesehen. Betrachten wir einmal etwas genauer das innere Verhältnis zwischen der »Berg-Person« Hochblassen und ihrem Überwinder, dem Hermann von Barth. Die Berg-Person hat sich zunächst als unnahbar und furchtbar bedrohlich präsentiert. Sie hat ihrem späteren Bezwinger große Angst eingeflößt und ihm während der Besteigung viel Schrecken und Leiden verursacht. Doch schließlich ist ihr Hermann von Barth aufs Haupt gestiegen und hat sie furchtbar gedemütigt, indem er ihr wie ein Besessener auf dem Kopf herumgetanzt ist. Er hat ihr in einem wahren Rausch des Rachetriumphes ganz übel das Haupt gezaust (die Gipfelfelsen hinabgewälzt). Die Bergperson mußte ohnmächtig die schändlichste Behandlung über sich ergehen lassen.

Die Art, wie Hermann von Barth mit der »Berg-Person« Hochblassen umgesprungen ist, entspricht ganz genau dem Muster kindlicher Rachephantasien, so, wie sie das Kind auf Erwachsene richtet, denen gegenüber es ohnmächtige Wut empfindet. Der groß gewordene Hermann hat dem Berg gegenüber einen kindlichen Rachetraum in die Tat umgesetzt. Er hat dem tiefen Elterngroll in sich für einen Moment freie Bahn gelassen.

Als siegreicher Bezwinger einer gefürchteten Berg-Person kehrte Barth die tragische Situation von damals um. Jetzt war *er* der Starke, der Tyrann, der ungehemmt seine Allmacht ausspielte. Tief vergrabener Kinderzorn verschaffte sich einige Augenblicke lang gewalttätige Genugtuung. Ganz gewiß gab es in der Kinderzeit des Hermann von Barth immer wieder Stunden der entsetzlichen Angst vor Mutter oder Vater oder anderen »Großen«. Starke Angst erzeugt heftigen Zorn. Dieser muß jedoch im Innern bleiben und möglichst vergessen werden. Aus der Tiefe aber nimmt dieser alte und furchtbare Zorn einen starken Einfluß auf das Handeln und Streben, ja auf die ganze Lebensbahn. Der Affekt des Zornes bildet eine machtvolle und konstruktive Kraftquelle, wenn wir ihn voll und sicher zuhanden haben. Wird jedoch dieses gewaltige Kraftpotential in den Untergrund verbannt, wirkt es sich grausam zerstörerisch aus auf uns selbst oder die Menschen, die um uns sind.[107]

Ein hochinteressantes Argument für die Richtigkeit der dargelegten Zusammenhänge zwischen frühkindlichem Erleben und untergründigem (Bergsteiger-) Zorn liefert uns Eugen Guido Lammer in einem Bericht über ein bergsteigerisches Schreckerlebnis: Lammer hatte im Gebirge einmal eine ihn bedrohende Viper erschlagen. Unmittelbar danach wurde er von der alptraumhaften Vorstellung erfaßt, es starrten ihn nunmehr tausende von Schlangenaugen rachelüstern an.[108]

Daß Lammer die Viper erschlug, war normal und verständlich. Wenn auf diese berechtigte Aggressionshandlung dann ein panikartiger Angstanfall folgte, so ist das ein nahezu untrüglicher Hinweis auf ein starkes Potential verdrängter, konfliktgeladener Aggression, die auf die frühen Lebensjahre zurückdatiert. Angstanfälle nach berechtigten Aggressionsäußerungen sind eine Folge von früh »geschluckten«, allzu großen Zornbrocken.

Für Lammer bedeutete das Bergsteigen, wie es nach dem Gesagten ganz folgerichtig ist, vor allem Zorn-Therapie. Wieder und wieder betonte Lammer, welchen zentralen Stellenwert für ihn das Kampfmoment im harten Bergsteigen besaß. Am Berg konnte er jeglichem Zorn- und Streitgelüst in sich ungehemmten Lauf lassen. Da konnte sich auch jener früh angesammelte Kinderzorn in gewissem Maße eine nachträgliche Befreiung verschaffen. Ist doch am Berg die Aggressionsäußerung frei von den verheerenden Auswirkungen, die sie in der Kindheit hatte: da entsteht kein Gegenzorn, da braucht man sich nicht schlecht und schuldig zu fühlen. Die Gefühle des Zornes und der Streitlust, die ganz elementare, lebenstragende Empfindungen sind, haben ungehindertes Existenzrecht.

Im schweren Bergsteigen geschieht fortwährend und unbemerkt Zorn-Befreiung. Der harte Alpinismus ermöglicht einen sehr wirksamen ganzheitlich-körperlichen Zornausdruck. Hier werden aggressive Empfindungen, ob bewußt oder unbewußt, unmittelbar in erlösende Abfuhrreaktionen umgesetzt. Die Instanz der Skrupel und der Hemmung – das reflektierende Bewußtsein – wird gleichsam kurzgeschlossen, unterlaufen – mit Vorteil und im Sinne eines volleren Menschseins, wie anzufügen ist. Freilich, die tiefen Seelenwunden des früh geschluckten Zornes werden dadurch auch nicht geheilt, immerhin aber gelindert.

Askese

Dieses Kapitel kann man als die direkte Fortsetzung der vorausgegangenen Ausführungen über Aggression verstehen. Askese und Aggression sind miteinander verschwistert.

Der innere Schweinehund

Wie an früherer Stelle ausführlich beschrieben worden ist, nehmen Extremalpinisten im Verlauf ihrer Bergbesteigungen ein ungeheuerliches Maß an Entbehrungen und an Körperqualen auf sich. Bei sehr aktiven Extremalpinisten addieren sich die Zeiten der Entsagung und des Leidens zu vielen Monaten im Jahr zusammen.
Nun bewerten indes die Extremen ihre höllischen Martyrien ganz anders als nicht-extreme Menschen: Viele Extreme sind stolz auf das große Leiden. Sie erachten es für eine absolut erstrebenswerte Fähigkeit, ein Höchstmaß an Versagung und Quälerei auszuhalten. Nach Bergtouren, die an die äußersten Grenzen der körperlichen Duldungsfähigkeit herangeführt haben, stellen Extrembergsteiger mit hoher Genugtuung fest: »Wir haben eisern durchgehalten!« Oder: »Wir haben einen unbeugsamen Willen gezeigt!« Oder: »Wir haben den inneren Schweinehund besiegt!«
Der »innere Schweinehund« wird oft beschworen, auch von weniger extremen Bergsteigern. Sehen wir uns dieses dubiose Wesen deshalb einmal näher an.
Der innere Schweinehund entpuppt sich bei einer unvoreingenommenen Betrachtung als etwas sehr Sanftes. Er besteht aus Wünschen. Aus Wünschen, wie sie sich auf einer langen und schwierigen Tour ganz von selber einstellen. Da melden sich unter anderem: der Wunsch nach Schmerzfreiheit, der Wunsch nach Entspannung, der Wunsch nach gutem Schlaf, der Wunsch nach einem ordentlichen Menü, der Wunsch nach normalem Appetit, der Wunsch nach viel Flüssigkeit, der Wunsch nach trockenen Kleidern, der Wunsch nach einem weichen Bett, der Wunsch, nicht mehr so sehr zu frieren oder so sehr zu schwitzen, der Wunsch, frei zu sein von Lebensbedrohungen, der Wunsch nach einem warmen Bad, der Wunsch nach einer Frau.

Diese Wünsche wachsen aus wochenlangen Entbehrungen und Schmerzen hervor.
Handelt es sich um ungebührliche oder überzogene Wünsche? Ganz gewiß nicht. Es sind die schlichtesten und selbstverständlichsten Bedürfnisse des Leibes. Zu fragen ist, wie diese Körperbedürfnisse zu dem verachtungsvollen Namen »innerer Schweinehund« gelangen. Ganz offenkundig besitzt die leibliche Befriedigung für viele Bergsteiger den Beigeschmack von Schwäche, ja von Unmoralität. Dieses Odium der Lasterhaftigkeit von Körperlust kann nur getilgt werden durch ungeheure Leistungen und durch lange Phasen der Selbstkasteiung. Dann ist die einfache Lust erlaubt, aber auch nur für eine kurze Zeit. (Auf den Zusammenhang zwischen Leistung und Lust habe ich bereits im Kapitel »Leistungsbedürftigkeit« hingewiesen.)
Den inneren Schweinehund zu besiegen heißt also nichts anderes als dies: die vitalen Regungen und Bedürfnisse des eigenen Leibes ganz rigoros zu mißachten. Wir leidenschaftlichen Alpinisten halten uns viel zugute auf unsere Härte und auf unsere Willenskraft. Dabei wohnt diesen Fähigkeiten eine enorme Feindseligkeit inne. Wir leben in vielen Stunden unseres Lebens ganz eklatant gegen unseren Leib und damit gegen unsere eigene Person.
Eine geringfügige Einschränkung muß ich hier anschließen: Die ganz erfolgreichen Extrembergsteiger zeichnen sich dadurch aus, daß sie ihren Körper nicht völlig überhören und übergehen. Sie schenken ihm insofern eine wachsame Aufmerksamkeit, als sie ihm in genauer Berechnung immer gerade jenes Mindestmaß an Befriedigung und Entspannung gewähren, das für ein möglichst langes Durchhalten nötig ist. Aber auch diese rational kalkulierte Teilbefriedigung bedeutet noch eine grausame Leidensexistenz. Es handelt sich ja lediglich um ein gezieltes Nicht-Zugrundegehen, aber das ist etwas sehr viel anderes als ein freundlicher Umgang mit dem Leib.

Selbstzorn und Macht

Das steht fest: Das Extrembergsteigen ist die meiste Zeit über gekennzeichnet durch einen brutalen Umgang mit dem Leib und seinen Bedürfnissen. Der eigene Leib wird regelrecht terrorisiert. Offenbar herrscht in der Person von leidenschaftlichen Alpinisten eine Art von grimmiger Feindschaft zwischen »oben« und »unten«, zwischen dem Kopf, dem Sitz des Willens, und dem Leib, dem materialisierten Underdog. Wir passionierten Bergsteiger sind oftmals Tyrannen und Tyrannisierte in einem. Wir sind gewissermaßen Ein-Personen-Tyranneien. Eine Hälfte der Person verachtet und haßt die andere, und dieser Kreislauf des Zürnens und Unterdrückens läuft im geschlossenen Zirkel innerhalb ein und derselben Person als Selbstaggression ab. Das ist ein Zorn, der im Innern blieb, weil er die wirklichen Verursacher draußen nie hat treffen dürfen, sie vielleicht nicht einmal kannte.

Eine Vielzahl typischer Erfahrungen der Kindheit tragen dazu bei, daß wir leidenschaftlichen Alpinisten grausam gegen unseren Leib und seine Lustbedürfnisse sind. Oft sind wir in einer direkten Feindschaft zur lustvollen Sphäre aufgezogen worden. Wir durften uns in den angenehmen Regungen des Leibes nicht zu Hause fühlen. Über jeder körperlichen Lust lag das Odium des Gemeinen, Unnützen, Verruchten. Jede Hingabe an Affekt und Bedürfnis wurde zum Versagen, zur Schuld, besonders natürlich die Sexualität. Auch das schlichte Verlangen nach körperlicher Nähe und Zärtlichkeit stieß gar zu oft auf Abweisung. Alle Affekte und Bedürfnisse schienen viel zu groß und unheilbehaftet. Ein solch bedrohliches Zuviel mußte natürlich drakonisch in die Schranken gewiesen werden! Wir übernahmen diese Sicht der Dinge, haben doch für ein kleines Kind die Eltern immer und absolut recht.

Später setzten wir die Selbstbeschneidung freiwillig, ja manchmal sogar mit Eifer fort. Das lag daran, daß wir etwas dafür bekamen, etwas, das für uns unendlich wertvoll war: die Zufriedenheit der Eltern, bisweilen sogar ein ausdrückliches Lob – Gipfel aller Glückseligkeit. So lernten wir bei allem Leiden schließlich einen Stolz zu empfinden über die Entsagung von der Lust. Und noch etwas wuchs uns zu: ein Gefühl der Macht. Wir fühlten uns von früh an stark, wenn wir selber unsere Affekte erwürgten und unsere Wünsche gegen Mauern prallen ließen. Macht, Stolz und die Sehnsucht, akzeptabel zu sein, formten uns zu eifrigen Unterdrückern unseres körperlichen und emotionalen Selbst. Verloren ging dabei die ganze Herrlichkeit der ungebundenen Lebendigkeit.

So entstand die Spaltung zwischen dem guten ›Oben‹ und dem bösen ›Unten‹, die Binnentyrannei. Wir betraten diesen Weg, weil wir zunächst keinen anderen kannten, und mit den Jahren schritten wir freiwillig darauf fort. In der Spur gehalten wurden wir durch die Verlockungen des Stolzes und der Selbst-Macht. Wesentlich war auch die Vorstellung, nur auf diese Weise ein annehmbares Wesen, ein akzeptabler Mensch zu sein.

Askese und Lust

Wer sich jahrzehntelang hineingelebt hat in einen autoritären Umgang mit den Regungen des eigenen Leibes, der konnte wenig Gespür entwickeln für die feinen und die leisen Stimmen des Körpers. Der wird gewissermaßen schwerhörig gegenüber den vielfältigen sachteren Körperempfindungen. Er nimmt nur die »lauten«, die heftigen Körpergefühle wahr.
Das wirkt sich aus auf das Erleben von Lust. Viele Extremalpinisten sehnen sich gelegentlich durchaus nach Momenten des lustvollen Erlebens. Am Ende einer monatelangen, entbehrungsreichen Expedition wird gewöhnlich einige Tage lang heftig gefeiert: gegessen, getrunken, gesungen, gebadet, vielleicht auch »geliebt«. Regelrechte Bacchanalien finden statt. Nach kurzer Zeit aber hört dieses starke Genießen auf. Die laute Lust läßt sich nicht lange aufrechterhalten. Nun müßte das Gespür für die feineren Lustempfindungen des Leibes einsetzen. Dann könnte das Genießen auf einer leiseren Ebene weitergehen. Doch dieses Wahrnehmenkönnen der subtileren Lustempfindungen ist oft gedämpft. So kommt es, daß nach Tagen der lauten Lust ein Loch entsteht. Die schmerzlich vertraute Leere stellt sich wieder ein, und die Angst vor der Lähmung macht sich wieder breit. Also aufs neue hinein in die massive Askese-Qual, um danach wieder für kurze Tage die heftige Lust der totalen Befriedigung des geschundenen Leibes zu genießen.
Das klingt sehr hart. Doch ich weiß, daß es so ist. Ich trage selber diese Tendenzen in mir. Auch ich habe es gelernt, »heldenhaft« und »siegreich« gegen meinen eigenen Leib zu leben.

Sich gehenlassen

Was ist das Gegenstück zu einer asketischen Selbstbegegnung? Für mich ist es die Empfänglichkeit, die wache und liebevolle Empfänglichkeit für mich selbst.
Seit einigen Jahren bin ich dabei, die wohltuende Zuwendung zu mir selber wieder zu erlernen. Ich betrete vergessenes Land. Ich lerne, die leisen Stimmen meines Leibes und meines Empfindens wieder wahrzunehmen und sie ernst zu nehmen. Das ist wie ein Auftauen. Ich leide wacher, und ich genieße wacher, und ich bin viel mehr einverstanden mit mir selbst als zu früherer Zeit.
Mein Verhältnis zum Bergsteigen ist durch diesen freundlicheren Um-

gang mit mir selber anders geworden. Ich baue mein Bergsteigen immer mehr zu einer genußvollen Lebensform aus. Ich verfeinere die Bezirke des wohltuenden Erlebens. Äußerlich betrachtet werden meine Bergfahrten eher bescheidener, nach innen aber werden sie vielfältiger und reicher.

Man kann es auch so ausdrücken: Ich bin als Berggeher inzwischen sehr viel anspruchsvoller geworden. Einstmals ging es mir hauptsächlich ums Erobern: Hauptsache war, der große Gipfel konnte erreicht werden, oder die geplante Route wurde bis zum Ende durchstiegen. Sobald diese Leistungsziele verwirklicht waren, dann »stimmte« die Tour, egal, was sonst noch gewesen war. Heute müssen für mich noch viele weitere Dinge stimmen. Meine Bergfahrten gestalten sich immer mehr zu Daseinszonen der subtilen Selbst-Empfänglichkeit.

Ein ganz wesentlicher Faktor meines wohligen Selbstempfindens am Berg ist das richtige Tempo. Heute verfüge ich über eine ganze Bandbreite von Tempi. Ich habe eine subtile Variationsfähigkeit erworben.

Manchmal schlendere ich ganz gelöst dahin und vergesse dabei den Weg und die Zeit.

Manchmal steige ich mit voller Kraft. Ich will meine Stärke und meine Schnelligkeit spüren. Ich fresse den Berg.

Manchmal laufe ich meine Hektik und Ungeduld aus mir heraus. Ich renne meine Unruhe tot.

Manchmal schleppe ich mich mühselig voran. Der Leib ist träge und braucht Geduld. Ich gebe mir Geduld, und ich gönne mir viele Pausen, auch wenn derweilen Dutzende anderer Bergsteiger mit herablassendem Blick an mir vorüberziehen.

Manchmal ist mir die Strapaze eines Gipfelanstiegs zu groß. Dann höre ich vorher auf. Ich steige aus meinem Bergzwang aus, und ich leiste mir einen selig verschwendeten Tag.

So wird es mir mehr und mehr zur Gewohnheit, genau *die* Gangart zu erspüren und zu halten, die für meinen Leib und für mein seelisches Befinden gerade stimmt. Wenn ich mich in dieser Weise so richtig von innen heraus gehenlasse, dann fühle ich mich im frohen Einklang mit mir selbst.[109]

Sportklettern – die reine Lust?

In Bergkalendern und Bergbüchern tauchen in den letzten Jahren immer häufiger Fotografien vom Sportklettern auf. Es sind fast immer ausgesprochen ästhetische Bilder, oft mit einem Einschlag ins Phantastische. Da sieht man kurzbehoste Jünglinge mit braunen, glänzenden, muskulösen Leibern. Man sieht sie mit ballettartigen Spreizbewegungen über blanke Felsplatten hinaufturnen oder über weit hinausragende Felsnasen sich hinaufschwingen. Ein tiefblauer Himmel und eine strahlende Sonne gehören dazu. Im Hintergrund der Felsszenerien erkennt man einladende Landschaften; manchmal auch erheben sich die Felsen direkt über einem sonnenglitzernden Meer.

Das sind ganz andere Bilder als die Motive von Achttausenderbesteigungen, wo dickvermummte und eisverkrustete Gestalten gegen den rasenden Schneesturm ankämpfen, tiefgebeugt und schwerbepackt. Die optische Szenerie des Sportkletterns erscheint im Vergleich mit diesen Bildern wie das reinste Paradies.

Locker und lustbetont präsentiert sich nach außen hin auch die Lebensweise der passionierten Sportkletterer. In den Camps, in denen man sich trifft, herrscht ein buntes und zigeunerhaftes Freiluftleben. Es gibt lange Nächte bei Musik und Wein und Diskussionen. Amerikanische Sportkletterer genehmigen sich auch gerne zwischendurch einen Joint. Frauen sind willkommen; viele Felsartisten haben ihre Freundin mit dabei. Eine Attitüde der betonten Freizügigkeit wird zur Schau gestellt. Auch wird ein demonstrativer Körperkult gepflegt. Man sieht viel Nacktheit, viel selbstbewußte Körperdarstellung. Beim Klettern trägt man hauteng, poppige Shorts. Anstelle des Kletterhelms wird ein buntes Tuch um die Haare gebunden. Alles wirkt locker und spielerisch.[110]

Innen, im Gemüt der Sportkletterer, sieht es indes nicht immer so locker aus. Da ist der ständige, beißende Ehrgeiz, diese oder jene besonders schwere (und deswegen besonders prestigehaltige) Super-Route zu bewältigen, am besten natürlich solo. Sobald eine solche ganz schwere Route angegangen wird, wird es für den Sportkletterer todernst. Dann beginnt eine Existenz der alleräußersten Verausgabung. Riesige Energieleistungen werden vollbracht. Abschürfungen und Prellungen und Zerrungen werden stoisch weggesteckt. (Gerade für die Hände und Gelenke ist das schwere Sportklettern oft außerordentlich schmerzhaft.)

So wird über zwei, drei oder vier Stunden aus dem Körper alles herausgeholt, wie aus einem hochdressierten Rennpferd. Nun regiert der

reine, unbeugsame Wille. Ungemein strenge Leistungsnormen werden beim Klettervorgang beachtet und erfüllt.
Auch beim täglichen Training geht es alles andere als lustvoll zu. Ambitionierte Sportkletterer absolvieren mit einer eisernen Disziplin tagtäglich ein mehrstündiges, sehr anstrengendes Übungsprogramm. Stereotype Bewegungsabfolgen werden bis zur Erschöpfung durchgeprobt. Es wird mit derselben Unerbittlichkeit und Härte exerziert wie bei irgendeiner Eliteformation des Militärs.
So liegen beim Sportklettern lustbetonte Daseinsformen und asketische Lebensmomente ganz dicht beieinander.
In der Gesamtbilanz haben Sportkletterer sicher viel mehr lustvolle Erlebnisse als alpine Extrembergsteiger. Sind Sportkletterer darum auch glücklicher als Extremalpinisten? Da bin ich mir nicht sicher. Lust und Glück sind zweierlei.
Ich traue dem High-life der Sportkletterer nicht ganz. Es hat etwas Forciertes an sich. Da lauert auf Schritt und Tritt hinter der lockeren Fassade ein eisiges »du mußt!« Man *muß* high sein. Man *muß* exotisch daherkommen. Man *muß* die Dinge lockernehmen. Die Lässigkeit, die Freizügigkeit und das »schräge« Outfit sind kollektive Norm. Du darfst es dir keinesfalls erlauben, offen verbissen oder offen gehemmt oder offen konventionell zu sein, auch wenn es dir danach zumute ist. Sonst bist du »out«. Diese paradiesisch wirkende Lebensweise ist nicht frei. Das sanfte und leise und in sich gekehrte Erlebnis hat hier wenig Raum.
Lässigkeit: ja. Gelassenheit: nein. Lust: ja. Glück: fraglich.
Ja, das ist es: Die Frage des Glückes ist auch hier der neuralgische Punkt. Von einer wirklich liebevollen Selbst-Begegnung sind auch die Artisten der sonnigen Felswände weit entfernt. Da ist noch viel zuviel Zwang sich selber gegenüber.

Zwischenbemerkung

Die drei vorausgehend behandelten Themen »Leistung«, »Aggression« und »Askese« bilden einen sehr engen charakterologischen Zusammenhang. Diese spezifische Dreierverbindung von seelischen Grundhaltungen ist nicht nur bei Extrembergsteigern zu beobachten. Sie scheint überhaupt ein Kennzeichen von Menschen zu sein, die in unserer Gesellschaft in einer legitimen Weise extrem sind, sei es nun im sportlichen oder auch im beruflichen Bereich.

Einsamkeit

Die Mangelexistenz

Unter Einsamkeit verstehe ich einen Zustand des seelischen Abgeschnittenseins von anderen Menschen. Die Formulierung »seelisches Abgeschnittensein« bedarf einer Erläuterung.
Was ich damit meine, wird deutlich, wenn ich Einsamkeit als einen Mangelzustand interpretiere. Einem einsamen Menschen mangelt es am Erlebnis der emotionalen Nähe und am Vorhandensein von Bindung.
Bei uns leidenschaftlichen Bergsteigern sind diese beiden Defizite oftmals sehr ausgeprägt. Viele von uns haben in einem geringeren Maße als andere Menschen teil an der wohltuenden Erfahrung der seelischen Intimität, und die Frage der inneren (und auch der äußeren) Bindung an eine andere Person ist für einige unter uns ein chronisch wunder Punkt.
Die Art unseres inneren Abgetrenntseins wird genauer faßbar, wenn wir der Frage nachgehen, wie Nähe und Verbundenheit normalerweise hergestellt oder geäußert werden. Vielerlei Verhaltensweisen stehen dafür zur Verfügung:
Wir können einem anderen mitteilen, was uns wirklich wichtig ist und was uns im Inneren bewegt.
Wir können einen anderen Menschen dazu ermuntern, von sich selber etwas zu erzählen.
Wir können jemand anderem eine Hilfeleistung gewähren, und wir können auch unsererseits Hilfe von anderen annehmen.
Wir können uns in Gedanken mit einem anderen Menschen beschäftigen, und wir können ihm dieses mitteilen.
Wir können um eines anderen willen einen Verzicht leisten oder einen Kompromiß herstellen.
Wir können zu einem anderen direkt sagen: Ich mag dich. Oder: Ich brauche dich. Oder: Wie gut, daß du da bist.
Wir können einem anderen Sorge und Fürsorge zeigen, wenn es ihm schlechtgeht.
Wir können zärtlich sein mit Berührungen.
Dies sind einige von den Zeichen, mit denen man Nähe und Verbun-

denheit bewirken kann. Wir leidenschaftlichen Bergsteiger sind zumeist sehr sparsam mit diesen Signalen der inneren Zuwendung. Der Mangel an Gesten der Zuwendung und der Verbundenheit in unserem Verhalten prägt ganz nachhaltig das Bild, das wir nach außen hin abgeben:
Viele von uns gelten als verschlossen und als unzugänglich, weil sie nicht mitteilen, was sie wirklich bewegt und was sie wirklich denken. Viele von uns haben den Ruf, eigensinnig oder gar egoistisch zu sein, weil sie sich so wenig nach anderen Menschen richten. Viele von uns wirken abweisend oder hochmütig, weil sie sich keine Hilfe gefallen lassen. Viele von uns erscheinen hart, weil sie Zärtlichkeit weder geben noch annehmen.
Durch alles dieses erwecken wir den Eindruck, als seien uns Nähe und Verbundenheit zuwider. Man könnte meinen, wir seien voll und ganz zu Hause in unserer Menschenferne. Das aber ist nicht wahr, so jedenfalls nicht. Die Situation ist kompliziert: Über längere Zeiträume sind wir tatsächlich innerlich einig mit unserer Einsamkeit, so sehr, daß wir sie überhaupt nicht mehr wahrnehmen. Manchmal aber fühlen wir leidvoll die innere Trennung von den Menschen. Unser vertrautes Alleinsein schlägt bisweilen um in eine schmerzhafte Vereinzelung.

Zwischen Menschenferne und Menschenhoffnung

Das Ausmaß des Behaustseins im Zustand der Menschenferne kann verschieden sein. Einige von uns haben offenkundig weitestgehend abgeschlossen mit dem Wunsch nach Nähe und nach einer bleibenden Beziehung. Sie haben sich auf Dauer eingerichtet in der Menschenferne, und sie fühlen sich sicher dabei.
Andere hingegen – und da gehöre auch ich dazu – sind hin und hergeworfen zwischen der Menschenhoffnung und dem Rückzug ins eigene Ich.
Es gibt Extrembergsteiger, die immer wieder einmal Momente erleben, wo eine schmerzhaft große Menschensehnsucht im Inneren aufbricht und sich auflehnt gegen den eingefleischten Drang zur Einsamkeit. Grausame Zerrissenheit wird in diesen Augenblicken erfahren. Der Extreme Walter Bonatti berichtete wiederholt von solchen Erschütterungen.
Bonatti hat sich in der Alpingeschichte durch große Alleingänge einen Namen gemacht. Der Italiener verspürte immer wieder das zwingende Bedürfnis, ganz allein in schwerste und unerstiegene Alpenwände hin-

Abb. 19. *Walter Bonatti (geb. 1930).*

einzuklettern. Da kämpfte er sich dann tagelang empor, am Rande der Erschöpfung und bei hoher Gefahr, weitab von den Menschen, völlig auf sich allein gestellt. Niemand hätte ihn dort erreichen können (zumindest nicht rechtzeitig), wenn er Hilfe gebraucht hätte, und er wußte das. Bei seinen großen Alleingängen brach Bonatti tatsächlich alle Brücken zu den Menschen für eine unbestimmte Zeit ab. Er isolierte sich vollkommen.
Bonatti hatte die Eigenart, daß er sich beim Hinmarsch zu den grimmi-

gen Wänden, die er allein und als erster Mensch erklimmen wollte, gern von Freunden begleiten ließ. Das waren fast immer Freunde, die selber keine extremen Kletterer waren und die ihn, Bonatti, somit nicht in die Wand hinein hätten begleiten können. Dadurch stand von vornherein absolut sicher fest: Am Fuße der Wand wird die Trennung fällig. Der Beginn der Wand war die Scheidelinie zu den Menschen hin – eine sehr klare und sehr harte Scheidelinie (hart im buchstäblichen Sinn)!
Der Augenblick der Trennung am Wandfuß war für Bonatti jedesmal ein grausam schmerzhafter Moment.
»Im Augenblick des Abschieds von meinen Freunden übermannt mich die Rührung; ich möchte mich heiter und gelassen zeigen, aber es gelingt mir nur, einen erstickten Gruß zu stammeln. Ich flüchte sozusagen weg. De Biasi [einer der Freunde] fühlt, was mit mir los ist, und unter einem Vorwand begleitet er mich noch ein Stück... Was geht eigentlich in mir vor? Warum fürchte ich nun das Alleinsein so sehr, nachdem ich es mir doch so lange gewünscht habe? [...] Ich habe nicht den Mut, mich umzudrehen, denn ich will nicht sehen, wie sich mein Freund entfernt.« (Schilderung vom Beginn eines Alleingangs durch einen bis dato unerstiegenen Teil der Matterhorn-Nordwand.)[111]
Diese Sätze klingen tragisch. Bonatti durchleidet in den Minuten der Trennung einen entsetzlichen Konflikt: den Konflikt zwischen dem machtvollen Wunsch nach einem radikalen Alleinsein auf der einen Seite und einem ganz tiefen Bedürfnis nach Nähe und Liebe auf der anderen Seite. Die Heftigkeit der Gefühlserschütterung bei Bonatti zeigt, daß *beide* Wünsche, sowohl der nach Menschenferne wie auch der nach Menschennähe, enorm stark gewesen waren. Er hatte es in diesem Augenblick wahrhaftig nicht leicht, der sonst so eiserne und gleichmütige Walter Bonatti. Wie immer in diesen Fällen entschied sich Bonatti für das Weggehen von den Menschen; er selber spricht von »flüchten«. Das heißt, das Alleinsein war ihm letztlich ein noch tieferes Bedürfnis als die Geborgenheit unter liebenden Menschen.
So verhält es sich bei vielen Extremalpinisten: Im Zweifelsfalle für die Einsamkeit. Nach mehr oder minder großen Intermezzi der Menschennähe wird aus der Menschenbeziehung herausgeflüchtet. Eine interpretierende Überlegung zur seelischen Bedeutung dieses Flüchtens sei hier bereits eingeschoben: Es ist allemal noch ein besseres Gefühl, wenn ich aus meinem eigenen Entschluß und zu einem selber festgesetzten Zeitpunkt mich anderen entziehe, als wenn ein anderer Mensch plötzlich weggeht von mir.

Der Abschied als Liebesfest

Um noch einmal zum Trennungsschmerz des Walter Bonatti am Fuße der Matterhornwand zurückzukommen: Die Schilderung dieser Episode klingt rundherum tragisch und verzweiflungsvoll. Ich mutmaße aber, daß diese herbe Trennung für Bonatti auch eine überaus wohltuende Erfahrung enthielt, über die sich indessen der Alpinist keine Rechenschaft ablegte. Was ich meine, ist dies: Durch seinen Aufbruch in eine bekanntermaßen gefährliche und schwere Felswand erweckte Bonatti die Sorge und Anteilnahme seiner Kameraden. Die Freunde machten vor einer solchen schicksalhaften Tat gewaltige Anstrengungen, um dem Walter Bonatti ihre Verbundenheit zu zeigen. Sie nahmen Urlaub, um bei ihm zu sein bei den Vorbereitungen und beim Zustieg zur Wand. Sie verbrachten die letzte Nacht vor dem Einstieg mit ihm. Sie standen um Mitternacht mit ihm auf. Sie trugen ihm seine Ausrüstung. Sie nahmen den beschwerlichen Weg zum Wandeinstieg auf sich. Sie sprachen vielmals ihre Sorgen aus und ihre guten Wünsche. Sie zeigten sich tief bewegt im Abschiedsmoment; gewiß hatte der eine oder andere Tränen in den Augen. Sie umarmten und drückten den Flüchtenden nochmals ganz fest.
So wurde dem Walter Bonatti durch das Weggehen in eine todesgefährliche Wand eine paradiesische Fülle an Liebesbezeigungen zuteil. Der Verzweiflung des Abschieds ging die Seligkeit herzlichster Verbundenheitsbezeigungen voraus. Auch die Rückkehr aus der gefahrvollen Einsamkeit wurde ja für Bonatti jedesmal zu einem Fest der Zuneigungsbeweise. Dieses muß man wissen, wenn man die düsteren Abschiedsschilderungen des Walter Bonatti liest.
Die Abschiede lohnten sich.
Man kann sich fragen, ob dieses Verhaltensmuster: fortgehen in die Gefahr und dadurch Liebesbeweise provozieren – ob diese Verhaltensweise bei Bonatti nicht schon von früh an eingeschliffen war. Wenn ja, dann würde dies heißen, daß Bonatti in seiner frühen Lebenszeit einen Mangel an gespürter Zuneigung hatte. Es würde weiterhin heißen, daß er durch ein entschiedenes Fortgehen starke Zeichen der Zuneigung erhielt. Die wenigen Hinweise, die wir zur Kindheitsgeschichte des Walter Bonatti haben, sprechen dafür.[112]
Weggehen in die Einsamkeit und in die Gefahr, um zu merken, daß man geliebt wird – wie viele unter uns leidenschaftlichen Bergsteigern handeln wohl nach diesem (verborgenen) Motiv?

Erfolg, Zusammenbruch und Intimität

Einer, der zu seiner Lebenszeit viel stärker in der Einsamkeit eingemauert war, als es ein Walter Bonatti ist, das war der Österreicher Hermann Buhl, der Erstbesteiger des Nanga Parbat (8125 m) im Himalaya. Buhl war einer der Einsamsten unter den großen Gestalten der Alpingeschichte. Dieser Mann mit den sensiblen Gesichtszügen vermochte nicht, sich zu öffnen. Er ging nie richtig aus sich heraus, und darum blieb er selbst für jene Menschen, die ihn mochten und ihm nahestanden, undurchschaubar und fremd. »Denn was er in seinem Innersten dachte, fühlte, hoffte, kann seinen eigenen Aussagen nicht entnommen werden.«[113] So heißt es in einer biographischen Notiz, die von Freunden verfaßt wurde. Buhl sprach nicht über sich, oder bestenfalls in flüchtigen Andeutungen. Dadurch fehlte ihm die wichtigste Möglichkeit, mit Menschen in enge Verbindung zu kommen. Auch andere Formen des Sich-Öffnens, die der Worte nicht so sehr bedürfen, wie Schwäche zeigen, sich fallenlassen, Hilfe annehmen, Zärtlichkeit entgegennehmen – auch diese Brücken zu den Mitmenschen hin waren dem Hermann Buhl fast gänzlich versperrt. *Eine* große Ausnahme ist hier indessen bekannt. Zumindest ein Mal in seinem Erwachsenenleben hat Buhl es fertiggebracht, sich ganz und gar in die Arme von Kameraden fallen zu lassen und sich verwöhnen zu lassen wie ein glückseliges Kind. Buhl hat diese glücklichste Stunde seines Erwachsenenlebens, in der er ganz offen war und ganz vertrauend, selbst in Worten festgehalten. Das große Ereignis der Befreiung von der Einsamkeit geschah nach der Gipfelbesteigung des Nanga Parbat, als Buhl, der allein unterwegs gewesen war, vollkommen erschöpft wieder zu den Kameraden im Hochlager zurückkam. Man hatte bereits befürchtet, daß Buhl nicht mehr zurückkehren würde.

Hören wir Buhl selbst:

»Ich weiß, ich bin gerettet. Ich bin in der Nähe der Kameraden, und dies gibt mir wieder neue Zuversicht. Verhältnismäßig rasch komme ich den ausgesetzten Grat abwärts, vorbei an der Schaumrolle, durch den Bruchharsch, und um sieben Uhr abends, 41 Stunden, nachdem ich diesen Platz verlassen hatte, trete ich in die Nähe des Zeltes.

Hans kommt mir nun entgegen. Er weiß nicht, wie er seine Rührung verbergen soll, und vergräbt sich hinter sein Aufnahmegerät. Wir fallen uns in die Arme, keiner bringt mehr ein Wort heraus. Walter ist glücklich, mir nun die Hand schütteln zu können, beinahe Tränen hat er in den Augen. Es gibt Augenblicke, da es keine Schande ist, wenn Männer weinen. Großartig, solche Freunde. In diesem Augenblick fühle ich

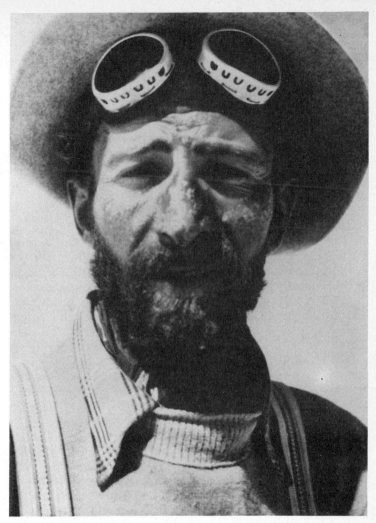

Abb. 20. *Hermann Buhl (1924–1957) nach der Rückkehr von seinem legendären Gipfelgang zum Nanga Parbat.*

mich glücklich wie nie zuvor. Ich vergesse, daß alle Lager auf dem Rakhiotgletscher leerstehen. Dieses Zusammensein ist das eindrucksvollste Erleben während der ganzen Expedition.«[114]
Buhl fühlte sich in dieser hellsten Stunde seines Bergsteigerlebens rundum geliebt, und – das ist das Einmalige und Entscheidende dabei – er vermochte diese Liebe voll und ganz anzunehmen. Dazu sollte man folgendes wissen: Es gab viele Menschen, die den Hermann Buhl gern mochten und die ihm ihre Liebe hätten zeigen wollen. Doch Buhl nahm die Zeichen der Liebe nicht an. Er blieb verschlossen und unnahbar. Oft genug stieß er die Zuwendung schroff zurück. Aber dieses eine Mal am Nanga Parbat, da war er weich und offen wie nie zuvor und voller Glück. Da war der Einsamkeitsbann aufgehoben, einige Stunden lang.
Nun stellt sich die Frage:
Was hat den Hermann Buhl damals fähig gemacht, sich der Zuneigung der Kameraden ganz zu öffnen? Wie kam das Wunder zustande, daß er einmal frei heraustreten konnte aus seiner Einsamkeit?
Der erste Schritt zur Beantwortung dieser Fragen liegt auf der Hand. Es ist zu überlegen, welche besonderen Ereignisse dieser Sternstunde vorausgegangen sind. Zwei besondere Tatsachen sind zu konstatieren: Erstens: Buhl hatte soeben eine glanzvolle alpinistische Leistung vollbracht, indem er als erster Mensch den Gipfel des Nanga Parbat erreicht hatte, und dieses ganz allein. Und zweitens: Buhl hatte sich verausgabt bis an die Grenzen des Menschenmöglichen. Er war physisch und psychisch erschöpft wie kaum einmal in seinem Leben. Diese beiden Tatsachen, so behaupte ich, bilden in ihrem Zusammentreffen die Ursache dafür, daß Buhl sich öffnen und hingeben konnte. Diese Behauptung ist nun im einzelnen zu belegen.
Zunächst sei dargelegt, was der Sieg am Nanga Parbat für Buhl bedeutete.
Der Nanga Parbat war vor seiner Ersteigung durch Hermann Buhl im Jahre 1953 mehr als zwanzig Jahre lang von erstklassigen Expeditionen vergeblich berannt worden. Ein Dutzend Alpinisten hatten dabei den Tod gefunden. Unter den Umgekommenen befanden sich einige von den stärksten Bergsteigern ihrer Zeit. Dann, 1953, kam die deutschösterreichische Expedition mit Hermann Buhl. Und Buhl erreichte den Gipfel des so heiß umkämpften und begehrten Berges. Die letzte, grausam lange Etappe am Berg legte er ganz allein zurück. Buhl war der absolute Sieger. Er war sich bewußt, daß ihm diese Erstbesteigung auf immer einen herausragenden Platz in der Geschichte des Alpinismus sichern würde. Buhl wußte: »Jetzt gelte ich als der Beste unter Europas

Alpinisten meiner Zeit.« Der Beste sein, der wirklich und unabweisbar Allerbeste – danach hatte Buhl jahrelang mit einer ungeheuren Konsequenz und Besessenheit gestrebt. Die persönlichen Erfolgsansprüche des Hermann Buhl waren immens hoch. Jede schwere Tour war für ihn bis dato nur die Vorstufe zu einer noch schwereren und spektakuläreren Besteigung gewesen. Buhl hatte keine Ruhe in seiner unersättlichen Erfolgsbedürftigkeit. Auf dem Nanga Parbat aber, am 3. Juli 1953, da war er wirklich ganz oben. Da war er satt. Das war für ihn der vollkommene Erfolg, zum erstenmal im Leben.
Diesen einmaligen Erfolg hatte sich Buhl mit ungeheuerlichen Strapazen erkämpfen müssen. Es war übermenschlich, was er bei seinem Gipfelgang leistete. Vor allem die Rückkehr ins oberste Lager wurde zu einem Leidensweg jenseits allen Vorstellungsvermögens. Buhl hatte kurz unter dem Gipfel, auf 8000 Meter Höhe, eine Nacht verbringen müssen, ohne Biwakausrüstung, ohne künstlichen Sauerstoff, auf einer Felsleiste überm Abgrund stehend. Er hatte keine Nahrung mehr gehabt und keine Flüssigkeit. Ein Steigeisen war kaputt. Dabei lag nach der schlimmen Nacht noch eine riesige und gefährliche Wegstrecke vor ihm, mit einigen grausamen Gegenanstiegen. »Nur langsam, im Schneckentempo, komme ich weiter, muß nun für jeden Schritt bis zu 20 Atemzüge machen. Alle paar Meter falle ich in den Schnee... Es geht schon gegen Abend, die Sonne senkt sich aufs neue, und lange Schatten fallen über den Schnee. Ich kämpfe mich mit letzter Energie weiter. Eine zweite Nacht im Freien überstehe ich nicht. Von eigenen Schatten gezerrt, getrieben und genarrt, taumle ich dahin. Ich bin nicht mehr ich – nur noch ein Schatten – ein Schatten hinter einem Schatten.« [115]
Buhl kam lebend bis ins oberste Lager zurück. Es war ein Wunder.
Man ist geneigt, ein tiefes Mitleid mit dem geschundenen Hermann Buhl zu empfinden. Man hätte es ihm leichter gewünscht. Gerade das aber wäre nicht im Sinne Buhls gewesen. Die übermenschliche Strapaze und das unvorstellbare Leiden waren für ihn in diesem Falle zutiefst notwendig. Diese Leiden bildeten für ihn die subjektive Legitimation des objektiven Gipfelerfolgs. Buhl konnte sich nunmehr sagen: »Ich habe alles gegeben. Mehr wäre nicht mehr möglich gewesen.« Ohne diese vollständige Verausgabung hätte Buhl kein gutes Gewissen in bezug auf seinen Gipfelsieg gehabt. Dann wäre es für ihn selber, nach seiner ganz persönlichen Leistungslogik, nicht der absolute Erfolg gewesen, selbst wenn ihn andere noch so sehr bewundert hätten. So aber konnte er das ruhige Bewußtsein haben, in beiderlei Sinn das Äußerste geleistet zu haben: das Äußerste an Anstrengung und das Äußerste an

objektivem Erfolg. Die Verausgabung bis zum Zusammenbruch machte den Gipfelerfolg für Buhl erst gültig und rund.
Buhl kehrte also an jenem 3. Juli 1953 im Bewußtsein des vollkommenen Erfolges zu den Kameraden zurück. Solch ein vollkommenes Erfolgsbewußtsein hatte Buhl noch niemals zuvor in seinem Erwachsenenleben gehabt. Das war ein Endpunkt. Es war ein Punkt des Friedens.
In diesem Zustand der gänzlich gesättigten Erfolgsbedürftigkeit war Buhl fähig, sich ganz zu öffnen und sich mit seinem ganzen Zuwendungshunger in die Arme der Kameraden fallen zu lassen. Er war fähig zur Intimität.
Wie ist dieser offenkundige Zusammenhang zwischen dem totalen Erfolgserlebnis und der einmaligen Bereitschaft zur Öffnung und zur Hingabe bei Buhl zu verstehen?
Buhl war von seiner Kindheit an von einer abgrundtiefen Angst beherrscht, nichtig zu sein, überhaupt nichts wert zu sein. Diese Angst hatte ihre klar identifizierbaren Ursachen in grausamen Enttäuschungserlebnissen der frühen Lebensjahre. Davon wird an späterer Stelle noch zu reden sein. Die früh entstandene Nichtigkeitsangst wurde zur Triebkraft eines brachialen Ehrgeizes. Der Ehrgeiz von Buhl war wirklich hemmungslos. Er war blindwütig. Ließ er doch Buhl alle Rücksichten sich selbst und anderen gegenüber oftmals vergessen. Die Radikalität dieses Ehrgeizes spiegelt die Dringlichkeit der inneren Beweisnot des Hermann Buhl wider: Nur die ganz besonderen Erfolge verschafften ihm einen Hauch des Gefühles, jemand zu sein. Der Erfolg am Nanga Parbat war nun dermaßen überragend, daß er die immense Nichtigkeitsangst des Hermann Buhl für den Augenblick vollkommen aufhob. In diesen Stunden seines Lebens war sich Buhl endlich einmal ganz klar gewiß: Ich bin jemand. Ich habe Wert. Ich habe Wert für andere und für mich selbst. Jetzt hatte er vor sich selber das volle Recht, verehrt, verwöhnt, geliebt zu werden. Und weil er durch seinen Gipfelgang sich selber und anderen unwiderlegbar bewiesen hatte, wie stark er war, wie übermenschlich stark, darum konnte er sich nun ohne Einbuße an seinem Selbstgefühl einmal die »Schwäche« vergönnen, sich hilfsbedürftig und ganz erschöpft zu zeigen, so wie er es eben war. Er hatte sich über die Maßen groß präsentiert, jetzt »durfte« er für eine kurze Zeit klein sein, wie ein verwöhnungsseliges Kind. Das war nun kein Makel mehr.
So kam nach meiner Meinung Buhls Menschenglück in der Eiswüste des Himalaya zustande. Der einzigartige Erfolg und die äußerste, die todesnahe Erschöpfung gaben ihm die Gewißheit: Jetzt bin ich es wert,

geliebt zu werden. Nun konnte er das Geschenk der Zuneigung seiner Kameraden bedingungslos annehmen. Unter Menschen zu sein, geriet ihm in dieser Stunde zum reinsten Glück.

Verurteilt zur Einsamkeit

Hermann Buhl war einer der härtesten Männer in der Geschichte des großen Alpinismus gewesen. Dieser Mann – vom körperlichen Erscheinungsbild her eher schmächtig – hat unvorstellbare Anstrengungen, Leiden und Entbehrungen durchgestanden. Er war gnadenlos gegen sich selbst. Es war kein Zufall, daß ausgerechnet Hermann Buhl als erster Mensch den Gipfel des Nanga Parbat betrat.
Als Bergsteiger, sich selbst gegenüber, war Buhl extrem hart. Als Mensch unter Menschen war er indes überaus sensibel: Er war leicht zu kränken, und er reagierte oft sehr schroff. Eine weitere Seite seiner Empfindsamkeit kommt am sprechendsten zum Ausdruck in seinem Gesicht. Diese Gesichtszüge tragen immer wieder einen ganz besonderen und tiefen Ausdruck von Sehnsucht. Sein ganzes (kurzes) Leben lang behielt Buhl auch sein besonderes Lächeln, das anrührende Lächeln eines scheuen, zärtlichkeitshoffenden Buben.[116] Wegen dieses Lächelns und wegen seiner wortlosen Sehnsucht mag ich den Hermann Buhl.
Am Beispiel dieses Mannes möchte ich zeigen, wie ein Mensch, ein Extrembergsteiger, dazu gelangt, sich nahezu ausweglos in der Einsamkeit zu verstricken.
Buhls Sozialverhalten oder, wie man in Bergsteigerkreisen sagt, sein »Kameradschaftsverhalten« läßt sich aus den folgenden Aussagen von ehemaligen Gefährten erschließen. Um diese Zitate richtig einschätzen zu können, muß man wissen, daß sie alle von Männern stammen, die Buhl wohlgesonnen waren.
»Er trainierte weiter, fanatisch, und stählte seinen Körper zu unglaublicher Leistungsfähigkeit. Bald entwuchs er seinen Seilgefährten, übertraf sie im Können und Durchhalten. Das Alleingehen wurde seine Stärke.«[117]
»Es ist öfters vorgekommen, daß Hermanns Seilgefährten seiner Leistungsfähigkeit und seinem Können ganz einfach nicht standhielten... Er aber konnte einen Partner nach dem anderen ›verschleißen‹... Seine Erfolge und vielleicht auch sein oft schwieriges Wesen brachten manche Freundschaften ins Wanken. Man mußte Hermann schon sehr gernhaben, um seine rasche, ungeduldige, oft harte Art zu akzeptieren.«[118]

»Hermann konnte sich durch seine absolute Überlegenheit nur schwer auf andere einstellen. Auch als er später Bergführer war, passierte es durchaus, daß der Gast von Hermann sitzengelassen wurde, weil dieser selbst vielleicht eine andere, schwerere Tour vorhatte.«[119]

»Das hat Hermann ausgezeichnet, daß er vor allem hart war gegen sich selbst, genauso wie gegen die anderen. Man hat von ihm kaum einmal Zug bekommen«[120] (d. h. Seilunterstützung von oben; Anm. d. Verf.).

»Hermann Buhl war kein Einzelgänger oder Sonderling, doch brauchte es Verständnis für seine unbürgerliche Lebensart. Bei Klubveranstaltungen und in der Bergsteigerrunde war er gesellig... Der Vorwurf, ein Spinner zu sein, war bei uns eher liebevoll und verständnisvoll gemeint.«[121]

Entkleidet man diese Kameraden-Kommentare ihrer abmildernden und entschuldigenden Tendenzen, so ergeben sich folgende Aussagen über Buhls zwischenmenschliche Beziehungen: Buhl wechselte ohne Umstände die Kameraden, wenn er dies als vorteilhaft für sein bergsteigerisches Fortkommen befand. Er brach auf diese Weise fortwährend Beziehungen ab, auch zu Menschen, die ihn sehr mochten. Buhl tat, was er wollte, ohne andere, die mit ihm rechneten, zu fragen. Er konkurrierte ohne jedes Maß.

Er stieß durch schroffes Benehmen, vor allem durch seine treffsicher verletzenden Bemerkungen, seine Kameraden vor den Kopf. Er gewährte seinen Gefährten am Berg meistens nur das äußerste Minimum an Hilfe und Fürsorge. Er konnte gesellig und unterhaltend sein, doch war er ohne anhaltende und enge menschliche Beziehung.

Das Fazit: Buhls Bindungsbereitschaft war sehr brüchig. Oft verhielt sich Buhl in einer krassen Weise beziehungszerstörend. Er hatte ganz selten das Erlebnis von Intimität.

Die meiste Zeit über bildete die selbstgeschaffene Menschenferne für Buhl die langgewohnte, die leidenslose Normalität. Manchmal aber überkam ihn ein tiefer Schmerz über seine Isolierung. So fragte er einmal seinen Gefährten Rudl Seiwald – und eine solch intime Frage war bei dem verschlossenen Buhl eine echte Sensation –: »Schau, ich weiß nicht, warum mich niemand mag!« Seiwald fühlte, welch ungeheurer Schmerz in dieser kurzen Bemerkung zum Ausdruck kam.[122]

Es verblüfft, daß Buhl selber nicht gewahrte, weshalb er oft so sehr isoliert war, wo doch seine unsozialen Verhaltensweisen eklatant deutlich waren. Ganz offenkundig fehlte dem so sensiblen Mann ein elementares Stück an sozialer Wahrnehmungsfähigkeit und an Empa-

thie. Buhls beziehungsschädigende Verhaltensweisen hatten gewiß auf das engste mit dieser Lücke im sozialen Sensorium zu tun.
In einer biographischen Notiz, die der Neuauflage von Buhls Tourenschilderungen vorangestellt ist, steht zu lesen:
»Hermann Buhl wurde am 21. September 1924 in Innsbruck als jüngstes von vier Kindern der Eltern Wilhelm und Marianne Buhl geboren. Sein Vater war Innsbrucker, von Beruf Schlossermeister; seine Mutter, eine geborene Rabiser, stammte aus dem Grödental.
Mit vier Jahren verlor Hermann seine Mutter und kam für einige Jahre ins Waisenhaus, bis ihn nahe Verwandte zu sich nahmen.«[123]
Diese nüchternen Sätze bilden die Chiffre einer Kindheitstragödie von unerhörter Bitterkeit. Hinter den wenigen Worten verbirgt sich eine entsetzliche Häufung von Leid.
Zwei zusätzlich bedeutsame Faktoren sind der obigen Notiz über Buhls Kindheit noch anzufügen: Hermann war als Kind von schwächlicher Konstitution, und er war sehr sensibel, das heißt, er war besonders liebebedürftig und besonders verletzlich.[124]
Auf der Grundlage dieser bekannten äußeren Faktoren spekuliere ich nun über die »innere« Biographie des kleinen Hermann Buhl (und ich nehme an, daß die Spekulation weitestgehend stimmt):
Der empfindsame und körperlich schmächtige Hermann hat ganz viel spürbare Liebe, ganz viel Beachtung, sehr viel Ermutigung, sehr viel Behutsamkeit und große Geduld gebraucht. Gewiß hat er in bezug auf diese seelischen Lebensnotwendigkeiten oftmals weniger bekommen, als er sich ersehnt hatte. In einer sechsköpfigen Familie und bei knappen Mitteln wurden die Kräfte der Eltern weitgehend von der täglichen Sorge um die materielle Existenz aufgebraucht. Da blieb einfach nicht soviel an Zeit und an Zuwendung und an individueller Aufmerksamkeit übrig, wie der kleine Hermann es zu seinem vollen Glücklichsein gebraucht hätte. Zwangsläufig sammelten sich viele kleine Enttäuschungen und Entbehrungen an. Doch wie es auch gewesen sein mochte: Im Vergleich zu den Jahren nach Mutters Tod war es dennoch unschätzbar viel, was Hermann an Zeichen der Liebe in den ersten vier Jahren zu Hause bekommen hatte. Mit Sicherheit war es genug, um ein starkes und gutes Beziehungsband zur Mutter und zum Vater wachsen zu lassen.
Dann wurde das Band zur Mutter, die seelische Lebensachse des kleinen Hermann, mit einem Mal zerrissen. Die Mutter starb. Und gleich darauf mußte er auch noch vom Vater fort. Das hieß zugleich: Er verlor die vertraute Heimat. Binnen kürzester Frist waren alle sicherheitgebenden Fundamente des kleinen Hermann weg: Mutter, Vater, die Hei-

mat. An die Stelle des Verlorenen trat eine fremde Welt, eine kalte und grausame Welt – das Waisenhaus. Bedenken wir, was die Tatsache »Waisenhaus« vor 60 Jahren und aus dem Blickwinkel eines schwächlichen, sensiblen, vierjährigen Buben bedeutete. Es bedeutete: gequält und ausgenützt zu werden von den stärkeren und älteren Kindern. Es bedeutete: konkurrieren zu müssen, um das wenige an persönlicher Zuneigung, das von den überlasteten Pflegerinnen zu erwarten war – und das war so oder so viel zuwenig. Es hieß weiterhin: einem strengen, mechanischen Reglement unterworfen zu sein, das keinen persönlichen Spielraum ließ.

Das Waisenhaus war ganz gewiß kein Ort, wo Hermann den Schock des Weggerissenseins von allen haltgebenden Sicherheiten seines Kinderdaseins überwinden konnte. Die schrecklichen Gefühle, die der Eltern- und Heimatverlust in ihm erweckt hatten, konnten nicht verarbeitet werden: Der riesige Schmerz der dreifachen Trennung, die trostlose Einsamkeit, der Zorn, von der Mutter verlassen und vom Vater weggegeben worden zu sein.[125]

Solange aber diese Gefühlswunden nicht annähernd verheilt waren und solange die mitmenschliche Umgebung so hart und unpersönlich war, solange konnte Hermann von sich aus keine vertrauenden und frohen mitmenschlichen Beziehungen aufbauen. Im Gegenteil: Verletzlich und zutiefst verwundet, wie er war, blieb nur der Weg des Sich-Verschließens und Sich-Verhärtens. Vom vierten Lebensjahr an beschritt er diesen Weg, versuchte er sich in der Menschenferne einzurichten. An der Richtung dieses Lebenspfades konnte auch die Tatsache nicht mehr viel ändern, daß Hermann in späteren Kindheitsjahren in ein freundlicheres Milieu, zu Verwandten, kam.

Aufgrund eines solchen Kindheitsschicksals, wie Hermann Buhl es erlebt hat, sind von der psychologischen Theorie her bestimmte seelische und verhaltensmäßige Langzeitfolgen erwartbar.[126] Diese theoretisch erwartbaren Auswirkungen sind im sozialen Verhalten Buhls auch tatsächlich großenteils deutlich erkennbar.

Ausweichen vor enger emotionaler Bindung:
Das wichtigste Beziehungsband des kleinen Hermann, das zur Mutter hin, war im frühen Kindheitsalter zunichte geworden, und gleichzeitig war das Band zum Vater durch die »Verstoßung« ins Waisenhaus stark beeinträchtigt worden. Die dadurch verursachten Trennungsschmerzen und Trennungsverzweiflungen haben nicht ausheilen können. Zwangsläufig bleibt in solcher Situation eine tiefe Angst zurück: die Angst, später nochmals ähnlich entsetzliches Trennungsleid erfahren zu müssen. Um vor einer solchen erneuten Verwundung sicher zu sein,

wird vor engen Bindungen ausgewichen. Eine große Angst vor seelischer Intimität entsteht. Man läßt kaum einmal jemanden (emotional gesehen) nahe an sich heran, und wenn, nur kurz, so wie es für Buhl typisch war.
Ungewollte und unbewußte soziale Aggressivität:
Von der Mutter war Buhl radikal verlassen worden (so empfindet ein Vierjähriger, trotz aller intellektuellen Einsicht, den Elterntod), und vom Vater war er »verstoßen« worden (auch dies die normale kindliche Empfindung beim Weggegebenwerden von zu Hause). Ein großer, ohnmächtiger Zorn ist mit den Gefühlen des Verlassenwerdens verbunden. Der kleine Hermann hat allen Umständen nach nicht das Glück gehabt, diesen Zorn verarbeiten und ablegen zu können. Es blieb nur die Notlösung der schroffen, radikalen Verdrängung übrig, wie bereits beim Trennungsschmerz. Der tief vergrabene, bewußtseinsferne Verlassenheitszorn spielte sicher eine wesentliche Rolle bei der so typischen Verhaltensweise Buhls, andere Menschen, und oft gerade solche, die ihn sehr mochten, einfach zu versetzen oder die Beziehung fallenzulassen.
Defizite der Empathie und der Kommunikationsfähigkeit:
Im Alter von vier Jahren bis ins Jugendalter hinein war Buhl zwangsläufig damit beschäftigt, innere und äußere Schutzmauern zwischen sich und anderen Menschen seiner Umgebung aufzurichten. Andere Kinder, die in unbeschwerteren Lebensumständen aufwachsen dürfen, entwickeln in dieser Zeit ganz entscheidend ihre Fähigkeit zur Kontaktaufnahme und zu einem lebendigen, sensiblen Miteinander. Buhl hatte in dieser Hinsicht eine jahrelange Lernlücke. Diese äußerte sich später unter anderem als eine Art von Kurzsichtigkeit gegenüber sozialen Signalen anderer und als ausgeprägte Blindheit gegenüber den sozialen Folgen seines eigenen Verhaltens. (»Ich weiß nicht, warum mich niemand mag!«)
Der Drang zur Überlegenheit:
Als jüngstes von vier Geschwistern und zart gebaut noch dazu, war Buhl von Anbeginn seines Lebens an der Schwache und der Unwissende. Dauernd hatte er, die Eltern eingerechnet, fünf stärkere und klügere Menschen um sich. Solange die Mutter noch lebte, wurde diese tägliche Erfahrung des Untenseins gemildert durch die unabhängig von Leistungen empfangene elterliche Zuneigung. Im Waisenhaus war das Untensein nur noch grausam: Viele Ältere und Stärkere über sich, die ihn seine Kleinheit und Schwäche gewiß roh genug spüren ließen, und bei alledem kaum persönliche Zuwendung und kaum Ermutigung. Eine solche kindliche Daseinslage erzeugt fast immer machtvolle Phan-

tasien von Stärke und Überlegenheit. Diese Phantasien verbanden sich beim jungen Hermann mit einer angeborenen Mitgift: mit seiner enormen Lebensenergie, die sich vor allem in einem eisernen Willen und Durchhaltevermögen äußerte. In Hermanns schmächtigem Körper steckte eine ungeahnte Vitalität. So kam ein immenser und durchschlagender Ehrgeiz zustande, der dann, im Jugendalter, zu frühen bergsteigerischen Lorbeeren führte. Die Möglichkeit, ganz hoch hinaufzukommen, wurde damit real, im übertragenen wie im buchstäblichen Sinne.

Mit seinem ungeheuer starken und bald auch so effizienten Streben, weit über alle anderen hinauszukommen, verbaute sich Buhl gute, partnerschaftliche Beziehungen. Das Konkurrieren wurde ihm zur Hauptform des sozialen Bezuges. Es war fatal: Mit seinen überragenden Erfolgen verband er die Vorstellung, besonders geschätzt und geliebt zu sein, und in Wahrheit stieß er mit seinem monomanen Streben nach dem großen Erfolg viele jener Menschen von sich weg, die ihm wirkliche Zuneigung entgegenbrachten. Buhls wachsende Erfolge brachten ihm die anonyme Anerkennung der Fachwelt ein, das wohl, doch sie entfernten ihn vom Erlebnis direkter und intimer Beziehungen.

Es sind nunmehr psychodynamische Zusammenhänge dargestellt worden, die verständlich machen, auf welche Weise Hermann Buhl zu einem einsamen Menschen wurde.

Bei aller tragischen Verstrickung in machtvolle Tendenzen zur Selbstisolierung trug aber Hermann Buhl doch tief in der Seele auch die Fähigkeit zu einer vollen und glücklichen Beziehung. Das geht hervor aus dem glücksdurchstrahlten Intimitätserlebnis vom Nanga Parbat, das weiter oben beschrieben worden ist.

Ich denke, Buhls grundsätzlich vorhandene Fähigkeit zum glückhaften Erleben von menschlichem Zusammensein hat seine Ursprünge in jenen ersten vier guten Lebensjahren, als die Mutter noch da war und als es ein sicheres Zuhause gab. In dieser Lebensspanne wurden dem sensiblen, liebeshungrigen Hermann sicherlich Erfahrungen eines glückhaften Miteinander zuteil, sei es mit der Mutter, dem Vater oder einem Geschwister. Vermutlich waren es nicht allzu viele Stunden, in denen Hermann ganz und gar gestillt wurde in seinem kindlichen Bedürfnis, bedingungslos geliebt zu sein. Sicher mußte er oft sehnsuchtsvoll und lange auf diese Erfüllungsstunden warten und sich manches Mal dabei sehr machtlos und ausgeliefert fühlen. Doch immerhin, es gab diese Glücksstunden, und sie prägten sich als ein unauslöschliches Wissen ein.

Mit Mutters Tod und der »Verstoßung« von zu Hause hörten die Erfüllungsstunden abrupt auf. Die Liebeshoffnung stieß auf grausame Entbehrung. Die Erinnerung an die glücklichen Stunden der Intimität mußte hart verbannt werden, wäre doch sonst die einsame Zeit im Waisenhaus noch um ein Vielfaches schmerzhafter gewesen. Da Buhls prägende Erfahrungen einer glücklichen Intimität im Alter von vier Jahren auf langehin abgebrochen waren, blieb Buhls Begriff von Nähe und Liebe der Vorstellungswelt eines Vierjährigen verhaftet.

Was bedeutet »gute Beziehung« für einen Vierjährigen? In diesem Alter wird die Vorstellung von guter Intimität ganz wesentlich durch die glücklichen Momente mit der Mutter bestimmt. Glücklich ist ein Vierjähriger mit der Mutter, wenn er sich ankuscheln kann und zärtlich in den Arm genommen wird; wenn er reichlich versorgt wird hinsichtlich der leiblichen Bedürfnisse; wenn er kräftig gelobt wird und anerkennend angeschaut wird, wenn er in Liebe losgelassen und in Liebe wieder aufgenommen wird nach den Stunden selbständiger »Welteroberung«. Das Beziehungsglück des Vierjährigen ist ein Glück mit dem Schwerpunkt auf passivem Empfangen.

Nach seinem Gipfelsieg am Nanga Parbat, da fand Buhl wieder zurück in diese ganz tief verdrängten, fernen Glücksempfindungen. Ein leuchtendes Erbe, die Fähigkeit zur Menschen-Seligkeit, stand ihm damals für eine kurze Zeit wieder zur Verfügung.

Buhls Menschenbeziehungen waren geprägt worden durch extrem auseinanderklaffende Erfahrungen von Menschen-Glück und Menschenenttäuschung, wobei die Enttäuschungserfahrungen überwogen. Dieses Grundmuster: Starke Glücksmomente der Intimität, die eher selten waren und Verlassenheitserlebnisse, die übermächtig gewesen sind – dieses Muster wird man im Lebenslauf von vielen Extremen wiedererkennen können.

Der echte Wahnsinn:
Psychotische Erlebnisse im Extremalpinismus

»Dorthin, wo noch niemand war...«

In seiner Einleitung zu dem Buch »Überlebt« schreibt der Extremalpinist Reinhold Messner:
»Die wahre Kunst des Bergsteigens ist das Überleben, und schwierig wird es dort, wo wir das bisher Geleistete beherrschen und noch einen Schritt darüber hinausgehen wollen. Dorthin, wo noch niemand war.«[127]
Das gilt für alle Extremalpinisten: Sie haben einen Drang, »noch einen Schritt darüber hinaus« zu gehen. Hinzugehen, »wo noch niemand war«.[128] Das ist zunächst in einem ganz konkreten, physischen Sinne gemeint – Orte, Situationen aufsuchen, die ganz neu und für »normale« Menschen unerreichbar sind.
Der physische Gang und Drang ins vollkommen Fremde wird bisweilen aber auch zur seelischen Reise »dorthin, wo noch niemand war«.
Die Grenzen des normalen Erlebens werden bisweilen eindeutig überschritten. Schizophrenie wird erlebt und in Kauf genommen. Von einigen ganz extremen Höhenbergsteigern, wie Reinhold Messner beispielsweise, werden Momente des Irrsinns im vorhinein einkalkuliert, ja manches Mal mit Neugier antizipiert.[129]

Anrüchiges Erleben

Das also ist Tatsache: In manchen Minuten oder Stunden am schwierigen Berg manifestieren die extremsten unter den Alpinisten solche Denkweisen, Empfindungen und Verhaltensweisen, die eindeutig dem psychotischen Formenkreis zuzuordnen sind.[130] Einige von diesen Episoden der seelischen Grenzüberschreitung werden weiter unten wiedergegeben.
Man findet insgesamt nur wenige ausführliche Schilderungen »verrückten« Erlebens in den Publikationen von Extrembergsteigern. Das sollte indes nicht zu der Schlußfolgerung führen, schizophrene Erlebnisweisen seien im Extrembergsteigen eine seltene Ausnahme. Viele Alpini-

sten berichten einfach deswegen nicht von diesen Erfahrungen, weil sie Angst haben vor einer Stigmatisierung als »Spinner«. Das ist eine sehr berechtigte Angst, denn zur Ideologie des europäischen Alpinismus gehört es seit jeher, daß Bergsteiger besonders gesunde, unverbildete, natürliche Menschen sind.[131] Wer möchte da schon von Halluzinationen oder gar Panikanfällen berichten?

Nur ganz prominente und leistungsmäßig absolut herausragende Bergsteiger können es sich leisten, ohne größeren Schaden an ihrem Ansehen von ihren »verrückten« Momenten zu erzählen. Bei diesen Männern werden die gelegentlichen Eingeständnisse von Wahnsinnserfahrungen von einem Teil des Publikums sogar positiv, als eine interessante Note, aufgenommen. Musterbeispiel ist hier wieder Reinhold Messner. Dieser Mann hat für esoterisch angehauchte Zeitgenossen wegen seiner offenen Berichte über Irrsinnsmomente sogar eine Art von Guru-Position.

Was Messner daher weitgehend unbeschadet darf – nämlich geradeheraus von seinen schizophrenen Erfahrungen reden –, das dürfen minder prominente Extrembergsteiger nur mit der äußersten Zurückhaltung. Eine logische Konsequenz daraus: Bei Messner finden wir mehrere unverhüllte Darstellungen seelischer Ausnahme-Erfahrungen; in den Büchern vieler anderer Extrembergsteiger entdecken wir nur flüchtige oder kaschierte Andeutungen auf schizophrenes Erleben.

Neben der Figur des unantastbaren »Top-Prominenten« gibt es noch einen anderen – ebenfalls seltenen – Typus des Extrembergsteigers, der gleichfalls ziemlich unverblümt über verrückte Erlebnisse schreibt: Gemeint ist der Typus des trotzigen Rebellen, der sich ganz bewußt gegen die Mehrheitstendenzen der übrigen Bergsteigerschaft stellt. Messner trägt Züge eines solchen Rebellentums. Noch entschiedenere Rebellen und Außenseiter waren Hermann von Barth (1845–1886) und Eugen Guido Lammer (1862–1945). Diese streitlustigen Querköpfe hatten nur geringe Hemmungen, über abnormes Erleben zu erzählen. Ihre Offenheit war ihnen zugleich eine Form der Provokation.

Die gegenwärtige Alpinistengeneration hat es im Vergleich zu den Bergsteigern früherer Zeiten insgesamt leichter, über ungewöhnliches Seelenerleben offen Nachricht zu geben. Zwei große Zeitströmungen, die sog. »Psycho-Welle« und der daran anschließende Boom der Esoterik, haben ein geistiges Klima geschaffen, das für die offene Äußerung ungewöhnlicher Erfahrungen generell günstig ist. Innerhalb der Bergsteigerschaft als ganzes, das ist als Einschränkung gleich anzufügen, haben die genannten Zeitströmungen indes nur einen geringen Einfluß; das Gros der Alpinisten verhält sich auffallend aversiv gegenüber aller seelischen Selbstergründung.

Halluzination vom »guten Begleiter«

Ich möchte nun einige Beispiele für schizophrenes Erleben bei Extremalpinisten in phänomenologisch geordneter Form wiedergeben.
Im Jahre 1953 steigt Hermann Buhl, wie an früherem Ort berichtet, allein und ohne Sauerstoffmaske zum Gipfel des Nanga Parbat (8125 m), eine unerhörte Tat in der damaligen Zeit. Unmittelbar nachdem Buhl den Gipfel verlassen hat, bricht die Nacht herein. Buhl verbringt eine mörderische Nacht in der Todeszone. Am anderen Morgen schleppt er sich weiter abwärts. Da taucht ein Begleiter auf:
»In diesen Stunden höchster Anspannung erfaßt mich ein eigenartiges Gefühl. Ich bin nicht mehr allein! – Da ist ein Gefährte, der mich behütet, bewacht, sichert. Ich weiß, daß das Unsinn ist, aber das Gefühl bleibt: Eine steile Wand unterbricht die Rinne. Der Fels ist kleinsplitterig, brüchig. Ich muß die Handschuhe ausziehen, stecke sie in die Hosentaschen und versuche in die Rinne zu kommen. Doch alles bröckelt ab. Zu riskant erscheint mir das. Ein Rutscher, ein kleiner Sturz wäre mein Ende! Bestimmt würde ich auch den Gefährten mitreißen, den Freund – der gar nicht da ist... Jeder Meter muß vorsichtig abgeklettert werden.
Bei uns in den heimatlichen Bergen würde ich einfach in die Schneerinne springen! Ich steige wieder zurück, will wieder meine Handschuhe anziehen. Sie sind fort. Erschreckt frage ich den rätselhaften Begleiter: »Hast du meine Handschuhe gesehen?«
»Die hast du doch verloren.« Deutlich höre ich die Antwort. Ich drehe mich um – sehe aber niemand. Bin ich schon wahnsinnig?
Narrt mich ein Spuk? Deutlich vernahm ich doch die bekannte Stimme. Welchem meiner Freunde gehörte sie? Ich weiß es nicht. Ich kenne sie nur... Ich suche nach den Handschuhen, doch nirgends sind sie zu sehen... Ich steige weiter ab, komme auch zurück in die Schneerinne, quere aus ihr heraus und jenseits abermals in die Felsen. Rechts, fast in gleicher Höhe – die Bazhinscharte! Doch ich muß nun noch weiter hinab, bis zum Ende der Felsen. Und während des ganzen Ganges begleitet mich der Gefährte, den ich nie sehe und der doch so vertraut ist. Besonders an schwierigen Stellen ist dieses Gefühl betonter. Es beruhigt mich, es lullt ein: wenn ich stürze oder rutsche, hält mich doch der andere am Seil.«[132]

Buhls halluzinierter Begleiter beim qualvollen Rückweg vom Gipfel des Nanga Parbat ist ein sehr freundliches Wesen. Ähnlich verhielt es sich mit einer halluzinierten Begleiterin, die Reinhold Messner bei seiner Solo-Bezwingung des Nanga Parbat im Jahre 1978 um sich hatte:
»Es ist mir plötzlich, als ob jemand neben mir säße. Ich kann ihn nicht sehen, aber aus den Augenwinkeln glaube ich zu ahnen, daß es ein Mädchen ist. – Es ist höchste Zeit, daß ich das Zelt aufbaue. Wir gehen sonst ein bei dieser Hitze. Sie sieht mir zu, wie ich den Schnee niedertrete, und ich denke, es wird ihr zu heiß sein aufzustehen. Obwohl ich weiterhin alles allein machen muß, ist es doch schön, daß sie da ist. Es ist schwierig, das Zelt mit den dünnen Alustangen allein zu verspannen. Oben lege ich den Schlafsack drauf, so daß die Sonnenglut nicht so sehr durchkommt. Ich räume Matten und Rucksack ein und hänge wieder den Schneesack ins Zelt. Erst nach zwei Stunden beginnt es zu tropfen. Ich bin heute zuversichtlicher als gestern, obwohl ein Nebelmeer unter mir liegt und alle Täler und Berge bis auf 6500 Meter einhüllt. Im Westen aber steht ein rotgelblicher Dunststreifen am Horizont, der mir gutes Wetter verspricht. Es sieht aus, als ob dort die Welt aufhöre. Mich interessiert vorläufig nicht, was da draußen vor sich geht. Nur um mich herum beobachte ich zwischendurch Kinder, Männer und Frauen, ohne diese zu erkennen und von diesen im speziellen etwas zu wollen. Sie sind nur da, wechselnd. Und ich unterhalte mich mit ihnen.«[133]

Angst- und aggressionsbesetzte Halluzinationen von imaginären Menschen

Im Jahre 1970 hatte das Deutsche Institut für Auslandsforschung eine Expedition organisiert, die die Erstdurchsteigung der Rupalflanke des Nanga Parbat zum Ziel hatte. Der Expeditionsteilnehmer Felix Kuen berichtet von diesem Anstieg:
»Im unteren Teil der Merkl-Rinne war ich oft minutenlang in einem Trancezustand. Plötzlich sah ich Hunderte von kleinen Männchen zum Lager V aufsteigen. Es waren Japaner. Sie wollten über unsern Aufstieg den Gipfel stürmen. Unseren Gipfel! Ich rief Peter Scholz zu: ›Da kommen die Japaner! Siehst du sie?‹ ›Du spinnst!‹ sagte Peter, ›du bist verrückt!‹ Und dann sah ich wieder klar.«[134]
Wissen muß man in diesem Zusammenhang, daß Felix Kuen ein außerordentlich ehrgeiziger Bergsteiger war und daß die Erstdurchsteigung einer Achttausender-Route für ihn *das* große Lebensziel darstellte. Dementsprechend traumatisch war für Kuen die Vorstellung, andere

Alpinisten könnten vor ihm droben sein. Und dazu gleich noch Hunderte, wie in der geschilderten Halluzination! Diese Halluzination enthält das größte Schreckenserlebnis, das Kuen sich seinerzeit ausmalen konnte. (Übrigens: Die Katastrophe trat wirklich ein. Andere kamen vor Kuen am Gipfel an. Kuen beging nicht lange danach Selbstmord.)

Von einer weiteren aggressiv getönten Halluzination erzählt Friedl Mutschlechner, Gefährte von Reinhold Messner. Die beiden geraten beim Abstieg vom Kangchendzönga (8586 m) in einen verheerenden Sturm. Sie müssen biwakieren, erschöpft, durchgefroren, ausgedörrt. Der Sturm beutelt das kleine Zelt.

»Mit Handzeichen fordere ich Reinhold auf, sich mehr gegen die Zeltwand zu stemmen. Er schreit mir zu: ›Sag den Kanadiern da draußen, sie sollen endlich aufhören, Steine auf unser Zelt zu werfen!‹ Mich durchfährt ein eisiger Schreck... Ich spüre Schlimmes auf uns zukommen.«[135]

Aus den bisher aufgeführten Beispielen für Halluzinationen wird bereits etwas Generelles deutlich: Die Wahnsinnsmomente am Berg können sehr glücksbetont ausfallen, sie können aber auch reine Horror-Erlebnisse sein. Es gibt »good trips« und es gibt »bad trips«, um in der Drogensprache zu reden. Diese Beobachtung wird durch die nachfolgende Dokumentation von Depersonalisationserlebnissen noch weiter illustriert. In welche Richtung der Trip gehen wird, sobald einmal die Schwelle zur Schizophrenie überschritten wird, das ist übrigens für den Extremalpinisten nicht kalkulierbar. Die Wahnsinns-Momente am Berg sind eine ausgesprochen zwiespältige Sache. Insgesamt überwiegen die Horrortrips.

Depersonalisation

Im Jahre 1978 führten Reinhold Messner und Peter Habeler ein Vorhaben aus, das von Fachleuten bis dato als physiologisch unmöglich betrachtet wurde: Die beiden Alpinisten erstiegen den Mount Everest (8848 m) ohne Verwendung von künstlichem Sauerstoff. Dieser Gipfelgang war eine unsägliche Qual, doch er wurde letzten Endes unbeschadet überstanden. Als Peter Habeler sich am Everest vollkommen ausgepumpt über den letzten Steilaufschwung hinaufmühte, widerfuhr ihm folgendes:

»Trotz aller Euphorie war ich körperlich total am Ende. Ich ging nicht mehr aus eigenem Willen, sondern nur noch mechanisch, wie ein Automat. Ich trat aus mir heraus und hatte die Vision, daß da ein anderer an meiner Stelle ging. Dieser andere gelangte zum Hillary-Step, jener halsbrecherischen, 25 Meter hohen Grataufsteilung, und stieg und zog sich daran hoch in den ausbrechenden Fußstapfen der Vorgänger. Er hatte den einen Fuß in Tibet und den anderen in Nepal – links ging es 2000 Meter hinab auf die nepalesische Seite, rechts fiel die Wand 4000 Meter nach China hinunter. Wir waren allein – der andere und ich. Reinhold, obwohl durch das kurze Seilstück mit mir verbunden, existierte nicht mehr.«[136]

Noch merkwürdiger hört sich ein »Verdoppelungserlebnis« an, das Reinhold Messner dokumentiert:

»Am Morgen des 28. Juni 1970, nach einem Biwak in der Merkelscharte am Nanga Parbat (ca. 8000 Meter Meereshöhe, starker Wind, ohne Schlafsack und Zelt, verausgabt und unterkühlt), verlor ich eine Zeitlang den Gleichgewichts-, Orientierungs- und Zeitsinn. Ich fiel hin und rollte etwa 10 Meter weit über den Schnee. Plötzlich hatte ich das Gefühl, als runde, durchsichtige Wolke hinter mir herzuschweben. Mich selbst von außen zu beobachten. Ich konnte dieses Bündel vor mir, von dem ich wußte, daß es verzweifelt war, nicht angreifen. Ich war völlig schwerelos, aber trotzdem irgendwie körperhaft.«[137]

In den soeben berichteten Depersonalisationserlebnissen war anscheinend nur wenig Angst oder Schreck enthalten; bei Messner schwingt sogar eine angenehme Empfindung mit.

Einen ganz anderen emotionalen Charakter hat das folgende Erlebnis des Auseinanderfallens, das wiederum Messner berichtet:

»Ich erzähle Ursula, welche furchtbaren Ängste ich ausgestanden habe, wie schlimm es ist, sich aufgelöst und über die ganze Fläche des Basislagers verstreut zu fühlen. ›Mein Körper ist auseinandergefallen. Es war, als sei ich ein Puzzle, das ich selbst zusammensetzen muß und nicht kann.‹«[138]

Das ist die schiere Panik.

Zwei weitere spektakuläre und aufschlußreiche Panik-Anfälle werden im nächsten Abschnitt aufgeführt.

Panik-Anfälle

Die folgenden, psychotisch anmutenden Angsterlebnisse lassen sich nicht unter die vorigen beiden Überschriften (halluzinierte Begleiter; Depersonalisation) subsumieren und werden daher getrennt dargestellt.

Eugen Guido Lammer, enfant terrible des Alpinismus der Jahrhundertwende, war ein eingefleischter Alleingänger. Immer wieder reizte es ihn, ganz alleine alpines Neuland zu betreten und mit den auftauchenden Gefahren und Schwierigkeiten zu kämpfen. Dieser überaus waghalsige und einsamkeitsgewohnte Mann wurde einmal völlig überraschend – nämlich in leichtem Berggelände – von einem Panik-Anfall in die Knie gezwungen:

»Später Nachmittag in den Lechtaleralpen, vor vielen Jahren, als es dort noch wenig besucht war. Rüstig steige ich immer höher und komme immer tiefer hinein. Der Berg legt eine seiner grauen Steinfalten nach der anderen zwischen mich und die Welt der Menschen, eine Luftschicht nach der anderen läßt ihren grauen Vorhang hinter mir herabsinken, tonverschlingend, lichtverschlingend, und das schweigende Dunkel quillt in immer dichteren Schwaden um mich empor. Da langen plötzlich zwei Arme nach mir, fassen mich im Nacken, und um meine Kehle legt es sich würgend wie zehn Finger: das Bewußtsein, hilflos verlassen zu sein in der Bergeinsamkeit. Mich schamvoll rüttelnd muß ich starke Kräfte aufrufen, um das Gespenst der Feigheit abzuwerfen.«[139]

Ähnlich unerwartet wurde Reinhard Karl (1946–1982) von einem psychotisch anmutenden Angstanfall gepackt. Als er sich nach einer erfolgreich beendeten Extremtour bereits wieder in der Geborgenheit einer Berghütte befand, hatte er folgendes Panik-Erlebnis: »Abends gibt der Wirt auf der Couvercle-Hütte ein Festessen für uns Deutsche, die die Droites-Nordwand gemacht haben. Etwas betrunken wanke ich auf der Hüttenterrasse herum. Durch die Anstrengung der vorhergegangenen Tage bin ich so ausgelaugt, daß ich schon nach zwei Gläsern Wein stockbetrunken bin. Im Mondlicht und im Sternengefunkel sehen der gegenüberliegende Montblanc und die vielleicht hundert Granitnadeln wie ein riesiges Tier aus, das auf mich zugerast kommt und mich verschlingen will. Entsetzt, in Todesangst, renne ich den Berg hinunter und verstecke mich unter einem großen Stein im Schatten des Mondlichtes. Vor Angst übergebe ich mich – ermattet schlafe ich dann ein.«[140]

Peter Habeler fand nach der sensationellen ersten Ersteigung des Everest unter Verzicht auf künstlichen Sauerstoff über viele Nächte hindurch keinen Schlaf. Sobald er ein wenig eindämmerte, überfielen ihn Horrorvisionen:

»Ein paarmal war mir auch, als wäre mein Zelt voller Insekten. Ich schoß hoch wie von der Tarantel gestochen und suchte das ganze Zelt nach Insekten ab, die natürlich nicht da waren. Zweimal meinte ich, daß alles voll von Würmern wäre. Von Ekel gewürgt, habe ich das Zelt um und um gestülpt, bis ich mir endlich bewußt wurde, wo ich war.«[141]

In den berichteten Panik-Anfällen wird die alleräußerste Angst erlebt, die blanke Todesangst, tödliche Verlassenheit oder tödlicher Abscheu. Und jedesmal geschieht dieses überfallartige Angsterlebnis im Rahmen einer äußeren Situation, die frei ist von Gefahr. In das gesicherte Dasein bricht die wildeste Panik ein.

Genauso verhält es sich auch mit den Alpträumen der Extremen. Sie kommen stets *nach* der großen, gefahrenschwangeren Tat, dann aber mit einer verheerenden Entsetzlichkeit und oft Nacht für Nacht. Alpträume gelten im landläufigen und auch im psychologischen Sinne nicht als psychotische Erscheinungen. Das dürfte der Hauptgrund dafür sein, weshalb Extrembergsteiger ihre Alpträume vergleichsweise offenherzig berichten, so daß hierüber viel Material vorliegt.

Doch wenn sie auch formell nicht ohne weiteres als psychotische Symptome klassifiziert werden, so stehen Alpträume zumindest von der Intensität des Angsterlebnisses her gesehen mit den Panik-Anfällen des wachen Bewußtseins auf einer Stufe. Die psychodynamischen Hintergründe dürften im Falle der Extremalpinisten dieselben sein.

Alpträume

Ein paar von den Alpträumen, die Extrembergsteiger niedergeschrieben haben, seien hier aufgeführt, um das oben Gesagte zu untermalen:

»Ich rannte um mein Leben. Keuchend sprang ich über Eisblöcke und Spalten. Ich versuchte der ungeheuren Sturzwelle zu entrinnen, die hinter mir herkrachte. Sie kam näher und näher, es gab kein Ausweichen. Plötzlich öffnete eine Spalte den gierigen Rachen. Ich war verloren« (Edmund Hillary, nach der Erstbesteigung des Mount Everest 1953).[142]

»Jede Nacht wiederholte ich im Traum unseren Aufstieg. Es waren entsetzliche Alpträume, ohne eigentlichen Inhalt. Es war mir, als müßte ich ersticken, als befände ich mich unmittelbar unter dem Gipfel und bekäme keine Luft mehr. Regelmäßig fuhr ich schweißgebadet hoch und wußte minutenlang nicht, wo ich war« (Peter Habeler, nach der erfolgreichen Besteigung des Everest ohne Verwendung von künstlichem Sauerstoff 1978).[143]

»Oft noch stürzte ich in der folgenden Nacht träumend über endlose Wände« (Eugen Guido Lammer nach schwerer Alpentour zur Jahrhundertwende).[144]

Diese drei Alpträume stellen keine besonders spektakuläre Auslese dar. Derart grauenvoll sind nahezu alle Extremen-Alpträume, die in der Bergsteigerliteratur überliefert sind. Stets wird die nackte, entsetzliche Todesangst durchlitten. Auf verschiedene Art wird die eigene Vernichtung erlebt: Stürzen, Erschlagenwerden von Lawinen, Ersticken. Dabei bildet das Motiv des haltlosen Stürzens den weitaus häufigsten Alptrauminhalt. Immer auch sind diese Träume vom Gefühl der äußersten Hilflosigkeit durchtränkt.

Der äußere Kontext

Die schizophrenen Erlebnisse von Extrembergsteigern stehen in einem direkten Zusammenhang mit den Situationen der äußersten körperlichen und seelischen Belastung, wie sie für extreme Bergbesteigungen kennzeichnend sind. An einer früheren Stelle, im Kapitel »Die unverständliche Leidenschaft«, sind die katastrophal harten Grenzsituationen, die bei Extremtouren auftreten, bereits ausführlich geschildert worden. Hier seien nochmals zwei Auszüge aus Tourenberichten von Extrembergsteigern wiedergegeben, um die ungeheuerliche psychophysische Belastung des Extrembergsteigers zum Zweck der weiteren Erörterung zu vergegenwärtigen:

»Der Sturm tobte wie irrsinnig. Er schien seine ganze Kraft und Wut für diese eine Nacht aufgespart zu haben. Wir lagen im Zelt wie auf dem Boden eines leeren Güterwaggons, der, außer Kontrolle geraten, auf angeschlagenen Geleisen schneller und schneller zu Tal rast, jeden Moment das Aus erwartend, wenn die peitschenden Planen zerrissen. Wir hatten das Gefühl, von Stunde zu Stunde zu verfallen... Der Morgen brachte keine Erleichterung... Um 10 Uhr entschlossen wir uns zum Rückzug. Ein Aufstieg in die Flanke war heute unmöglich. Wir konnten nicht einmal aufrecht stehen im Sturm... Über allem die beißenden Eisschauer, Woge um Woge uns entgegengepeitscht, gnadenlos. Uns gegenseitig stützend, um vom Sturm nicht niedergeworfen zu werden, gingen wir langsam zu den Fixseilen an der Südcol-Kante« (Hermann Warth, beim Rückzug vom Everest).[145]

»Nach jeweils zehn Schlägen mit dem Pickel habe ich ein Gefühl, als zerspringe mir die Brust, und ich müsse meine Lunge herausspucken. Halte ich ein, dröhnen mir die Herzschläge in den Ohren, und ich brauche über dreißig Sekunden, bis das Erstickungsgefühl weicht und sich der Herzrhythmus wieder etwas verlangsamt. Bei solch einem Tempo benötigen wir Stunden zu dieser Arbeit. Um Zeit zu gewinnen, gehe ich bis an die Grenze des Möglichen. Manchmal legt sich vor meine Augen ein schwarzer Schleier; halb erstickt, zwingt es mich in die Knie, und ich keuche wie ein gehetztes Tier« (Lionel Terray, an der Annapurna, 8091 m).[146]

Diese Schilderungen stammen von zwei Alpinisten, die eher zu einer untertreibenden Darstellungsweise neigen. Die Realität des Infernos am schwierigen Berg läßt sich in Worten nicht annähernd wiedergeben. Fast ausnahmslos auf jeder extremen alpinen Tour ereignen sich solche überaus brutalen Episoden, wie die soeben kurz angedeuteten. Manche Extremtouren bestehen über Tage hinweg aus einer einzigen Folge solcher Katastrophenerfahrungen. Die Beanspruchung in diesen Situationen ist total: Der Leib in fast allen seinen Funktionen, der gesamte Sinnesapparat und eine breite Skala von Affekten befinden sich im äußersten Alarmzustand, und das, wie gesagt, oft über Tage hinweg. Ich kenne keine andere »Sportart« (wenn man denn das Extrembergsteigen überhaupt mit diesem Begriff belegen will), wo der Mensch so unausgesetzt lange und total an der äußersten körperlich-seelischen Belastungsgrenze entlanglaviert.

Ich bin mir ganz sicher: Die meisten Menschen würden in derartigen Lebenslagen sehr viel früher und sehr viel drastischer in psychotische Reaktionsweisen verfallen, als es Extrembergsteiger tun. Wenn man also das psychotische Erleben von Extrembergsteigern angemessen beurteilen will, so muß man unbedingt den äußeren Kontext der psychotischen Reaktionen mit in Betracht ziehen. Weiß man um diesen wahrhaft verrücktmachenden Kontext, so sind nicht mehr die schizophrenen Erlebnisse das Auffällige, sondern man wundert sich, daß Extrembergsteiger nur so wenig und so kurzzeitig verrückt reagieren.

Die körperlich-seelische Belastungsschwelle, jenseits derer Extrembergsteiger im Gebirge psychotisch reagieren, liegt erstaunlich hoch. Extrembergsteiger sind – am Berg zumindest – außerordentlich psychose-resistent. Sie besitzen dann beides: Eine ungewöhnliche körperliche Belastbarkeit und zugleich auch eine erstaunliche seelische Widerstandsfähigkeit.

Schwerpunkte der seelischen Widerstandsfähigkeit

Die bemerkenswerte seelische Stabilität von Extrembergsteigern bezieht sich auf ganz bestimmte emotionale Streßfaktoren. Die psychische Widerstandsfähigkeit ist selektiv. Sie betrifft die Erduldung von jenen Belastungen, die für extreme Bergtouren typisch sind.
Zuerst ist zu nennen die *konkrete und massive Todesgefahr*. Häufige Situationen: Man steigt unter einsturzbereiten Eisabbrüchen entlang; man quert labile Schneefelder, die jederzeit als todbringende Lawine niedergehen können; man steigt über einsturzbedrohte Wächtengrate; man wird von verheerenden Schneestürmen oder von Berggewittern überrascht; tödliche Kälte kann sich plötzlich einstellen; man verliert irgendeinen Ausrüstungsgegenstand, wie etwa die Handschuhe oder die Schneebrille, und gerät dadurch in akute Lebensgefahr; Höhenödeme können fernab menschlicher Hilfe auftreten und zur tödlichen Bedrohung werden.
Auf jeder Achttausendertour werden mehrere solcher massiver Daseinsbedrohungen erlebt. Eine Extremtour, zumal im Achttausenderbereich, weist auch zahlreiche typische *Schock- und Schreckerlebnisse* auf:
Ein Felsgriff bricht aus, und man kann sich im letzten Moment noch halten; oder man stürzt tatsächlich ab und fällt mit voller Wucht ins Seil, oft unter Verletzungen; eine Lawine schießt direkt auf einen zu, oder Steinschlag poltert haarscharf über das Haupt hinweg; Orkanböen zerreißen das schützende Biwakzelt hoch am Berg; mitten im blanken Eishang entgleitet der Pickel; unerwartet sackt man in eine tiefe Gletscherspalte hinab.
Derartige grimmige Schreckerlebnisse gehören gleichfalls zum Alltag einer Extremtour. Mit ihnen ist im vorhinein zu rechnen.
Neben den vielfältigen Gefahren- und Schrecksituationen zählen *Erlebnisse der Ohnmacht und des Ausgeliefertseins* zu den großen seelischen Belastungen des Extremalpinismus.
Höhenbergsteiger sind beispielsweise oft über Tage hinweg durch Schneefall oder Höhensturm im winzigen Biwakzelt festgebannt, wobei häufig genug der Sturm das Zelt hinwegzureißen droht oder die Schneelast das Zelt beinahe erdrückt. Existentielle Hilflosigkeit wird auch erfahren, wenn man in großer Höhe körperliche Beeinträchtigungen erlitten hat (häufig sind Erfrierungen, Schneeblindheit, Höhenhusten und Erschöpfung) und sich dann tagelang, Schritt um Schritt, zu Tale quälen muß, ungewiß, ob medizinische Hilfe noch rechtzeitig erreicht wird. Niederschmetternde Ohnmacht stellt sich auch ein, verei-

teln tagelange Stürme oder Schneefälle den entscheidenden Gipfelvorstoß.

Eine weitere, charakteristische seelische Belastung des schweren Bergsteigens besteht in *Episoden der äußersten Einsamkeit*: Zumal als Alleingänger ist man auf den hohen Bergen dieser Erde ungeheuer weit entfernt von den Menschen, ähnlich einem einsamen Wüstendurchquerer. Selbst dann, wenn man einen großen Berg zu mehreren angeht: In der Gipfelzone eines Sieben- oder Achttausenders, der »Todeszone«, kämpft sich jeder sehr einsam nach oben. In diesen Höhen, am Rande aller Kräfte, weiß ein jeder auch: Sollte mir etwas passieren, so kann der Kamerad nicht helfen, ich bleibe allein zurück.[147]

Die Betrachtung der typischen seelischen Belastungssituationen, denen Extrembergsteiger ausgesetzt sind, führt mithin zu der Erkenntnis: Extremalpinisten sind gewissermaßen Spitzenkönner im Ertragen von akuter Lebensgefahr, von Ohnmacht und von Einsamkeit. Sie halten von diesen Belastungsfaktoren ungleich mehr aus als andere Menschen. Um kein Mißverständnis aufkommen zu lassen: Extrembergsteiger sind am Berg keineswegs frei von Gefühlen der Angst, des Erschreckens, der Hilflosigkeit und der Einsamkeit. Ohne diese inneren Warnstimmen würden sie blind ins Verderben schreiten und keine einzige Extremtour lebendig überstehen. Doch diese Gefühlsreaktionen erscheinen bei Extremalpinisten in Anbetracht der infernalischen Situation am schwierigen Berg unglaublich gezähmt und eingegrenzt. Für einen durchschnittlichen Menschen besteht da ein eklatantes Mißverhältnis zwischen Situation und Emotion.

Die Verdrängungskünstler

Nun erhebt sich die Frage: Wie kommt es, daß Extrembergsteiger in Situationen der Lebensgefahr, des Erschreckens, der Hilflosigkeit und der Einsamkeit viel länger beherrscht und normal reagieren als die Mehrheit der Menschen?

Zwei grundsätzliche Möglichkeiten sind denkbar: Die erste wäre, daß bei den Extremen die Ansprechbarkeit in bezug auf die genannten Gefühlsregungen ganz generell heruntergesetzt ist. Die zweite Möglichkeit hieße: Die emotionale Resonanzfähigkeit ist voll oder weitgehend vorhanden, doch es bestehen sehr wirksame temporäre Verdrängungsmechanismen.[148]

Alle Anzeichen sprechen für das Vorliegen der zweiten Möglichkeit. Das Wirken einer besonderen Verdrängungskunst läßt sich darin erkennen, wie und wann die psychotischen Erlebnisse von Extrembergsteigern sich ereignen. Im einzelnen sei nun aufgezeigt, wie in den Angstanfällen, den Alpträumen, den Halluzinationen und den Depersonalisationserlebnissen von Extremen Verdrängung sichtbar wird.

Angstanfälle und Verdrängung:

Das Auffällige an den Panikanfällen und an den Alpträumen der Extremen ist, daß sie fast ausnahmslos dann auftreten, wenn gar kein äußerer Anlaß für Angst oder gar Entsetzen besteht. In den wirklich akuten Phasen der Lebensbedrohung am Berg haben Extremalpinisten die Angst voll im Griff. Da wirken diese Männer beneidenswert furchtlos. Doch dann, während harmloser Etappen der Tour oder nach der Rückkehr ins sichere Basislager, da geschieht es häufig, daß wie aus heiterem Himmel eine ungeheure Angst über die kühnen Männer hereinbricht. Jenes Entsetzen, das ein »normaler« Mensch bereits in der Todesgefahr am Berg empfinden würde, erleben die Extremen erst dann, wenn sie in Sicherheit sind. Extreme vermögen mithin die ganz große Angst so lange vom Bewußtsein fernzuhalten, bis ihr Ausbruch keinen Schaden mehr anrichten kann. Diese Fähigkeit zur zeitlichen Verzögerung des Angstausbruchs ist eine echte Kunst, eine überlebenssichernde Kunst. Ein Panikanfall im Basislager ist doch etwas ganz anderes als ein Panikanfall in achttausend Metern Höhe, im Sturm und im schweren Fels.
Die Extremen verdrängen übrigens ihre Angst am Berg nicht vollkommen. Die Angst wird gewissermaßen dosiert abgeschaltet. Ein bestimmter Spielraum des Angsterlebens bleibt erhalten. Diese Rest-Angst ist optimiert, und zwar in dem Sinn, als sie einerseits zu schwach ist, um Denken und Handeln zu blockieren, andererseits aber kräftig genug, um zur hellwachen Vorsicht gegenüber ganz akuten Gefahrenmomenten zu stimulieren. Von den großen Könnern unter den Extremalpinisten wird oft gesagt, sie hätten einen besonderen »Gefahreninstinkt«. Hinter diesem verblüffenden Gespür der Extremen für akute Lebensbedrohungen verbirgt sich als ganz wesentlicher Faktor eine optimal gehandhabte Angstverdrängung.
Schon jetzt wird erkennbar: Die Verrücktheit der Extremen hat System. Auch im Wahnsinn der Extremen wird Meisterschaft sichtbar, Überlebensmeisterschaft bei katastrophal schwierigen Lebensbedingungen. So schlimm die Panikanfälle und die Alpträume der Extremen anmuten, sie sind, so wie sie »gehandhabt« werden, lebenserhaltend.

Halluzination und Verdrängung:

Die auffälligsten unter den früheren Orts dokumentierten Wahnbildern – die Halluzinationen von guten Begleitern[149] scheinen der Logik einfacher Wunschträume zu folgen, nach dem Muster: reale Entbehrung – geträumte Erfüllung. Die Alpinisten Hermann Buhl und Reinhold Messner, von denen die Berichte über freundliche Wahngestalten stammen, befanden sich bei den jeweiligen Bergunternehmungen in einer Situation der äußersten Einsamkeit. Sie waren allein unterwegs in einer lebensbedrohlichen Fels- und Eiswüste, unerreichbar für andere Menschen und im Falle von Hilflosigkeit rettungslos verloren.

Anzunehmen ist, daß in dieser Lebenslage tiefe Empfindungen der Verlassenheit angerührt worden sind, wiewohl im bewußten Erleben solche nicht manifest wurden. Die Qual der tiefen Menschen-Entbehrung wurde indessen durch machtvolle Kräfte vom bewußten Erleiden ferngehalten. Sie verschaffte sich aber dennoch einen intensiven Ausdruck: als plastische Wahnvorstellung von der beruhigenden Gegenwart guter Menschen. In Form ihrer positiven Umkehrung drang die Menschensehnsucht gebieterisch in die kognitiven Bereiche ein. Die Wahnvorstellung vom guten Begleiter zeigt in jederlei Hinsicht – in ihrer Thematik, in ihrer Gefühlstönung und insbesondere in ihrer überwältigenden Intensität – die Heftigkeit des Einsamkeitsschmerzes an, der tief in der Seele angerührt und zugleich unterdrückt worden war.

Für eine radikale Ausgrenzung von Verlassenheitsgefühlen aus dem bewußten Erleben hatten Buhl und Messner bei den fraglichen Solobesteigungen ganz klare Gründe: Verlassenheitsgefühle hätten direkt das Leben bedroht. Sie hätten zu akuter Verzweiflung und Lähmung geführt, und beides hätte in den fraglichen Situationen, in denen der alleräußerste Einsatz nötig war, den Tod bedeutet. Die freiwillig arrangierte Einsamkeitssituation wäre umgeschlagen in eine buchstäblich tödliche Verlassenheit. (An dieser Stelle wird wieder transparent, daß Extrembergsteiger eine besondere, existentielle Beziehung zu Einsamkeit und Verlassenheit haben.)

Auch diese Überlegungen führen uns wieder zur Annahme, daß eine wirkungsvolle Gefühlsverdrängung am Werke ist: Das mutmaßlich vorhandene Gefühlserlebnis großer Verlassenheit ist durch die Halluzination vom freundlichen Begleiter gewissermaßen übersprungen und zugleich umgewendet worden in eine wohltuende Phantasie der guten Menschennähe.

Dieser Interpretation zufolge erfüllt die Halluzination vom guten Begleiter sehr wertvolle Funktionen: Sie erspart den Extremen die Verzweiflung der großen Verlassenheit, und sie setzt darüber hinaus an die Stelle dieses lebensbedrohlichen Gefühlserlebnisses einen angenehmen Gefühlszustand. Die Halluzination wird zum mächtigen Schutz gegen destruktivere Formen des »Durchdrehens«.

In der Art, wie Buhl und Messner auf die Halluzination vom guten Begleiter reagierten, wird wieder die besondere Befähigung der Extremen für »vernünftige«, will besagen: überlebenssichernde Verdrängung sichtbar. Obwohl Buhl und Messner sich in ihrer Wahn-Phantasie in Begleitung von anderen Menschen erleben, so benehmen sie sich in ihrem bergsteigerischen Verhalten weitestgehend wirklichkeitsgerecht. Sie steigen dahin als Männer, die sich auf sich selbst verlassen müssen. Im Kopf regiert das Wahnbild, aber die notwendige Verhaltenssteuerung entspricht der tatsächlichen Solo-Situation. Sie finden im hochgefährlichen Gelände sicher durch. Der Wahn wird mithin im Sinne des Überlebens und des Gipfel-Erreichens optimal eingesetzt. Er stellt, angesichts der ungeheuerlichen Einsamkeitssituation, die relativ geringste Form von geistiger Störung dar, und das realitätsgemäße Verhalten bleibt nach wie vor intakt. Auch hier wieder: Der Wahnsinn als Bestandteil einer geradezu ingeniösen Überlebens- und Erfolgsstrategie. Wiederum werden wir Zeugen einer enormen Begabung, ein Optimum von zielgerichteter Normalität bei situativ unabwendbarem Wahnsinn aufrechtzuerhalten.

Depersonalisation und Verdrängung:

Nunmehr sind noch die früheren Orts beschriebenen Erlebnisse des Außer-sich-Stehens zu kommentieren. Diese Episoden, in denen die Extremalpinisten ihre grauenvoll geschundene leibliche Erscheinung mit einem empfindungssterilen Blick von außen sehen, stellen gleichsam eine absolute Form von Verdrängung dar. Hier findet der Vorgang der Gefühlsabspaltung einen ganz klaren, bildhaften Ausdruck: Das Fühlen und das kognitive Sein fallen auseinander in zwei isolierte Ichs, die einander so fern und fremd sind wie zwei fremde Personen. Das präzis und emotionslos registrierende Bewußtseins-Ich schaut dem Ich des brüllenden Leidens von außen zu, wobei das Ich-Gefühl im »Beobachter« lokalisiert ist. Die Qual der Leidensperson wird gesehen und gedacht, aber nicht gefühlt.

Diese Form von Depersonalisation stellt eine ziemlich gravierende schizophrene Reaktionsweise dar. Aber auch hier machen wir wieder die Beobachtung: Trotz einer hochgradigen psychischen Desorganisation funktioniert das bergsteigerische Verhalten völlig realitätsangemessen weiter. Peter Habeler gelangt über schwierige und absturzgefährliche Felsaufschwünge heil auf den Gipfel des Everest, und Messner bremst, trotz seelischer »Zweiteilung«, seinen Absturz gekonnt ab und steigt zielsicher weiter abwärts.

Die Episoden der vollkommenen und wahrhaft schizophrenen Trennung von Emotion und Kognition sind immer nur kurz. Sie scheinen eine Art von alleräußerster, von allerletzter Notfallreaktion der Extremalpinisten darzustellen, die nur bei blanker Todesgefahr, bei unaushaltbarer Körperqual oder letzter Verzweiflung aktualisiert wird.[150] Das bedeutet, der Mechanismus wird sinnvoll produziert: sparsam und nur, wenn keine andere Form der Bewältigung des übermäßigen seelischkörperlichen Leidens mehr genügend wirksam wäre. Und genauso wie bei den anderen Formen psychotischen Reagierens bleibt auch hier wieder das zielgerichtete Verhalten unangetastet. Die psychische Meisterschaft der Extremen wird erneut offenbar.

In allen den besprochenen Formen schizophrenen Reagierens begegnet uns eine hochentwickelte Fähigkeit zur Verdrängung von solchen Emotionen, die während der Extremtour lebensbedrohlich störend wären. Zwei Aspekte dieser Verdrängungskunst sind in den vorausgegangenen Ausführungen mehrfach herausgearbeitet worden: die besondere Wirksamkeit der Verdrängung und die subtile, überlebensoptimale Dosierung.

Nun, am Ende dieser allgemeinen Betrachtung über die »verrückten« Erlebnisweisen von Extremalpinisten, wird noch ein dritter Aspekt der Verdrängungskunst der Extremen offenbar: Es wird jeweils die mildeste, eben noch wirksame Verdrängungsmethode angewandt. Den verschiedenen schizophrenen Reaktionsweisen sind ja, wie ausführlich dargelegt worden ist, spezifische »Techniken« der Gefühlsverdrängung immanent: Schlichte Unterdrückung mit zeitverschobenem Gefühlsausbruch bei den Panikanfällen und Alpträumen; Umwendung ins positive Gegenteil bei den Halluzinationen; radikale Dissoziation von Leiden und von Wahrnehmen in zwei völlig getrennte Ichs bei den Erlebnissen des Außer-sich-Stehens. Diese Aufzählung stellt eine aufsteigende Reihe dar im Sinne der Schwere der psychotischen Störung einerseits und im Sinne der Radikalität des Verdrängungsmechanismus, der darin wirksam ist, andererseits. Die ganz erfolgreichen Extremalpinisten zeichnen sich dadurch aus, daß sie diese Stufenleiter der überlebens- und erfolgsgarantierenden psychischen Notfallmaßnahmen perfekt beherrschen. Sie greifen nicht zu hoch und nicht zu tief. Sie sind Spitzenkönner der Selbstmedikation in bezug auf funktionale Formen des Irreseins und der Verdrängung.

Frühe Übung: Vom Ursprung der Verdrängungskunst

Ein konstantes Grundmotiv im Leben der großen Extrembergsteiger lautet: Überlebenkönnen dort, wo ein Überleben unmöglich erscheint.
Extrembergsteigen ist ein fortwährendes Dasein am Rande der physischen Vernichtung und an der Grenze der seelischen Zerstörung. Extrembergsteiger leben und überleben in Szenarien, in denen kaum ein anderer Mensch bestehen könnte. Sie lassen sich aus freien Stücken immer wieder auf dieses brutal lebensfeindliche Dasein ein. Das Berg-Inferno schreckt sie nicht. Es zieht sie unwiderstehlich an.
Ich bin mir sicher: Dieser Imperativ des Überlebens unter »unmöglichen« Bedingungen hat für sehr viele Extrembergsteiger schon in den frühesten Lebensjahren Geltung gehabt. Damals allerdings war es keine freiwillige Bestrebung, sondern ein blankes und unentrinnbares Gebot der Not.
Welcher Not?
Die Art der frühen Not wird erkennbar aus den besonderen seelischen Belastungen, denen Extrembergsteiger sich im Gebirge freiwillig aussetzen und bei deren Handhabung sie eine so unerhörte Meisterschaft an den Tag legen. Diese besonderen seelischen Belastungen des extremen Bergsteigers sind ausführlich erörtert worden: Situationen der vernichtenden Bedrohung, der grausamen Ohnmacht und der äußersten Verlassenheit.
Anzunehmen ist – dafür sprechen auch die vorhandenen biographischen Belege –, daß viele Extreme schon in den ersten Lebensjahren die genannten seelischen Belastungen in einem bedrückenden Maße erfahren haben, schicksalhaft, unausweichlich. Damals waren es gravierende Störungen in den lebensnotwendigen frühen Menschenbeziehungen, die ein Lebensgefühl des katastrophalen Ausgeliefertseins an übermächtige Gewalten entstehen ließen. Anhand der »inneren« Biographie von Hermann Buhl wie auch anhand der Geschichte des jugendlichen Risikosuchers Paul sind diese kindheitlichen Schreckenserfahrungen an früherem Ort exemplarisch aufgezeigt worden.
Für viele Extreme stellte sich mithin schon von früh an die kategorische Notwendigkeit, übermäßige, sprich: unaushaltbare Ängste, Hilflosigkeitserlebnisse, Verlassenheitsgefühle und Nichtigkeitsempfindungen

in den Griff zu bekommen. Diese Aufgabe stellte sich um so härter und unerbittlicher, als viele Extremalpinisten ausgesprochen sensible Kinder gewesen waren. Das heißt, sie sind besonders verletzbar gewesen.
Diese Verbindung aus unausweichlicher seelischer Not und besonders große Gefühlsansprechbarkeit bildete meines Erachtens eine wesentliche Grundlage für die Entwicklung jener virtuosen Verdrängungsfähigkeit, die an Extrembergsteigern so sehr erstaunt.
Am Berg, da wurde die frühe und notgedrungene Verdrängungsbegabung zum ganz großen Vorzug. Da half und hilft sie, Leistungen zu vollbringen, die sichtbar riesig sind und zu denen nur wenige Menschen in der Lage sind, und seien sie körperlich auch viel stärker als die Extremalpinisten. Aus dieser Überlegenheit erwächst für die betreffenden Menschen wiederum ein mächtiger Anreiz, die früh und unter Leiden gelernte seelische Fertigkeit der Verdrängung weiter zu kultivieren und zu verfeinern. Freilich, was sich in der Grenzsituation am Berg als eine unschätzbare Befähigung erweist, das ist auf anderen Lebensgebieten, insbesondere im zwischenmenschlichen Bereich, ein Handikap. Die tief eingeschliffene Neigung zur Verdrängung von »schwachen« Gefühlen verhindert eine volle Öffnung im Umgang mit anderen Menschen und trübt damit das Erleben von Intimität. Diese soziale Problematik ist im Kapitel »Einsamkeit« ausführlich dargelegt worden.
Meine stichwortartigen Ausführungen über frühe seelische Bedrohungen und Überforderungen von Extrembergsteigern sind in einem wesentlichen Punkt ergänzungsbedürftig: Diese Kindheiten waren nicht so vollständig düster, wie es infolge der gerafften und pointierten Beschreibung zunächst erscheint. Die emotionalen Bedürfnisse des Kindes kamen zu einem gewissen Teil zu ihrem Recht. Es gab auch fröhliche, sorglose, zufriedene Momente in diesen Kindheiten. In manchem Extremen-Schicksal waren dies nur sehr sporadische Erfahrungen, doch immerhin, sie waren da und hatten Wirkung.[151] Ohne diese gelegentlichen guten Erfahrungen von Angstfreiheit, Geborgenheit und Ermutigung wäre die überaus subtile und dosierte Handhabung von Verdrängungsmechanismen, wie sie bei den großen Extremen so sehr ins Auge fällt, nicht denkbar. Eine dermaßen differenzierte und flexible Verdrängungsfähigkeit ist inkompatibel mit uniform traumatischen Kindheitsverhältnissen. Einförmig-traumatische Kindheiten bringen erfahrungsgemäß nur plumpe und stereotype Formen von Gefühlsabwehr hervor, sofern sie nicht überhaupt zu frühen Schizophrenien führen.[152]
Ich sehe es so: Durch schwere emotionale Belastungen während der Kinderzeit erhielt der Verdrängungsimpuls der Extremen seine hoch-

wirksame Intensität – die große Not aktivierte eine starke Notwehr. Die gelegentlich erlebten Momente der Entspannung und des Glückes sorgten ihrerseits für seelische Atempausen, die es dann erlaubten, die starke Verdrängungsfähigkeit zu einer flexiblen Kunst zu entfalten.
Ein weiterer Faktor spielt bei alledem mit Sicherheit ebenfalls eine große Rolle: Die außergewöhnlich große und mutmaßlich genetisch fundierte Lebensenergie der Extremen. Diese Mitgift einer besonderen Vitalität wies den Weg zu einer aktiven, kämpferischen Lebensführung und schützte vor Zusammenbruch und Selbstaufgabe. Sie erst gab die riesige Kraft zur inneren Gegenwehr gegen Situationen der seelischen Not. Wird doch auch in einer machtvollen Gefühlsabwehr, die zu überleben hilft, ein großes Energiepotential manifest. Auf eine direkte Weise zeigt sich die enorme Vitalität der Extremen darin, daß diese Männer trotz vielfach ungünstiger biographischer »Startbedingungen« eine seltene Tatkraft entfalten und eine außergewöhnliche Willensstärke und Ausdauer bei der Verfolgung ihrer Ziele an den Tag legen.

Der echte Wahnsinn – das Fazit

Da dieses Kapitel ziemlich umfangreich und komplex ausgefallen ist, seien die wichtigsten Aussagen nochmals kurz zusammengefaßt: Psychotische Erlebnisse gehören zur gewohnten Erlebniswelt von ganz extremen Bergsteigern. Die hauptsächlichen Erscheinungsformen des psychotischen Erlebens von Extremalpinisten sind Panikanfälle und panikbesetzte Alpträume, Halluzinationen von imaginären Begleitern sowie Depersonalisationserlebnisse. In Anbetracht der ungeheuerlichen »Streßhaltigkeit« der alpinistischen Grenzsituationen ist die Anfälligkeit der Extrembergsteiger für psychotische Reaktionen als bemerkenswert gering anzusehen. Die kennzeichnenden emotionalen Belastungen des Extrembergsteigens bestehen in Erlebnissen der akuten Lebensbedrohung, in Erfahrungen tiefer Ohnmacht und im Erleben äußerster Einsamkeit.
Betrachtet man nun, wie erfolgreiche Extrembergsteiger mit den aufgeführten Streßfaktoren umgehen, dann stößt man auf eine bemerkenswerte Fähigkeit zur funktionalen Verdrängung der genannten Belastungen. Als Bezugspunkte von »Funktionalität« gelten in diesem Fall: die Zielerreichung (Gipfelbezwingung), das Überleben der Tour und die Minimierung psychotischer Reaktionen.
Die auffallende Verdrängungsfähigkeit der Spitzenalpinisten zeichnet sich aus durch eine hohe Effizienz sowie durch eine virtuos anmutende

Flexibilität im Hinblick auf die Dosierung und den Zeitpunkt des Einsatzes.
Diese besondere Verdrängungskunst wird auch im Wann und Wie der letztlich unvermeidbaren psychotischen Reaktionen transparent.
Aufgrund ihrer seelischen Spezialfähigkeiten bringen es die erfolgreichsten Top-Alpinisten mitunter fertig, die unausweichlichen Momente der Psychose zu einem nützlichen Bestandteil einer Strategie des Überlebens und der Gipfelbezwingung zu machen. Die Verrücktheit gerät im besten Falle zum wichtigen Hilfsmittel.
In nahezu jedem Falle aber werden die schädlichen Wirkungen des psychotischen Reagierens auf eine eindrucksvolle Weise minimiert.

Schatten auf unserer Seele

Zu den seelischen Fundamenten des passionierten Bergsteigers gehört die Trauer, eine ganz schwere Trauer. Sie liegt tief, und sie ist gleichsam versteint. Wir leidenschaftlichen Berggänger sind gezeichnete Menschen. Wir tragen Schatten auf unserer Seele. (»Und was ist mit den vielen Witzen und Blödeleien, die auf einer Bergtour hervorgebracht werden?« So höre ich nun manchen Leser einwenden. Ich meine, daß diese typische Kommunikation im Witz-Jargon meine Vermutung von der verborgenen Schwermut geradezu unterstreicht. Wir lachen über unsere Trauer hinweg.)
An verschiedenen Stellen in diesem Buch habe ich die Spuren unserer harten Trauer aufgezeigt. Hier will ich diese Zeichen noch einmal zusammenfassen. Ich spreche Wahrheiten aus, die ganz tief in mich selber hineingeschrieben sind.

Die Landschaft

Wie sieht die Landschaft aus, der wir aus innerster Seele zugetan sind? Die Landschaft unserer Seele ist eine Wüste. Die hohen Gebirge sind die Gegenwelt des Lebendigen, eine Todeslandschaft. Unser Erdball kennt kaum grimmigere Orte. Dort aber zieht es uns mit der äußersten Sehnsucht hin. Sollten da nicht Verwandtschaften zu unserer Innenwelt bestehen?

Härte

Wir haben wenig Begabung zur Lust. Wir mißtrauen ihr. Manchmal fürchten wir sie. Viel gewohnter sind uns Versagung und Schmerz. Auch das Schwachsein und die Angst ertragen wir schlecht. Hart und überlegen wollen wir sein, weil uns Weichsein und Schwachsein von früh an schrecklich sind. Unser Prinzip ist der Wille, jener eisige Seelenwind, der alles einfriert, was weich und verletzlich in uns ist.

Unrast

Es heißt für uns sehr viel, wenn uns ab und an ein Moment der zufriedenen Selbstvergessenheit gelingt. Unsere seltenen ruhigen Momente sind das Ergebnis von vielen tausend mühseligen Stunden am Berg. Unsere Unrast erinnert mich an das unruhvolle Verstörtsein des Kindes, das die Mutter sucht. Ist vielleicht unser ständiges Weggehen, unser Weit-fort-Gehen die Antwort darauf, daß man auf uns zuwenig zugegangen ist? Die Unrast ist nicht schön, aber schlimmer noch ist die Unerfülltheit, die große Schwester unseres Unruhigseins. Darum schinden wir uns, darum suchen wir das starke Erlebnis, gleich, ob es nun wohltuend oder schmerzlich ist. Denn solange wir handeln und die Stimmen unseres Körpers vernehmen, wissen wir: Wir leben. Der Wert des Daseins ist für uns ein schmerzlich unsicherer Besitz. Immerfort müssen wir ihn neu erkämpfen.

High sein, down sein

Droben am Berg, im äußersten, vernichtungsnahen Gefordertsein, da haben wir Augenblicke, in denen wir uns innerlich richtig auf der Höhe fühlen. Zu kämpfen droben am Berg, das macht uns high. Das hebt uns heraus aus dem Downsein, der Schwermut, die auf dem Grunde unserer Seele liegt.

Größenhunger

Auf den hohen Gipfeln fühlen wir uns erhaben über »die dort unten« und über den weichen und schwachen Menschen in uns. Wir sind süchtig nach diesem Ganz-oben-Sein. Es ist uns der Gegenbeweis gegen alles Niedergedrückte und Gedemütigte in uns.

Probleme

Das Leben war für uns ein Problem von Anfang an. Wir sind problemgewohnt. Probleme sind unser Milieu. Am Berg versorgen wir uns damit.

Die Ungestillten

Wir sind die Ungesättigten. Die Ungestillten. Stillen hat mit stillmachen, mit ruhigwerden zu tun. Wir sind nicht ruhig, weil wir ungestillt sind.

Glück

Klettern wir für das Glück? Nein, so hoch greifen wir nicht. Wir suchen die erträgliche Existenz. Erträglich zu leben, das ist für uns schon viel. Am Berg gelingt uns das.

Bergsteigen – Realitätsbewältigung oder Realitätsflucht?

Ich habe bewußt darauf verzichtet, die einzelnen Kapitel meines Buches durchgängig miteinander zu verklammern. Das wäre zwar im Sinne der geltenden wissenschaftlichen Ästhetik wünschenswert gewesen, und auch dem Leser hätte es den Gang durch das Buch wohl erleichtert, doch sind nun einmal die Beweggründe des passionierten Bergsteigens von sehr »uneinheitlicher« Art. Sie mit Gewalt in eine »runde« Form der Darstellung bringen zu wollen, das hieße, eine Einheitlichkeit vortäuschen, die nicht vorhanden ist. Meine Ausführungen entbehren jedoch nicht ganz der übergeordneten und verbindenden Perspektive. Hinter all den so verschiedenartigen Gedankengängen steht als eine verbindende Anschauung diese These: Die Verhaltensform »Bergsteigen« ist zum wesentlichen Anteil eine unwillkürliche Antwort einer großen Zahl von Menschen auf die gesellschaftlichen und biographischen Bedingungsmomente ihrer Existenz. Das Bergsteigen stellt eine aktive Form des Umgehens mit problematischen Aspekten unseres Daseins dar, und in diesem weitgefaßten Sinne ist es immer ein Vorgang der Realitätsbewältigung.

Nun erhebt sich indes die Frage: Vollbringen wir im Bergsteigen auch eine Verarbeitung und Veränderung unserer gesellschaftlichen und individuellen Realität? Hier nun bin ich der Meinung, daß das Bergsteigen ganz überwiegend den Charakter einer bloß reflexhaften Ausweichreaktion besitzt. Es hilft uns zwar hervorragend über die Bedrückungen hinweg, an denen wir chronisch leiden, an den Quellen unserer Schmerzen ändert es nichts. In der Sprache der Psychoanalyse: Wir agieren den Konflikt, aber wir bearbeiten ihn nicht. Ich will das anhand der Themen von Teil II meines Buches kurz konkret machen: Das schwere Bergsteigen vermittelt, wie gezeigt, vorübergehend ein starkes Identitätsgefühl, von der zugrunde liegenden Identitätsproblematik befreit es indessen nicht. Wir geben im harten Alpinismus unseren aggressiven Impulsen vorübergehend eine erlösende Freiheit, das Leiden am ungelebten Zorn der frühen Jahre bleibt aber bestehen. Wir gelangen bergsteigend zu einer kurzfristigen Leistungszufriedenheit, unsere radikale Leistungsbedürftigkeit wird indessen nicht gemildert. Die Last unserer Schwermut wird im Gebirge leichter, aber sie verschwindet nicht.

Man sollte jedoch die »bloß« lindernde Funktion des Bergsteigens auf keinen Fall geringachten. Ein gutes Schmerzmittel ist sehr viel wert. Eine Erlösung auf Stunden ist unendlich viel besser als gar keine Erlösung.

Trotzdem ist die Frage legitim, ob man aus dem Bergsteigen im Hinblick auf seinen seelischen Nutzen nicht mehr machen kann. Liegt im Bergsteigen nicht auch die Möglichkeit zu einer echten Klärung und Veränderung des Ich? Diese Möglichkeit ist gegeben, sogar in einem hohen Maße. Nur bedarf es dazu einiger Voraussetzungen, die wir Bergsteiger in der Regel nicht mitbringen. Die erste Voraussetzung besteht im Willen und in der Befähigung, die eigene seelische Erfahrung des Bergsteigens klischeefrei wahrzunehmen und auf das Ganze der Person zurückzubeziehen. Kurz, es geht um den Impuls zu Fragen wie diesen: Warum brauche ich das Bergsteigen so sehr? Wovor schützt es mich? Was gibt es mir positiv? Innere Dialoge dieser Art waren jedoch noch niemals eine bergsteigerische Vorliebe oder gar Stärke. Einige unter den großen Alpinisten hatten zwar das innere Zwiegespräch schon seit jeher praktiziert, aber sie wurden gerade deswegen von der übrigen Bergsteigerschaft scheel angesehen.

Die Fähigkeit zur klischeefreien Selbstbegegnung hat ihrerseits wieder zur Voraussetzung die Bereitschaft, unangenehmen und schmerzlichen Selbsteinsichten nicht auszuweichen. Das aber ist eine Eigenschaft, die unter Menschen überhaupt selten ist, nicht bloß unter Alpinisten.

Prinzipiell bildet das Bergsteigen in all den Fällen, wo es hohen persönlichen Stellenwert besitzt, einen hervorragenden Ansatzpunkt zur Begegnung mit den verborgenen, und das heißt zumeist: mit den schmerzlichen Seiten des eigenen Ich. Es ist aber zugleich auch eine Tatsache, daß sich die Bergsteigerei ebenso gut als ein Mittel zur Ausschaltung tieferer Selbstbegegnung eignet. Bergsteigend kann man ebensogut von sich weglaufen, wie man zu sich hinfinden kann. In aller Regel wird der Gang in die Berge, gerade von uns Passionierten, in der ersteren Weise gebraucht. Wir sind wohl mutig in äußerer Gefahr, aber nicht in der Begegnung mit unserem verborgenen Selbst.

Anmerkungen

Teil 1 – Das Bergsteigen als Breitenbewegung:

1 Thioly, F.: *L'ascension du Grand Combin*, in: Jahrbuch III des SAC (Zitat wurde übersetzt vom Verfasser).
2 Hübel, Paul: *Führerlose Gipfelfahrten*. München 1949, S. 45.
3 ebenda, S. 47.
4 Ertl, Hans: *Bergvagabunden*, München [4]1952.
5 Schmid, Toni, in: Ertl, a.a.O., S. 216.
6 Buhl, Hermann: *Große Bergfahrten*, München 1974, S. 147.
7 ebenda, S. 184.
8 Whymper, Edward; *Edward Whympers Berg- und Gletscherfahrten in den Alpen in den Jahren 1860–1869*. Braunschweig [4]1909, S. 234.
9 ebenda, S. 495.
10 Rébuffat, Gaston: *Zwischen Erde und Himmel*. Zürich, Stuttgart, Wien 1963, S. 144f.
11 ebenda, S. 34.
12 Buhl, a.a.O., S. 122.
13 ebenda, S. 164.
14 Schumacher, Joachim: *Leicht gen Morgen unterwegs. Eine philosophische Reise*, München 1979.
15 Terray, Lionel: *Große Bergfahrten*, Nymphenburg 1975, S. 119.
16 ebenda, S. 69.
17 Messner, Reinhold: *Der gläserne Horizont*. München 1982, S. 88.
18 Oggioni, Andrea: *Die Hände am Fels*. Zürich, Stuttgart, Wien, 1967, S. 102.
19 Ertl, a.a.O., S. 70.
20 Lammer, Eugen Guido: *Jungborn*. 2. Auflage, München 1923, S. 176.

Teil II – Über die Extremformen der Bergleidenschaft

1 Bonatti, Walter: *Große Tage am Berg*. Zürich/Stuttgart, Wien, 1971, S. 48f.
2 Terray, a.a.O., S. 218f.
3 Messner, Reinhold: *Alleingang – Nanga Parbat*. München 1979, S. 45.
4 Habeler, a.a.O., S. 142.
5 Heckmair, Anderl: *Mein Leben als Bergsteiger*. München 1972, S. 8f.

6 Ertl, a.a.O., S. 162.
7 Buhl, a.a.O., S. 35.
8 Terray, a.a.O., S. 50.
9 Messner, Reinhold: *Die Herausforderung*. 2. Auflage, München 1976, S. 23.
10 Oggioni, a.a.O., S. 14.
11 Terray, a.a.O., S. 56.
12 Whymper, a.a.O., S. 339.
13 Ertl, a.a.O.
14 Bonatti, Walter: *Berge – Meine Berge*. Rüschlikon 1964, S. 28.
15 Terray, a.a.O., S. 73.
16 Messner, Reinhold: *Everest. Expedition zum Endpunkt*. München 1978, S. 125.
17 Hübel, a.a.O., S. 232.
18 Terray, a.a.O., S. 113.
19 Karl, Reinhard: *Erlebnis Berg: Zeit zum Atmen*. Bad Homburg 1980, S. 110.
20 ebenda, S. 114.
21 ebenda, S. 114.
22 Habeler, a.a.O., S. 184.
23 Oggioni, a.a.O., S. 181.
24 ebenda, S. 183.
25 Terray, a.a.O., S. 135.
26 v. Barth, a.a.O., S. 476.
27 Francé Avčin, zit. nach Reinhold Messner: *Grenzbereich Todeszone*, Köln 1978, S. 204.
28 Buhl, a.a.O., S. 88.
29 Bonatti, a.a.O., S. 173.
30 Whymper, a.a.O., S. 213.
31 Ertl, a.a.O., S. 87.
32 Habeler, a.a.O., S. 38.
33 Anghileri, Aldo, zit. nach Messner:, R.: *Die Herausforderung – Zwei und ein Achttausender*, 2. Aufl., München 1976, S. 16.
34 ebenda, S. 14.
35 Habeler, a.a.O., S. 184.
36 Messner, *Everest*, a.a.O., S. 182.
37 Karl, a.a.O., S. 111.
38 Lammer, a.a.O., S. 48.
39 Zum Konzept der Ich-Identität, wie es hier verwendet wird, siehe: Erikson, E.H.: *Identität und Lebenszyklus*, Frankfurt, 1966; Miller, Alice: *Das Drama des begabten Kindes*, Frankfurt 1979; Blos, Peter: *Adoleszenz*, Stuttgart 1973.
40 siehe Messner, *Alleingang*, a.a.O.
41 ders., *Everest*, a.a.O., S. 58.

42 Whymper, a. a. O.
43 Welzenbach, Willo: »*Willo Welzenbach*« von *Eric Roberts*, Pforzheim 1981.
44 Buhl, a. a. O.
45 Felix Kuen: *Auf den Gipfeln der Welt*. Hrsg. von Karl Ruef, Graz, Stuttgart 1972.
46 Heckmair, a. a. O.
47 Messner, *Alleingang*, a. a. O.
48 Höchst aufschlußreich sind im vorliegenden Zusammenhang auch einige biographische Notizen des ehemaligen Zehnkämpfers Norbert Hoischen und Klein, Michael (Hrsg.): *Sport und Geschlecht*. Reinbek 1983, S. 94. Hoischen schreibt dort: »Vor mir selbst und anderen verheimlichte ich, was auszuleben für mich wichtig gewesen wäre: Trauer, Verletzlichkeit und Schwächen.« Hierzu ist anzumerken, daß Spitzensportler des leichtathletischen Bereichs offenbar einen weitgehend ähnlichen psychobiographischen Hintergrund haben wie Extremalpinisten. Dies ist zumindest das Ergebnis meines Erfahrungsaustausches mit Michael Klein von der Deutschen Sporthochschule Köln.
49 siehe Miller, a. a. O., S. 25–42.
50 Messner, *Der gläserne Horizont*, a. a. O., S. 254.
51 siehe hierzu die entsprechenden Äußerungen von Barth, a. a. O., S. 476, Messner, *Alleingang*, a. a. O., S. 230 und Karl, *Zeit zum Atmen*, a. a. O., S. 104.
52 Terray, a. a. O., S. 86.
53 Lammer, a. a. O., S. 156.
54 ebenda, S. 159.
55 Karl, *Zeit zum Atmen*, a. a. O.
56 Messner, *Alleingang*, a. a. O., S. 119.
57 Hauser, a. a. O., S. 37.
58 Karl, Reinhard: *Erst nach dem Gipfel bist du wieder frei*. In: *Alpenvereinsjahrbuch* 1981, S. 103.
59 Messner, *Alleingang*, a. a. O., S. 145.
60 derselbe, *Der gläserne Horizont*, S. 87.
61 Bonatti, *Berge – Meine Berge*, a. a. O., S. 48.
62 Von Lammer, Buhl, Bonatti, Rébuffat und Heckmair werden die Ehefrauen in den Büchern entweder gar nicht oder nur in ein, zwei Sätzen erwähnt. Ein unverhältnismäßig hoher Anteil der ganz Extremen war und ist unverheiratet (ungefähr jeder Dritte).
63 Lammer, a. a. O., S. 161.
64 Nach Erikson, a. a. O., S. 124 f. erweist sich stabile Individualität in der Gleichzeitigkeit von Individualitätsempfinden und Verankerung in einer Gruppe.
65 Lammer, a. a. O., S. 65.
66 Byron. *Briefe und Tagebücher*. Hrsg. v. Leslie A. Marchand, Frankfurt 1985, S. 97

67 Müller, Hartmut: *Byron*, Reinbek 1981, S. 106.
68 ebenda, S. 130.
69 Über das Verhältnis der Extremen zum Tod siehe auch Aufmuth, Ulrich: *Die Lust am Risiko*. In: Berg 85 (Alpenvereinsjahrbuch 1985).
70 Bettelheim, Bruno: *So können sie nicht leben*. München 1985, S. 37–147.
71 ebenda, S. 98 f.
72 Lammer, a. a. O., S. 188.
73 Maduschka, Leo: *Junger Mensch im Gebirg*. München, o. Jg., S. 73.
74 Ertl, a. a. O., S. 113.
75 Whymper, a. a. O., S. 292.
76 Hübel, a. a. O., S. 203.
77 Lammer, a. a. O., S. 61.
78 Karl, *Zeit zum Atmen*, a. a. O., S. 59.
79 Messner, *Der gläserne Horizont*, S. 133.
80 Ertl, a. a. O., S. 238.
81 Siehe beispielsweise Ertl, a. a. O., S. 33 u. 36; Lammer, a. a. O., S. 155; Rébuffat, a. a. O., S. 12 ff.; Etter, Paul: *Gipfelwärts*, Frauenfeld, Stuttgart 1968, S. 13 ff.
82 Messner, *Die Herausforderung*, a. a. O., S. 59.
83 Terray, a. a. O., S. 54.
84 ebenda, S. 252.
85 Hiebeler, Toni, in: *Alpinismus* 4/74, S. 30.
86 Messner, *Everest*, a. a. O., S. 134.
87 Karl, Reinhard: *Mit dem Glück ist es so wie mit dem Abstieg*. In: Alpenvereinsjahrbuch 1980, S. 139.
88 Ertl, a. a. O., S. 251.
89 ebenda, S. 216.
90 Messner, *Die Herausforderung*, a. a. O., S. 56.
91 Terray, a. a. O., S. 206.
92 ebenda, S. 98.
93 Maduschka, a. a. O., S. 161.
94 Das war nachgewiesenermaßen der Fall u. a. bei Paul Hübel, der als junger Mann oft krank gewesen war und es als große Schmach empfunden hatte, daß er als untauglich für den Wehrdienst befunden worden war; des weiteren traf dieser Punkt zu bei Andrea Oggioni, der sehr kleinwüchsig war und darunter heftig litt. Übrigens hatte auch Lord Byron, der wilde Abenteurer, einen Körperfehler, der ihm seelisch stark zu schaffen machte, nämlich ein zu kurz geratenes Bein.
95 Hübel, a. a. O., S. 340.
96 Maduschka, a. a. O., S. 149.
97 Buhl, a. a. O., S. 147.
98 Whymper, a. a. O., S. 495.
99 Hübel, a. a. O., S. 50.

100 Lammer, a.a.O., S. 72.
101 Lukan, Karl: *Bergzigeuner*. Salzburg, Stuttgart 1964, S. 148.
102 von Barth, a.a.O., S. 43.
103 Beispiele hierfür liefern Terray, a.a.O., S. 111; Heckmair, a.a.O., S. 121; Habeler, a.a.O., S. 157f.
104 Siehe hierzu beispielsweise die verschiedenen Veröffentlichungen von Alexander Lowen oder Ron Kurtz.
105 Hübel, a.a.O., S. 51.
106 v. Barth, a.a.O., S. 588.
107 Siehe etwa Miller, Alice, a.a.O., S. 17–56.
108 Lammer, a.a.O., S. 176.
109 Zum Genußbergsteigen siehe Aufmuth, Ulrich: Übergänge, Rhythmen, Glück. In: *Berg' 89* (Alpenvereinsjahrbuch 89).
110 Zur Lebensweise der Sportkletterer siehe Zak, Heinz/Güllich, Wolfgang: *High Life*. München 1987.
111 Bonatti, a.a.O., S. 161.
112 ders., a.a.O., S. 151.
113 Buhl, Hermann: *Allein am Nanga Parbat*. Innsbruck 1984, S. 20.
114 Buhl, Hermann: *Achttausend drüber und drunter!* München 1954, S. 310.
115 ebenda, S. 309.
116 Siehe die Porträts in Buhl, 1984, auf den Seiten 6, 23, 29, 166.
117 Buhl 1984, S. 10.
118 ebenda, S. 12.
119 ebenda, S. 13.
120 ebenda, S. 14f.
121 ebenda, S. 17.
122 ebenda, S. 12.
123 ebenda, S. 23.
124 ebenda, S. 25.
125 Über die Auswirkungen von frühkindlichen Trennungssituationen siehe Spitz, René: Hospitalism. In: *Psychoanalytic Study Child*. 1/1945, S. 53–74, und Bruno Bettelheim: *So können sie nicht leben*. München 1985, S. 182ff.
126 Ich folge hier den Interpretationen von Bettelheim, 1985, und Miller, 1979 und 1980.
127 Messner, R.: *Überlebt. Alle 14 Achttausender*. München 1987, S. 13.
128 Siehe Aufmuth, 1985, S. 91f.
129 Siehe Messner, 1978, S. 22f.
130 Siehe die Erläuterungen zum Schizophrenie-Begriff bei Dörner/Plog, S. 98–102, oder die Ausführungen von Eysenck und Meili zum Begriff der Psychose, S. 1795–1803.
131 So beruht beispielsweise die enorme Popularität von Luis Trenker darauf, daß sich der Südtiroler in den Medien zielbewußt im Sinne jenes Erwar-

tungsbildes vom »natürlichen« und »unkomplizierten« Bergsteiger präsentiert. Auf diese Weise wurde Trenker für eine ganze Generation zur Inkarnation eines »richtigen« Bergsteigers, obwohl er keine herausragenden alpinistischen Taten vollbracht hat.
132 Buhl, 1954, S. 306f.
133 Messner, 1978, S. 168f.
134 zit. nach Messner, 1987, S. 178.
135 F. Mutschlechner in Messner, 1987, S. 125.
136 Habeler, a.a.O., S. 183.
137 Messner, 1978, S. 215.
138 Messner, 1979, S. 118.
139 Lammer, a.a.O., S. 176.
140 Karl, 1980, S. 55.
141 Habeler, a.a.O., S. 209.
142 Hillary, a.a.O., S. 95.
143 Habeler, a.a.O., S. 208f.
144 Lammer, a.a.O., S. 17.
145 Warth, H.: *Tiefe überall*. Rosenheim 1986, S. 111f.
146 Terray, a.a.O., S. 194f.
147 Siehe beispielsweise Messner, 1987, S. 125 oder Habeler, a.a.O., S. 183.
148 Zum Begriff der Verdrängung, wie er nachfolgend verwendet wird, siehe Dörner/Plog, a.a.O., S. 138.
149 Bemerkenswert sind diese Halluzinationen insbesondere im Hinblick auf ihre positive Gefühlstönung. In dieser Hinsicht unterscheiden sie sich auffällig von den Halluzinationen krankhaft schizophrener Personen. Deren Halluzinationen sind nahezu ausnahmslos angstbesetzt.
150 Messner hat in »Grenzbereich Todeszone« Berichte über Beinahe-Todeserlebnisse zusammengetragen, zumeist Absturzerlebnisse. Die Bergsteiger, die dem (subjektiv) gewissen Tode entgegensahen, machten sehr oft die Erfahrung, sich unbeteiligt von außen zu sehen.
151 Das Nebeneinander von traumatischen Erfahrungen und von frohen Erlebnissen in der Kinderzeit ist am Psychogramm Hermann Buhls beispielhaft aufgewiesen worden.
152 Siehe die Falldarstellungen von emotional schwer gestörten Kindern in Bettelheim, a.a.O.

Verzeichnis der verwendeten Literatur

Aufmuth, U.: Die Lust am Risiko. In: *Berg'* 85 (Alpenvereinsjahrbuch 1985).
Barth, H. v..: *Aus den nördlichen Kalkalpen.* Gera 1874.
Bettelheim, B.: *So können sie nicht leben.* München 1985.
Blos, P.: *Adoleszenz.* Stuttgart 1973.
Bonatti, W.: *Große Tage am Berg.* Zürich/Stuttgart/Wien 1972.
Buhl, H.: *Große Bergfahrten.* München 1974.
Buhl, H.: *Allein am Nanga Parbat.* Innsbruck 1984.
Diemberger, K.: *Gipfel und Gefährten.* Wien/Berlin 1974.
Dörner, K./Plog, U.: *Irren ist menschlich.* Rehberg-Loccum ^{2}1982.
Erikson, E. H.: *Identität und Lebenszyklus.* Frankfurt 1966.
Ertl, H.: *Bergvagabunden.* München ^{4}1952.
Etter, P.: *Gipfelwärts.* Frauenfeld/Stuttgart 1968.
Habeler, P.: *Der einsame Sieg.* München ^{5}1979.
Hauser, G.: *Ihr Herren Berge.* Stuttgart ^{2}1959.
Heckmair, A.: *Mein Leben als Bergsteiger.* München 1972.
Hillary, E.: *Ich stand auf dem Everest.* Wiesbaden 1957.
Hübel, P.: *Führerlose Gipfelfahrten.* München 1949.
Karl, R.: *Erlebnis Berg: Zeit zum Atmen.* Bad Homburg 1980.
Karl, R.: *Erst nach dem Gipfel bist du wieder frei*, in: Deutscher und Österreichischer Alpenverein (Hrsg.), Alpenvereinsjahrbuch, München/Innsbruck 1981, 103–113.
Karl, R.: *Unterwegs nach Hause*, in: Deutscher und Österreichischer Alpenverein (Hrsg.): Alpenvereinsjahrbuch 1982, München/Innsbruck 1982, 91–106.
Klein, M. (Hrsg.): *Sport und Geschlecht.* Reinbek 1983.
Lammer, E. G.: *Jungborn.* München ^{2}1923.
Lukan, K.: *Bergzigeuner.* Salzburg/Stuttgart 1964.
Maduschka, L.: *Junger Mensch im Gebirg.* Leben, Schriften, Nachlaß, München, o. J.
Messner, R.: *Die Herausforderung.* München/Bern/Wien ^{2}1976.
Messner, R.: *Grenzbereich Todeszone.* Köln 1978.
Messner, R.: *Everest. Expedition zum Endpunkt.* München 1978.
Messner, R.: *Alleingang. Nanga Parbat.* München 1979.
Messner, R./Gogna, A.: *K 2. Berg der Berge.* München 1980.
Messner, R.: *Der gläserne Horizont.* München 1982.
Messner, R.: *Überlebt. Alle 14 Achttausender.* München 1987.

Miller, A.: *Das Drama des begabten Kindes*. Frankfurt 1979.
Müller, H.: *Byron*. Reinbek 1981.
Oggioni, A.: *Die Hände am Fels*. Zürich/Stuttgart/Wien 1967.
Rébuffat, G.: *Zwischen Erde und Himmel*. Zürich/Stuttgart/Wien 1963.
Ruef, K.: *Felix Kuen – Auf den Gipfeln der Welt*. Graz/Stuttgart 1972.
Spitz, R.: Hospitalism. In: *Psychoanalytic Study Child*. 1/1945.
Terray, L.: *Große Bergfahrten*. München 1975.
Roberts, E.: *Willo Welzenbach*. Pforzheim 1981.
Warth, H.: *Tiefe überall*. Rosenheim 1986.
Whymper, E.: *Edward Whympers Berg- und Gletscherfahrten in den Alpen in den Jahren 1860–1869*. Braunschweig ^{4}1909.
Zak, Heinz/Güllich, Wolfgang: *High Life*. München 1987.
Zsigmondy, E.: *Im Hochgebirge*. München 1929.

Bildnachweis

Abb. 6: Karl Lukan, *Alpinismus in Bildern*, Wien, München 1967.

Abb. 10:Hannes Gasser, *Auf Rufweite mit den Engeln*. Graz, Stuttgart 1976.

Abb. 19: Walter Bonatti, *Große Tage am Berg*, Rüschlikon, Zürich, Stuttgart, Wien 1972 (2. Aufl.).

Abb. 20: Hermann Buhl, *Große Bergfahrten*, München 1974.

Die Abbildungen 1, 2, 3, 4, 5, 7, 9, 11, 12, 13, 14, 15, 16, 17, 18 sind vom Autor.

Geist und Psyche
Begründet von Nina Kindler 1964

Psychoanalyse

Raymond Battegay
Psychoanalytische Neurosenlehre
Eine Einführung
Band 12233

Hellmuth Benesch
Verlust der Tiefe
Eine psychische Dimension im Umbruch
Band 10469

Bruno Bettelheim
Aufstand gegen die Masse
Band 42217
Die Geburt des Selbst
Band 42247

Heinrich Deserno
Die Analyse und das Arbeitsbündnis
Kritik eines Konzepts
Band 12131

Kurt R. Eissler
Todestrieb, Ambivalenz, Narzißmus
Band 10568

Herausgegeben von Ernst Federn/ G. Wittenberger
Aus dem Kreis um Sigmund Freud
Zu den Protokollen der Wiener Psychoanalytischen Vereinigung
Band 10809

Anna Freud
Das Ich und die Abwehrmechanismen
Band 42001

Karen Horney
Neue Wege in der Psychoanalyse
Band 11595

Robert Langs
Die psychotherapeutische Verschwörung
Band 11719

Abraham A. Maslow
Psychologie des Seins
Band 42195

Fischer Taschenbuch Verlag

fi 350 / 14 a

Geist und Psyche

Begründet von Nina Kindler 1964

Psychoanalyse

Stavros Mentzos
Neurotische Konfliktverarbeitung
Band 42239
Hysterie
Band 42212

Herausgegeben von
Stavros Mentzos
Angstneurose
Band 42266

M. Mitscherlich
Erinnerungsarbeit
Zur Psychoanalyse
der Unfähigkeit
zu trauern
Band 11617

Herausgegeben von
Humberto Nagera
**Psychoanalytische
Grundbegriffe**
Band 42288

Badi Panahi
**Grundlagen
der modernen
Psychotherapie**
Ihre Quellen in
Wissenschaft und
Philosophie
Band 12021

Herausgegeben von
Harald Pühl/
W. Schmidbauer
**Supervision und
Psychoanalyse**
Selbstreflexion der
helfenden Berufe
Band 10599

David Rapaport
**Gefühl und
Erinnerung**
Band 11817

J. Reichmayr
**Spurensuche in
der Geschichte
der Psychoanalyse**
Band 11727

Ernst Simmel
**Psychoanalyse und
ihre Anwendungen**
Ausgewählte Schriften. Band 11348

Hans Strotzka
Macht
Ein psychoanalytischer Essay
Band 42303

D.W. Winnicott
**Von der Kinderheilkunde zur
Psychoanalyse**
Aus den
»Collected Papers«
Band 42249

Fischer Taschenbuch Verlag

fi 350 / 2 b

Geist und Psyche
Begründet von Nina Kindler 1964
Psychologische Ratgeber

Raymond Battegay
Psychoanalytische Neurosenlehre
Band 12233

Hellmuth Benesch u.a. (Hg.)
Psychologie-Lesebuch
Band 42310

Eric Berne
Was sagen Sie, nachdem Sie »Guten Tag« gesagt haben?
Band 42192

Gerd Biermann (Hg.)
Kinderpsychotherapie
Handbuch zu Theorie und Praxis
Band 12039

Leon Chertok
Hypnose
Band 42102

Gion Condrau
Einführung in die Psychotherapie
Geschichte, Schulen, Methoden, Praxis
Ein Lehrbuch
Band 42115

Heinrich Deserno
Die Analyse und das Arbeitsbündnis
Kritik eines Konzepts
Band 12131

Maurice Dongier
Neurosen
Band 42241

Viktor E. Frankl
Ärztliche Seelsorge
Band 42157

Ella Freeman Sharpe
Traumanalyse
Band 11818

Anna Freud
Einführung in die Technik der Kinderanalyse
Band 42111

Gesellschaft für wissenschaftliche Gesprächspsychotherapie
Die klientenzentrierte Gesprächspsychotherapie
Band 42149

Tilmann Habermas
Zur Geschichte der Magersucht
Band 11825

Fischer Taschenbuch Verlag

fi 356 / 14 a

Geist und Psyche

Begründet von Nina Kindler 1964

Psychologische Ratgeber

Peter Hamann
Kinderanalyse
Zur Theorie und
Technik. Band 11890

Evelyn Heinemann/
Udo Rauchfleisch/
Tilo Grüttner
**Gewalttätige
Kinder**
Psychoanalyse und
Pädagogik in Schule,
Heim und Therapie
Band 10760

Karen Horney
Selbstanalyse
Band 42119

Sheldon B. Kopp
**Das Ende
der Unschuld**
Ohne Illusion
leben. Band 11375

Michael L. Moeller
Anders helfen
Band 11013

H. Nagera (Hg.)
**Psychoanalytische
Grundbegriffe**
Band 42288

Gertrud Orff
**Die Orff-Musik-
Therapie**
Bd. 42193

Badi Panahi
**Grundlagen
der modernen
Psychotherapie**
Band 12021

N. Peseschkian
**Psychosomatik
und Positive
Psychotherapie**
Band 11713

Erving und
Miriam Polster
Gestalttherapie
Band 42150

Carl R. Rogers
Partnerschule
Band 42236
**Therapeut
und Klient**
Band 42250

Ernst Simmel
**Psychoanalyse und
ihre Anwendungen**
Band 11348

Daniel Widlöcher
**Was eine Kinder-
zeichnung verrät**
Band 42254

Hans Zulliger
**Heilende Kräfte im
kindlichen Spiel**
Band 42328

Fischer Taschenbuch Verlag

fi 356 / 17 b

SIGMUND FREUD
WERKE IM TASCHENBUCH

Herausgegeben von Ilse Grubrich-Simitis
Redigiert von Ingeborg Meyer-Palmedo

Die Sammlung präsentiert das Lebenswerk des Begründers der Psychoanalyse breiten Leserschichten in neuer Gliederung und Ausstattung. Sie löst sukzessive die früheren Taschenbuchausgaben der Schriften Sigmund Freuds ab. Erstmals werden auch die Bereiche Behandlungstechnik und Krankheitslehre sowie einige voranalytische Schriften einbezogen. Zeitgenössische Wissenschaftler haben Begleittexte verfaßt; sie stellen Verbindungen zur neueren Forschung her, gelangen zu einer differenzierten Neubewertung des Freudschen Œuvres und beschreiben dessen Fortwirkung in einem weiten Spektrum der intellektuellen Moderne.

EINFÜHRUNGEN:

Vorlesungen zur Einführung in die Psychoanalyse
Biographisches Nachwort von Peter Gay
Band 10432

*Neue Folge der Vorlesungen
zur Einführung in die Psychoanalyse*
Biographisches Nachwort von Peter Gay
Band 10433

Abriß der Psychoanalyse
Einführende Darstellungen. Einleitung von F.-W. Eickhoff
Band 10434

»Selbstdarstellung«
Schriften zur Geschichte der Psychoanalyse
Herausgegeben und eingeleitet von Ilse Grubrich-Simitis
Band 10435 (*in Vorbereitung*)

FISCHER TASCHENBUCH VERLAG

SIGMUND FREUD
WERKE IM TASCHENBUCH

ÜBER SEELISCHE SCHLÜSSELPHÄNOMENE –
TRAUM, FEHLLEISTUNG, WITZ:

Die Traumdeutung
Nachwort von Hermann Beland. Band 10436

Schriften über Träume und Traumdeutungen
Einleitung von Hermann Beland. Band 10437

Zur Psychopathologie des Alltagslebens
(Über Vergessen, Versprechen, Vergreifen, Aberglaube und Irrtum)
Einleitung von Martin Löw-Beer
Im Anhang: Vorwort 1954 von Alexander Mitscherlich
Band 10438 (*in Vorbereitung*)

Der Witz und seine Beziehung zum Unbewußten / Der Humor
Einleitung von Peter Gay. Band 10439

SEXUALTHEORIE UND METAPSYCHOLOGIE:

Drei Abhandlungen zur Sexualtheorie
Einleitung von Reimut Reiche. Band 10440

Schriften über Liebe und Sexualität
Einleitung von Reimut Reiche. Band 10441

Das Ich und das Es
Metapsychologische Schriften
Einleitung von Alex Holder. Band 10442

Hemmung, Symptom und Angst
Einleitung von F.-W. Eickhoff. Band 10443

FISCHER TASCHENBUCH VERLAG

SIGMUND FREUD
WERKE IM TASCHENBUCH

KRANKHEITSLEHRE UND BEHANDLUNGSTECHNIK:

Schriften zur Krankheitslehre der Psychoanalyse
Einleitung von Clemens de Boor. Band 10444

Zur Dynamik der Übertragung
Behandlungstechnische Schriften
Einleitung von Hermann Argelander. Band 10445

KRANKENGESCHICHTEN:

Studien über Hysterie
(zusammen mit Josef Breuer)
Einleitung von Stavros Mentzos
Band 10446

Bruchstück einer Hysterie–Analyse
Nachwort von Stavros Mentzos
Band 10447

Analyse der Phobie eines fünfjährigen Knaben
(inkl. Nachschrift)
Einleitung von Veronica Mächtlinger
Im Anhang: Vorwort 1979 von Anna Freud
Band 10448 (*in Vorbereitung*)

Zwei Krankengeschichten
Einleitung von Carl Nedelmann
Band 10449 (*in Vorbereitung*)

Zwei Fallberichte
Einleitung von Mario Erdheim
Band 10450 (*in Vorbereitung*)

FISCHER TASCHENBUCH VERLAG

SIGMUND FREUD
WERKE IM TASCHENBUCH

KULTURTHEORETISCHE SCHRIFTEN:

Totem und Tabu
Einige Übereinstimmungen im Seelenleben
der Wilden und der Neurotiker
Einleitung von Mario Erdheim
Band 10451

*Massenpsychologie und Ich-Analyse/
Die Zukunft einer Illusion*
Einleitung von Reimut Reiche
Band 10452

Das Unbehagen in der Kultur
Und andere kulturtheoretische Schriften
Einleitung von Alfred Lorenzer und Bernard Görlich
Band 10453

Der Mann Moses und die monotheistische Religion
Und andere religionspsychologische Schriften
Herausgegeben und eingeleitet von Ilse Grubrich-Simitis
Band 10454 (*in Vorbereitung*)

ÜBER KUNST UND KÜNSTLER:

Der Wahn und die Träume in W. Jensens »Gradiva«
(inkl. Nachtrag zur zweiten Auflage)
Mit der Erzählung von Wilhelm Jensen
Herausgegeben und eingeleitet von Bernd Urban
Band 10455 (*in Vorbereitung*)

FISCHER TASCHENBUCH VERLAG

fi 1581 / 3 d

SIGMUND FREUD
WERKE IM TASCHENBUCH

ÜBER KUNST UND KÜNSTLER:

Der Moses des Michelangelo
Schriften über Kunst und Künstler
Einleitung von Peter Gay
Band 10456

Eine Kindheitserinnerung des Leonardo da Vinci
Einleitung von Janine Chasseguet-Smirgel
Band 10457

VORANALYTISCHE SCHRIFTEN:

Schriften über Kokain
Herausgegeben von Paul Vogel
Bearbeitet und eingeleitet von Albrecht Hirschmüller
Band 10458 *(in Vorbereitung)*

Zur Auffassung der Aphasien
Eine kritische Studie
Herausgegeben von Paul Vogel
Bearbeitet von Ingeborg Meyer-Palmedo
Einleitung von Wolfgang Leuschner
Band 10459

FISCHER TASCHENBUCH VERLAG